江苏省社会科学基金项目(14WXD002)
南京林业大学青年科技创新项目(CX2015034)

孔子“游”文化研究

于师号　著

山东大学出版社

图书在版编目(CIP)数据

孔子"游"文化研究/于师号著.—济南:山东大学出版社,2016.3

ISBN 978-7-5607-5506-9

Ⅰ.①孔… Ⅱ.①于… Ⅲ.①孔丘(前551~前479)—人物研究 Ⅳ.①B222.25

中国版本图书馆CIP数据核字(2016)第049778号

策划编辑:马银川
责任编辑:马银川
封面设计:牛　钧

出版发行:山东大学出版社
社　址　山东省济南市山大南路20号
邮　编　250100
电　话　市场部(0531)88364466
经　销:山东省新华书店
印　刷:山东省英华印刷厂
规　格:720毫米×1000毫米　1/16
13.25印张　223千字
版　次:2016年3月第1版
印　次:2016年3月第1次印刷
定　价:32.00元

序

生活在春秋末年的孔夫子，无论如何也想象不到，当今一个网络“大V”只要在手机上动动手指，就可以在分秒之间把他的想法迅速扩散到分布在世界各地的成千上万的“粉丝”中；而享受着高度发达的网络信息技术之传播便利的当代人，也很难想象两千五百多年前，在几乎没有任何现代意义上的传媒的条件下，一种思想学说是如何广泛传播，从而获得巨大影响力的。

然而正是在那样一个遥远的时代，产生了包括孔子在内的一大批深刻影响人类文明发展的伟大思想家。他们的思想在生前即已赢得了众多的追随者，身后其声誉依然与日俱增，历久弥新，影响力无远弗届。细想起来，这确实有点令人感到惊奇：在那个时代，书写工具极不方便，没有印刷与出版，更没有其他传播媒介，孔子作为邹鲁之地的一个教书先生，如何能广泛获取吸纳信息，从而使自己的思想上升到时代的高度？又是如何在不太长的时间里，吸引了来自各诸侯国的弟子三千多人，并进而使自己的学说传遍四方，充盈于天下，以至于到了战国时期，诸子百家的著作中几乎都留下了有关孔子言行的记载？

虽然人们赞叹轴心时代思想家们的伟大创造力，服膺先哲们留下的丰厚文化遗产，对他们留下的著作本身进行了广泛而深入的研究，但却很少有人去仔细探究那个时代精神文化产品的交流、传播、扩散的方式和途径的问题。于师号在其博士论文基础上充实修改而成的《孔子“游”文化研究》一书，则独辟蹊径，从“游”这个独特的角度对上述问题进行了非常有价值的、富有启发性的探讨。

先秦时期的士人被称为“游士”，“游”是士人进行学术活动、社会交往和仕途生涯中不可缺少的重要部分。而这种“游”的风气恰恰始于孔子及其弟子们的"周游列国"。所谓"游",既包括求知问道之游学、仕途求职之游宦、布道讲学之游教,也包括"游于艺""游于道"的思想与情感的心灵游历;既是身体在地理空间中的漫游,也是精神在历史时间中的延伸。在"游"的过程中,"游"的主体在广泛的空间接触自然与社会,与所到之处的人群进行双向互动,同时也在经历着主体内在精神上的漫游和探索。他们既是文化信息的收集者和整合者,也是学说思想的生产者和传播者。正是这种"游"使得以前垄断在官府的礼乐文化和学术知识借助"游士"这一媒介扩散到广大的社会。正是这种"游"使得作为个体的士人突破了农业生产方式的地域限制,在更大的时间和空间里获得了行动和言说的自由。也正是这种"游"打破了种种自然和人为的屏障与隔阂,让思想和观念相互交流与碰撞,并在交往中进行创新与建构。因此,"游"不仅拓展了士人作为独立的知识分子个人在社会上的发展空间,而且促进了学术思想的创造、生产、交流和传播,从而推动了社会历史的进步。于师号围绕"游"这个问题对孔子的生平思想进行别开生面的研究,很有创新意义和学术价值。

《孔子"游"文化研究》一书对孔子一生之"游"及其思想史和文化史意蕴进行了颇具独到见解的分析和论述。作者在对现存有关史料进行认真梳理和分析的基础上,对孔子一生之"游"的经历、时间、地域、路线乃至物质条件、交通工具、经济来源等细节问题进行了仔细的考辨,对孔子之"游"的社会背景、历史因素、目的功能等问题进行了深入的探讨,并着重分析了孔子之"游"在学术、教育、政治、文化等方面的意义。书中还论述了孔子本人有关"游"的观念,比较了孔子之"游"与庄子之"游"的异同及其在中国士人文化传统中所代表的不同意义。作者还从后代文学作品中搜集了跟孔子之"游"有关的资料,探讨了孔子之"游"对后代文学、艺术所产生的不同层面的影响,进一步拓展了这个课题的研究视域。全书视野开阔,角度新颖,资料翔实,史论结合,语言流畅,既具有很强的学理性,又具有很好的可读性。

于师号在攻读硕士学位阶段师从沈新林先生,打下了坚实的古代文学与文献学方面的基础知识。攻读博士学位时,他已经是南京林业大学人文学院的一名教师。他在承担繁重的教学任务的同时,勤奋努力,潜心学术,如期完成学业。他的博士论文获得匿名评审专家和答辩委员会的高度评价。博士研究生毕业后,他又经过数年的打磨、修改、润色,终于有了现在呈献给读者的这部佳作。欣闻山东大学出版社即将出版此书，我作为他的博士论文指导教师，当然十分高兴，也非常乐意应邀为其作序。相信于师号定能以此为新的起点，不断努力，再接再厉，在学术研究的道路上取得更大的成就。

徐克谦

2015 年 10 月于南京师范大学文学院

目　录

绪论

第一节 研究缘起、现状及意义

中国古代士人"游"的传统源远流长,"自孔孟来,士未有不游。或师友游,或宾客游,或以学问游,或以才艺游,或以辞华游。二千年才贤特达,未有非以游合也"①。正所谓"学问以游历而实而大"②,"游"使古代士人的身心在自然空间和社会空间里获得了相对的自由,使思想与文化在更大的范围内获得流通与传播,为社会政治经济结构的变迁提供了动力,为较大范围内文化习俗的交融与整合提供了媒介。君子不"游",则眼界不开,见闻不广,道业不弘,学术不传,声名不著,德风不流。可以说,春秋末年以降,中国学术思想与文化格局声色大开,与孔子开创的士人"游"风有着十分紧密的关系。"游"之义大矣哉!

孔子有长达十四年的"周游列国"之行,比孔子稍晚的墨子"游"的活动也很频繁,"孔子无黔突,墨子无暖席"③,"仲尼栖栖,墨子遑遑"④,这些正是对孔、墨一生之"游"的生动概括。进入战国,孟子"游事齐宣王,宣王不能用;适梁,梁惠王不果所言……"⑤荀子出生成长于三晋之赵国,先后数度游齐,并长期居住于齐,在稷下学宫"最为老师""三为祭酒",度过了他的鼎盛

① (元)刘将孙:《送戴玉石序》,《全元文》第 20 册,江苏古籍出版社 2004 年版,第 202 页。

② 陈崇一:《东鲁杂记》,《中华历史人物别集》第 5 册,线装书局 2003 年版,第 569 页。

③ (汉)刘安:《淮南子·修务训》,上海古籍出版社 1989 年版,第 209 页。

④ (宋)范晔:《后汉书·苏竟杨厚列传》,中华书局 2007 年版,第 309 页。

⑤ (汉)司马迁:《史记·孟子荀卿列传》,中华书局 1982 年版,第 2343 页。

年华。不仅如此，其还曾游燕、游秦，并两度游赵、游楚，最后卒于楚地。其“游”的范围、频次较之孔子、孟子都有过之而无不及。相对于孔子生活的春秋末期，战国中后期“游”风更炽，而且士人“游”的目的也主要为“仕”和“名”，如苏秦、张仪等精心揣摩，以三寸不烂之舌，游走奔波于各诸侯王之间。当时游说之风大行天下，并逐渐形成了一个特定的士人群体——战国游士。秦之后，自汉迄清，历朝历代，士人学子或游历山川，观览风光；或异地游学，汲汲于功名；或游仕幕府，渴望建功立业……“无论是从思想基调或活动方式看，‘士’在这两千多年中都是迁流不居的。”[1]总之，“游”是中国历代文人身上不可或缺的重要一环，士人之“游”在中国文化中无疑具有举足轻重的位置。具体而分，游历、游学、游说、游仕、游寓、游幕等，不仅类型丰富，而且广泛渗透于中国古代文化的整个进程中。经过历史长期的发展，各式各样的士人之“游”，已然发展成为一种“游”文化。

“孔子者，中国文化之中心也。无孔子则无中国文化。自孔子以前数千年之文化，赖孔子而传；自孔子以后数千年之文化，赖孔子而开。”[2]孔子对中国文化的开创性影响，也突出表现为其开创了古代士人“游”文化的先河，具有重要的示范意义。据《史记》所载，孔子一生中至少有三次重要的出游经历：一次是在鲁昭公二十四年（前 518），孔子时 34 岁，驾车出游于东周国都洛邑，观览先朝遗迹，问礼于老子，访乐于苌弘；一次是自鲁昭公二十五年（前 517）到二十七年（前 515），孔子去鲁适齐，后又回到鲁国，途经泰山，发出“苛政猛于虎”的感叹，在齐国闻《韶》竟三月不知肉味，并与齐景公谈论政治问题；第三次为自鲁定公十三年（前 497）至鲁哀公十一年（前 484），孔子带着弟子们先后到过卫、曹、宋、陈、蔡等大小数国，中间历经各种困厄和挫折，经历了长达十四年颠沛流离的羁旅生涯。孔子之“游”，从时空的角度，主要体现为游历，而从文化功能的角度去看，则又包括游学、游教、游仕、游艺、游道等诸多方面。孔子，这位中国政治史、思想史、文学史、教育史乃至整个文化史上，地位之高、影响之大罕有其匹的文化巨人，为弘扬其道学主张，长期周游列国，历聘诸侯。可以说，“游”是孔子生命活动链条上最为闪亮的一环，作为中国主流文化传统的奠基者，孔子形象的精神之魂恰恰体现在这里。孔子“游”的根本目的在于行“道”——以“仁”

① 余英时：《士与中国文化》，上海人民出版社 2003 年版，第 2 页。

② 柳诒徵：《中国文化史》，上海古籍出版社 2001 年版，第 261 页。

为内核的礼乐文化精神。为实现这一理想主义的道义追求，孔子耗费十几年的生命时光所进行的“游道”之举，充分体现了其作为知识分子所具有的现实忧患意识、文化担当意识、深厚的道义情怀以及鲜明的实践精神，这些都是深深感染和影响后世文人的宝贵精神财富。总之，孔子之“游”，文化内涵极为丰富，其文化特征不可谓不鲜明，历史影响不可谓不深远。因此，从“游”的角度切入，重新对孔子加以认识和研究，是极有意义、也是很有必要的。

孔子的生平事迹散见于历代典籍，除《左传》《国语》《论语》《墨子》《孟子》《庄子》《荀子》等先秦文献典籍中有较多记载外，《史记》《孔子家语》《孔丛子》《说苑》《新序》《孔氏祖庭广记》《阙里志》等汉代及以后史书、子书、志书对孔子重要的言行事迹也都有广泛记录，其中或真或假，争论纷纭。《论语》《孟子》所记虽然最为可信，但孔子活动的地点、年次等多记载无绪；《墨子》《庄子》等书中虽然有记孔子活动，但假托、寓言的倾向明显。《史记·孔子世家》述孔子家世沿革、生平大略、时地转换，相对而言最为详备，但其中也多有舛误。《孔子家语》《孔丛子》《孔氏祖庭广记》《阙里志》等对孔子的记载同样不无附会，不能因为其出于孔氏后人而尽信。自宋代胡仔《孔子编年》起，有关孔子的年谱、编年层出不穷，影响较大者如元代程复心《孔子论语年谱》，明代夏宏基《孔子年谱纲目》、沈继震《孔子年谱》，清代蒋兆锡《至圣年谱正讹》、杨方晃《至圣先师孔子年谱》、江永《孔子年谱辑注》、郑环《孔子年谱》、狄子奇《孔子编年》、寇宗《孔子年谱》，以及当代何新《圣孔子年谱》等。这些年谱、编年辑录出孔子的生平事迹材料并加以分年，对孔子的生平事迹进行了系统全面的整理编次，对许多史实也进行了大量的考辨和评价，对研究孔子“游”的基本活动具有很大的参考价值。不过这些孔子年谱、编年互有同异，编次水平也良莠不齐，至今还没有一部能毫无争议地被世人所认可和接受。这主要是因为历来人们对孔子的生卒年岁，活动事迹的先后、有无、具体细节等多有争议，很难完全达成共识。

除了对孔子进行编年性、分门别类性的史料汇集外，对孔子的生平细节进行考究、辨析也是历来学者用力较多的方面，产生了不少有代表性的学术成果。其中，清代崔述《洙泗考信录》、钱穆《孔子传》和《先秦诸子系年》、匡亚明《孔子评传》等对孔子的生平事迹进行了综合性的辨析考证，解决了一些争议较大的问题，为较客观地认识孔子生平提供了有力依据。如钱穆《先秦诸子系年》一书虽然对孔子何时问礼于老子、何时适周、何时游齐以及周游列国过程中的主要事件等都有比较详细的考辨，多有真知灼见，但其内容主要是对历史问题的考证，缺乏对孔子生平尤其是孔子“游”的结合性研究。而且，该书主要选取孔子生平中争议较大的一些问题进行个别性的考析，并未对孔子的生平细节展开全方位的梳理。匡亚明《孔子评传》虽然对孔子的主要生平事迹进行了详细梳理，绘制了孔子周游列国图表，书末附有《孔子年谱》，但全书也只有一章对孔子的生平经历进行了叙述性的介绍，其他几章则主要是对孔子的主要思想及影响的专门化研究，对孔子生平中的“游”未作为一个专门化问题展开论述。其他一些孔子传记同样存在这一缺憾。

关于先秦士人的研究也有大量的著作，主要有顾颉刚《武士与文士之蜕化》、刘泽华《士人与社会》、余英时《士与中国文化》、杨柳《先秦游士》、王长华《春秋战国士人与政治》、沈长云《崛起的士人》等。另外，论及先秦士人的文章也很多，如周少川《春秋战国的学术迁移与典籍初兴》、程二行《官学下移与游士之风——先秦士人文化的发展道路》、朱根《春秋战国时期文化学术下移探因》、吴霓《中国古代私学的产生及先秦时期私学的特点》、冯庆余《春秋战国时的人才流动》、李广宏《春秋战国时期“士”的活跃与人才繁盛》、程有为《战国时期人才学说述评》、周险峰《士的崛起及其教育影响》、袁礼华《论春秋战国时期的游说拜官》、朱喆《游士·隐者·道家》、傅剑平《纵横家源起论》、王卫平《子贡游说及其后果考辨》等。这些著作和文章多围绕先秦士人的发生学、生存状态、政治活动、学术思想等方面展开论述，鲜见从“游”的角度来研究先秦士人的专门性著述。值得注意的是杨柳先生的《先秦游士》一书。该书研究的重点倒是放在先秦士人之“游”上，对孔子之“游”有所涉及，但只是对孔子“游士”的派别特征、学养以及与政治、经济、外交的关系有简单论述。而且，该书主要是以以《战国策》为代表的战国游说之士为研究对象，对孔子之“游”，不论是从研究的角度上还是分析的深入程度上来看都远远不够。另外，余英时的《士与中国文化》一书堪称士人研究方面的力作。该书不仅对中国士人的形成机制有全面的研究分析，而且对中国历史上主要时期士人的生活状态、价值观念、行为方式都有系统、连贯的论述。其中对孔子的研究部分抓住了孔子“志于道”对后来士人的影响这一点，同时分析了以孔子为代表的士人所具有的理想主义精神等问题，这些都是孔子对中国士人文化产生深远影响的关键问题。由于该书研究的对象是整个中国士人，因此，对孔子身上的文化品格，尤其是“游”的文化事项，并未给予足够的重视。

近几年来，先秦诸子“游”的文化命题越来越引起人们的研究兴趣，出现了一系列新的学术成果，如王杜鹃《孟子游历与其思想历程之考察》（首都师范大学硕士学位论文，2007 年）一文，将孟子的主要游历与仁政、性善说等思想的演进历程结合分析，研究视角较为新颖。余琼颖《轴心时代中国“游”的思想——以孔子、庄子、屈原为例》（华东师范大学硕士学位论文，2009 年）主要从孔子“游于艺”、庄子“逍遥游”、屈原“贬逐之游”三个主要方面分析先秦时期三种较为典型的“游”思想。丁艺《庄子“游”的美学分析》（中南大学硕士学位论文，2008 年）与邓联合《庄子“逍遥游”释论》（北京大学博士学位论文，2008 年）主要分析了庄子“逍遥游”的美学思想及哲学意义。另外，洪琼《孔子与庄子“游”之比较》（《社会科学家》2003 年第 4 期）、许宗元《孔子思想与旅游文化》（《山东大学学报》1995 年第 4 期）、章海荣《孔子、庄子、屈原之游观思想辨析》（《上海大学学报》2003 年第 3 期）以及李如密、王玉珣《孔子的游历教学》（《上海教育科研》1993 年第 3 期）等论文对孔子的游历教学、旅游思想等都有所涉及。现有的诸子“游”文化研究中，关注程度最高的是庄子之“游”，而以孔子之“游”为研究中心和主体的代表性成果却很少。不仅如此，即使已有的关于孔子“游”的研究，也只是仅就孔子“游”的某些方面进行了笼统性的论述，并未深入系统地挖掘孔子之“游”作为一个综合命题所具有的文化功能和价值。如论文《孔子与庄子“游”之比较》《轴心时代中国“游”的思想——以孔子、庄子、屈原为例》，对孔子之“游”仅从“游艺”的方面与庄子、屈原等人的“游”展开比较分析，然而，相对于“游艺”来说，带有游学、游教、游宦、游道等性质和功能的现实游历才是孔子“游”文化的主导方面，这里只提及孔子的“游艺”，显然不能代表孔子之“游”的全部，甚至也不是孔子之“游”的主体，只拿这一方面与庄子之“游”来比较，不能说明问题之所在。另外，孔子这种极具现实精神和特征的“游”与庄子以“逍遥”为特征的“游”，同为中国“游”文化中现实主义、浪漫主义的两大源头，二者存在的内外差异及本质特征，以及对中国古代士人之“游”的标示意义等，都尚未引起学界足够的重视。

综上所述，到目前为止，有关孔子的研究成果可谓汗牛充栋。大致来看，学界历来对孔子其人、其学的研究多体现为对孔子家世生平的历史性研究、对孔子思想的哲学性研究，再就是孔子思想与经济、政治、教育、旅游等进行的结合性应用研究。遗憾的是，尽管对中国古代士人的游历、游学、游师的研究成果也不少见，但其中对孔子“游”的相关论述要么是零星提及，要么是仅侧重于其中的某一个方面，对孔子之“游”不仅缺乏整体性的系统观照，而且不论是研究的广度还是深度都有待进一步拓展。总之，孔子之“游”这一重要的文化事项亟须专门化、系统化的研究，这也是笔者选择这一研究课题的缘起和初衷。

对孔子“游”文化展开系统性、整体性的研究具有重要的理论和实践意义。一方面，如前所论，作为中国“游”文化传统源头的孔子之“游”，一直以来尚未引起学界足够的重视，尚未有专论，本研究将在一定程度上弥补这一缺憾。另一方面，孔子“游”文化研究，也能为传统的孔子研究拓展新的视角，可以帮助解释一些看似已经解决，其实尚未完全说透的问题，诸如：中国古代士人身上何以普遍具有一种“游”的文化精神？孔子何以能成为“集大成者”？孔子的学说思想何以能成为影响中国两千多年的主流思想？孔子哲学思想的核心究竟是“礼”还是“仁”？何以民间各地流传着那么多的孔子传说？孔子作为儒家思想的奠基者，其文化精神之魂究竟是什么？等等。另外，孔子之“游”有着极为丰富的文化内涵和深远入微的渗透力，毫不夸张地说，孔子之“游”已经渗透到中国文化形成、发展的根基之中。因此，某种程度上而言，牢牢扣住孔子之“游”，既抓住了孔子之人格魅力和学术精神的“魂”，也为深入探求中国士人的行为风尚和心路历程寻找到了一条鲜活的文化之根，这对更好地认识和理解我们的民族性格，丰富和弘扬地域文化，在当今新的时代背景下不断丰富“孔学”成果，更好地打造我们的民族文化名片，都有着重要的理论和现实意义。

第二节　研究思路、方法及突破点

孔子研究历来都是长盛不衰的显学性课题，前彦先哲们围绕孔子家世、生平、思想等诸多问题已经进行了细致入微的探讨，涌现出了卷帙浩繁的学术成果，孔子研究似乎到了“举步维艰”的地步。然而学术研究注重推陈出新、与时俱进,孔子研究亦当如此。对孔子"游"文化开展系统性的研究,本书尚属首次,因此需要面临和解决的问题很多,如:究竟该如何去界定孔子之"游"?孔子之"游"具体来说包括哪些方面的内容?其目的、性质如何?孔子"游"时所处的是一种怎样的社会文化生存状态?"游"对孔子及其弟子具有哪些重要的文化意义?孔子之"游"体现出怎样的思想观念,又具有哪些鲜明的文化特征?孔子之"游"的历史开创性、示范性到底体现在哪些方面?孔子之"游"与古代文学、地域文化、民间文化之间是一种什么样的关系?

为尽可能地解决上述一系列问题,取得比较理想的研究成果,本书主要采取如下研究思路和方法:

首先,突破传统的孔子研究路径。历来对孔子的研究,往往集中于其家世沿革、生平细节、思想经义、历史评价等方面。本书在研究的路径上,始终抓住"游"这条主线,集中挖掘孔子身上的"游"文化特质并以之为重点观照对象,把孔子研究从单纯的历史研究、思想研究转入到文化视野的阵营之中,这就有别于一般性的孔子生平思想研究。

其次,在文献整理的基础上,采用文化观照的方法,对孔子之"游"进行理论分析和文化阐释。孔子之"游",尤其是外在客观的"游历"与孔子生平有着极为密切的联系,为尽可能真实地再现孔子"游"这一系列事件的原委、时间、方位、性质等本来面目,本书单列一章,专门从史实的角度对孔子生平中重要的"游"文化史实进行考辨梳理。要做好这项工作,既需要从古代各类文献中广泛搜集整理与孔子有关的记录,同时也要参阅大量的史书、孔子年谱、人物志及主要的研究性、考辨性著述。在综合各种文献资料及前人研究成果的基础之上,本书重新厘定孔子"游"的文化史实,对一些争议较大的问题进行进一步考订和取舍。具体论述的时候,尽量避免面面俱到,只是针对一些典型性、富有争议性,同时又有自己的新见和补论的内容展开考察分析,对孔子整个的"游"文化活动则以表格的形式置于本书附录中。另外,对孔子"游"的传说、文化遗迹、文学表现等专题的研究,也同样需要最大范围地收集资料。与此同时,借鉴历史学、经济学、哲学、文艺学、民俗学、传播学的相关理论和知识,对孔子"游"的时代背景、物质条件、文化功能、文化观念、文化特征等进行理论阐释和分析。

最后,运用比较研究的方法。如在考察孔子之"游"的时代文化生存背景的时候，比较春秋时期与西周时期在社会经济、政治、文化等方面呈现出来的新变革，重点分析春秋末期的“士”与西周时期的“士”在阶级归属、人员构成、价值观念、人格心理等方面呈现出的不同，从而考察分析这一时期的“士”为何要“游”以及为何能“游”。又如在考辨分析孔子“游”的相关史实部分，始终注意从共时的角度，比较总结与孔子大致同时代的士人之“游”文化的共性及其差异；同时，从历时的角度，尤其是与战国游士的比较中，分析总结孔子之“游”的历史开创意义及其所具有的独特文化特征，将孔子之“游”与富有代表性的庄子之“游”从外在表现到内在本质、审美风格等方面进行全方位的比较，重点探索二者对中国士人“游”文化所产生的不同影响。在梳理孔子“游”的传说类型的时候，注意不同性质、类型的传说所体现的不同文化观念、审美风格及其文化意义，同时注意比较传说系统中的孔子形象与经传中的孔子形象有何不同。

本书文献引用方面需要说明的是：为方便起见，对出自《诗经》及《论语》《孟子》《墨子》《荀子》等诸子著作的引文均采用文中夹注的形式，只在引文后面括号内标注出书名和篇目，格式如：(《论语・微子》)。除单独说明外，所引诸子之书均出自中华书局《新编诸子集成》本。其他文献出处则采用页下脚注的形式加以说明。

第一章　孔子"游"的文化功能及背景条件

第一节　孔子"游"的文化含义及功能

在探讨孔子"游"文化活动之前，有必要先对"游"的文化含义进行一番梳理和阐释。据《汉语大词典》的解释，"游"，同"遊"，本义为行走、运行。如《淮南子·览冥训》："凤皇翔于庭，麒麟游于郊。"高诱注："游，行也。""游"有时也指鸟在空中飞行。如《楚辞·九辩》："雁廱廱而南游兮，鹍鸡啁哳而悲鸣。""游"有时又特指帝王春季巡行。如《管子·戒第》："先王之游也，春出，原农事之不本者谓之游。"《孟子·梁惠王下》："吾王不游，吾何以休；吾王不豫，吾何以助。""游"有时还指遨游、游览。如《诗经·大雅·卷阿》："凤皇翔于庭，麒麟游于郊。"《庄子·秋水》："庄子与惠子游于濠梁之上。""游"有时也指游憩、游玩。如《礼记·学记》："故君子之学也，藏焉，修焉，息焉，游焉。"郑玄注："游谓闲暇无事之游，然则游者不迫遽之意。"《论语·述而》："依于仁，游于艺。"杨伯峻注："依靠在仁，而游憩于礼、乐、射、御、书、数六艺之中。""游"有时指优游、逍遥。如《庄子·逍遥游》郭庆藩集释引王誉夜云："'遊'，如字，亦作游。'逍遥游'者，篇名，义取闲放不拘，怡适自得。""游"还有一重要含义，即游说。如《管子·小匡》："公子开方，为人巧转而兑利，请使游于卫以结交焉。"《楚辞·卜居》："宁诛锄草茅以力耕乎？将游大人以成名乎？"有时"游"也指结交、交往。如《左传·隐公三年》："其子厚与州吁游，禁之，不可。"《史记·魏公子列传》："平原君之游，徒豪举耳，不求士也。""游"有时还指外出求学、出仕。如《墨子·公孟》："有游于子墨子之门者。"

一、“游”的客观价值及时代意义

就人的活动而言，“游”首先而且主要指一种外在空间上的“游”，如“游览”“漫游”“游历”“旅游”等含义。这主要是就人们空间、地域上的变化而言，人们出于不同的目的，或游览观光，或访学问道，或追溯先哲遗迹，或游说布道等，往往会在不同城邑、不同国家间进行主动或被动的游历活动。这种空间上的游历，对早期社会尤其是春秋战国时期的士人活动、学术传播、文化交流以及促进社会异动、改变社会政治结构等诸多方面都有着重要的社会文化意义。

首先，“游”让人们获得了与自然、社会充分接触的空间和机会，这对于人们扩大视野、增长见识、丰富阅历、进行自我提升等无疑具有积极意义。辩证唯物主义认识论认为，人的知识的获得主要源于直接经验与间接经验，间接经验主要是通过书本而获得的知识，而直接经验则是通过直接参与现实社会的实践而获得的知识。先秦时期，造纸术、印刷术尚未出现，竹简木牍是主要的书籍形式，因此，文化知识传播的条件与后世相较要落后得多，人们通过与自然、社会直接接触而获得直接经验就显得格外重要，而且，这种通过亲身实践、感受获得的认识也更为深刻。《汉书·地理志》中记述：“凡民函五常之性，而其刚柔缓急，音声不同，系水土之风气，故谓之风。”[①]这说明，区域文化的形成主要由自然水土环境所致。黑格尔亦认为：“水性使人通，山性使人塞；水势使人合，山势使人离。”[②]即不同的自然地理环境往往会让人们形成不同的文化性格。这种外在空间上的“游”，使人们有机会接触到不同的自然地理环境，如此一来，人们既可以接受不同自然地理环境的熏陶，同时也可以领略不同自然地理环境所塑造的地方文化风俗，这对人们形成多元的文化品格以及灵活适宜的思想观念都具有积极意义。

其次，“游”为新的思想学术的产生提供了客观条件和契机。正所谓“夫和实生物，同则不继”[③]，一种新的思想学术的产生也需要不同思想火花的碰撞和交融。只有当人们在不同的空间范围内与不同的思想主体、文化因子相碰撞、交流后，才有可能产生新的思想和言论。这就不难理解为什

---

① （汉）班固：《汉书·地理志》，中华书局2007年版，第306页。

② ［德］黑格尔著、王造时译：《历史哲学》，商务印书馆1973年版，第124页。

③ 上海师范大学古籍整理研究所校点：《国语·郑语》，上海古籍出版社1998年版，第515页。

么中国古代思想、艺术的两个黄金阶段——春秋战国与魏晋南北朝，都是社会大动荡、人口大流动、民族大融合的时期。春秋时期，上层贵族守着自己的封邑，一般不“游”；农夫、“野人”被束缚在土地上，也不“游”；而春秋末期的士人们已经从原来的封建关系中被剥离出来，进入到“士无定主”的流动状态，这为士人们展开频繁的空间之“游”提供了可能性。这种频繁的空间上的“游”，一方面大大开阔了士人们的视野，增长了他们的见识；另一方面，也使士人们获得了与不同思想主体接触、交流、辩论的机会，这在一定程度上活跃了他们的思想，为学术思想的不断更新、繁荣提供了外在条件。可以说，这种空间上的“游”，也是这些士人群体后来发展成为“诸子百家”的重要外因之一。

再次，这种空间上的“游”对于思想自由、言论自由以及学术思想的传播具有重要意义。朱传誉论及先秦传播活动时说：“传播活动的是否频繁，有赖下列几个条件：(一)交通的发达。(二)传播工具的发明和改革。(三)思想言论的自由。”[①]因此，思想言论的自由对学术文化的传播起到非常关键的作用。这种思想言论的自由，既取决于国家文化政策的宽松程度，同时也与人们活动空间上的自由大有关系。正因为空间上的“游”容易造成人们思想、言论、心理上的自由不居，因此推行专制主义的法家要“禁游宦之民”。而且，“游”所带来的士人空间上的活动对于一种学术思想的传播也大有裨益，如果没有人在空间里的“游”，一个人的思想学说再精彩、再自由，也只能是一种“私人语言”，最多是一种“地方知识”。在书写、传播工具相对落后的先秦社会，一种学术的传播主要还是靠口耳相传，因此，一种学说或思想若要产生广泛的社会效应，为更多的社会成员所了解和接受，就需要这一思想的主体在尽可能大的空间范围内开展主动的宣传甚至游说活动。事实也证明，正是由于孔子、墨子、孟子等人有着长期而频繁的“游”文化活动，才使得他们的思想学说在春秋战国之时就已经产生了很大的社会反响，同时也拥有了一大批信徒和追随者，“儒”“墨”也发展成为当时的显学。

这种空间上的游历是孔子“游”文化活动中非常重要的一个方面。例如：“子在川上曰：‘逝者如斯夫，不舍昼夜。’”(《论语·子罕》)此为孔子出游观水的典型事例。“孔子登东山而小鲁，登泰山而小天下。”(《孟子·尽心上》)

---

① 朱传誉：《先秦唐宋明清传播事业论集》，(台北)商务印书馆1988年版，第75页。

这是孔子登山游览、感受大自然魅力的突出表现。一般人们所谓的“孔子周游”，既定的含义当指孔子“周游列国”，即孔子在各诸侯国之间较大范围上的行走游历。应该说，这种较大范围、较长距离、不同区域间的行走游历，不论从功能还是意义上都是有别于本邑、本乡甚至本国范围内的游历活动，更能体现游历主体在不同国家、不同地域间的文化交流和传播价值。春秋时期交通条件还不太发达，人们日常生活中的信息沟通也相对较弱，这就造成了不同地区，甚至不同城邑、不同墟落间往往也存在很大的政教、文化差异，正所谓“十里不同风，百里不同俗”。如孔子过蒲，从入境到入邑再到至庭，先后三次称善，由此可以看出，孔子非常善于根据一地的自然及人文气象来分辨该地的民治教化，从中我们也可以进一步体会孔子之游历所具有的察政风、观民意的积极文化意义。

二、“学问以游历而实而大”——孔子“游”的问学功能

“学问以游历而实而大……游学之风，亦开于孔子。”[①]访师问学，考察社会，是孔子“游”的重要文化功能之一。所谓“游学”，即离开本乡到外地求学。孔子以“博学”著称，达巷党人曾经评价孔子曰：“大哉孔子！博学而无所成名。”(《论语・子罕》)其虽认为孔子好像没有什么专长，但却承认和叹服其博学。《论语》《孔丛子》《说苑》《孔子家语》等文献中记载孔子对商羊、肃慎之矢、萍实、防风氏之骨等物事的辨对，足见孔子之博学广闻，后来人们更是视孔子为“集大成者”。孔子说：“我非生而知之者，好古，敏以求之者也。”(《论语・述而》)可见，孔子的博学多识主要源自其“敏以求之”，源自其“好学不倦”。孔子曰“丘少而好学，晚而闻道，以此博矣”[②]，并言“吾十五而志于学”(《论语・为政》)。古代贵族之子，8 岁入小学学习技艺、文字。[③]孔子因少孤家贫，童年未能入学，其曾曰：“吾少也贱，故多能鄙事。”(《论语・子罕》)孔子称自己十五“志于学”，应该是指自学。孔子自言“学而不厌，诲人不倦”(《论语・述而》)，其一生好学，且学无常师。总的来看，孔子 35 岁以前之游历，问学是其核心目的和内容，所以说“游学”为孔子学识的一个重要来源。

---

① 陈崇一：《东鲁杂记》，第 569 页。

② (宋)李昉：《太平御览》卷六百七十引《慎子》逸文，河北教育出版社 1994 年版，第 774 页。

③ 《礼记・学记》：“八岁入小学，十五入大学。”

正如孔子自己所言：“敏而好学，不耻下问，是以谓之文也。”(《论语·公冶长》)孔子非常善于把握各种学习机会，这方面的事例有不少。如孔子27岁那年，鲁国东南部有个小国的国君郯子来朝拜鲁国国君，孔子听说郯子善通古官名，于是前往咨询求教。[①] 孔子29岁时曾游学于师襄子[②]，向他学习琴艺。孔子34岁时得到鲁国国君的物质支持，专门到周都洛邑访学于老子[③]，并到周庙进行一番实地考察，期间还曾拜访周大夫苌弘，向他请教乐的知识。孔子37岁时，在从齐国返回鲁国的路上，听说吴公子季札葬子

---

① 《左传·昭公十七年》：“秋，郯子来朝，公与之宴。昭子问焉，曰：‘少皞氏鸟名官，何故也?’郯子曰：‘吾祖也，我知之。……我高祖少皞挚之立也，凤鸟适至，故纪于鸟，为鸟师而鸟名……’……仲尼闻之，见郯子而学之。既而告人曰：‘吾闻之，天子失官，学在四夷，犹信。’”这里但言“见郯子而学之”，至于孔子是到郯子此次朝鲁所住宾馆学之，还是专门到郯国学习并不明确，对此，先秦典籍记载阙如。《孔子家语·致思》篇有孔子之郯，路遇程子的故事，则该书认为孔子之郯而学。《阙里志》卷四：“二十八岁，孔子往见郯子而学焉，既而告人曰：‘天子失官，学在四夷，犹信。’”[(明)陈镐纂修：《阙里志》，山东友谊书社1989年影印本，第173页]其将孔子见郯子学官一事定在了孔子28岁(鲁昭公十八年)这一年，也就是郯子访鲁的第二年，故而其应该是认为孔子到郯国问官于郯子。江永《乡党图考》虽言“孔子二十八岁学官于郯子”，但定孔子生年在鲁襄公二十一年，故孔子28岁这一年实为鲁昭公十七年，且江永认为“学官盖至宾馆学之，不必适郯也”。[(清)江永：《乡党图考》卷二，学苑出版社1993年版，第95页]清人龚景瀚所撰《孔志》一书，也力主此说。到目前为止，凡言孔子之郯而学者，大都引《孔子家语·致思》篇所记故事为证，然《孔子家语》所记之事不见于先秦典籍，亦不见于《史记》，故其可靠性令人怀疑，因此，本书对该问题持存疑态度。

② 《史记·孔子世家》：“孔子学鼓琴师襄子，十日不进。师襄子曰：‘可以益矣。’孔子曰：‘丘已习其曲矣，未得其数也。’有间，曰：‘已习其数，可以益矣。’孔子曰：‘丘未得其志也。’有间，曰：‘已习其志，可以益矣。’孔子曰：‘丘未得其为人也。’有间，曰：‘有所穆然深思焉，有所怡然高望而远志焉。’曰：‘丘得其为人，黯然而黑，几然而长，眼如望羊，如王四国，非文王其谁能为此也!’师襄子辟席再拜，曰：‘师盖云《文王操》也。’”这里的“师襄子”究竟是何许人，历来存有争议。《史记索引》谓：“盖师襄子鲁人，《论语》谓之‘击磬襄’是也。”明确指出孔子学琴的师襄子为鲁人，与《论语》中的“击磬襄”为同一人，则孔子学琴乃在本国。而《阙里志》另有所记“二十九岁，闻师襄善琴，遂造晋学之”，则似认为师襄子为晋人，即或此师襄为鲁“击磬襄”，孔子学琴乃是适晋而学。然《论语》《左传》《孟子》《史记》诸书均未有孔子适晋的记录，故笔者推测，《阙里志》所记，盖因《史记》下文有“孔子将西见赵简子”之语而误。《孔子家语·辩乐解》载：“师襄子曰：‘吾虽以击磬为官，然能于琴。’”综合各种材料来看，师襄子精通音乐，当为鲁国乐官。要说明的是，师襄子虽为鲁国人，然各种文献所记孔子学琴一事，并未交代具体的地点，若同在曲阜，则孔子此次学琴严格上来说算不上“游学”，但也不排除孔子跨城邑前往学习的可能，若是这样，则孔子这次学琴则属于早期“游学”的性质；而且，孔子此次学琴当和问官名于郯子类似，都是自发地前往学习。故此在对孔子学琴于师襄的地点没有足够的材料证明之前，本书权将此事视为“游学”。

③ 对于孔子具体何时、何地见老子，历来歧义较多。本书认为孔子适周当在鲁昭公二十四年(前518)，即孔子34岁时，见老子大概即在此年，具体辨析见本书第二章第一节“孔子游周考”。

于嬴、博间，于是前往观葬。孔子曾说：“夏礼，吾能言之，杞不足征也；殷礼，吾能言之，宋不足征也。文献不足故也，足则吾能征之矣。”（《论语·八佾》）又说：“我欲观夏道，是故之杞，而不足徵也，吾得夏时焉。我欲观殷道，是故之宋，而不足徵也，吾得坤乾焉。”[①]据此，孔子早年确有可能到过杞、宋。不过因为史料记载有缺，无从考论其详情。孔子在长达十四年的周游列国途中，有更多的机会在各地寻求史迹，调查社会，了解民情，增长知识，从各种不同遭遇中多闻、多问、多见、多识，以此来不断丰富自己的知识，提高个人修养。

三、游教——孔子“游”的普及文教功能

游历教学是孔子生活中的重要内容，此处权且称之为“游教”。收徒讲学是孔子一生最为重要的文化活动之一，孔子也是中国历史上第一位伟大的教育家，“在一定意义上说，他也是全人类历史上一个伟大的教育家”[②]。孔子 30 岁左右开始收徒讲学[③]，一生广收弟子，主张“有教无类”，据说其弟子多达三千人，身通“六艺”者七十二人（一说七十人）。孔子不仅首创平民教育，而且提出了许多宝贵的教育思想，其灵活多样的教育方法直到今天仍然值得我们学习和借鉴，其中“学思结合”“循循善诱”“因材施教”等重要教育方法，往往与其一贯的实践教学、游历教学相联系。孔子经常在实际生活中因事而发，随时随地地启发教导身边的弟子，同时抒发自己的见解和主张。孔子常常把教学课堂搬到大自然当中，山川、田野、路途都是其设身施教、启发教导弟子的临时课堂。《论语》中不乏这方面的记载。如《颜渊》篇载：“樊迟从游于舞雩之下，曰：‘敢问崇德、修慝、辨惑。’子曰：‘善哉

---

① 钱玄等注译：《礼记·礼运》，岳麓书社 2001 年版，第 297 页。

② 匡亚明：《孔子评传》，南京大学出版社 1990 年版，第 286 页。

③ 孔子何时设教，历来说法不一。《史记·孔子世家》《阙里志》持 17 岁说，胡仔《孔子编年》持 22 岁说，刘向《新序》持 23 岁说，司马贞《史记索引》持 35 岁说，匡亚明《孔子评传》持 30 岁左右说。笔者以为，孔子设教的确切年份较难考定。《左传·昭公七年》有：“故孟懿子，与南宫敬叔，师事仲尼。”然而此年孔子年 17 岁，而南宫敬叔此时尚未出生，故《左传》此处所言，当为日后之事。《史记·孔子世家》记鲁昭公二十四年（孔子 34 岁）有南宫敬叔与孔子适周一事，则孔子设教年份的下限当为此年。《阙里志》记子路于鲁昭公十六年（前 526）初见孔子并受学，则孔子 26 岁时已收弟子，这与《孔子家语·致思》所载孔子之郯有子路随行的描述倒是相互吻合，但《阙里志》《孔子家语》的内容并不完全可靠，故这也只能作辅助性的证明。综合各种情况来看，根据孔子自己所言“三十而立”来推断，其设教收徒当在此前后，故匡亚明之说较为近是。

问！先事后得，非崇德与？攻其恶，无攻人之恶，非修慝与？一朝之忿，忘其身，以及其亲，非惑与？’”这是樊迟随从孔子出游途中与老师的一问一答，体现了孔子随时随地施教的风格，其问答场所——舞雩之下，更是令人生出无限遐想，如有清风迎面，让人如临其境。又如《孔子家语·致思》载：“孔子北游于农山，子路、子贡、颜渊侍侧。孔子四望，喟然而叹曰：‘于斯致思，无所不至矣。言思无所不至，二三子各言尔志，吾将择焉。’子路进曰……”[1]孔子与子路、子贡、颜渊出游于曲阜北面的农山，师徒一行人站在山顶，登高而望，“于斯致思，无所不至矣”，外在空间的变化和眼前自然之景引发了孔子内心的波动，游历所感使孔子提出“各言尔志”的倡议，接下来弟子们各抒己见，言志论道，最后孔子对每个人的“愿景”逐一进行点评，这里展示给我们的是一幅人与自然相互感发、契合无间的生动画卷，也是孔子游历教学的一次典型写照。王国维曾对孔子这种寓教于“游”、寓教于自然的做法大为叹赏：

> 孔子之教人，于诗乐外，尤使人玩天然之美。故习礼于树下，言志于农山，游于舞雩，叹于川上，使门弟子言志，独与曾点……由此观之，则平日所以涵养其审美之情者可知矣。之人也，之境也，固将磅礴万物以为一，我即宇宙，宇宙即我也。[2]

另外，孔子长达十四年的周游列国之行，是对弟子们进行的一次意义不同寻常的游历教学，或者说实践教学。孔子周游列国，身边总是有不少弟子跟随相从，如孔子曾感叹曰：“从我陈、蔡者，皆不及门也。”(《论语·先进》)像子路、子贡、冉求、颜回等得意弟子几乎都是如影而随。在周游列国的过程中，孔子善于以整个社会为课堂，随地取材，不失时机地教导身边的弟子。弟子们边走边学，游历践行，既磨炼了意志，同时也提高了对一些事务的认识水平和处理能力。如《论语·子路》载：“子适卫，冉有仆。子曰：‘庶矣哉！’冉有曰：‘既庶矣。又何加焉？’曰：‘富之。’曰：‘既富矣，又何加焉？’曰：‘教之。’”冉有随同孔子到卫国，孔子感叹卫国人口众多，冉有借机发问，向老师请教治理百姓的顺序和方法。又如《论语·卫灵公》载孔子在陈绝粮时的情景：“在陈绝粮，从者病，莫能兴。子路愠见曰：‘君子亦有穷

---

① 杨朝明注说：《孔子家语·致思》，河南大学出版社2008年版，第116～118页。

② 王国维：《孔子之美育主义》，姚淦铭、王燕编：《王国维文集》第3卷，中国文史出版社1997年版，第157页。

乎？’子曰：‘君子固穷，小人穷斯滥矣。’”《史记·孔子世家》《孔子家语》《韩诗外传》等书对此有更为详细的记载，其中都有孔子为了安抚弟子们的情绪，不仅自己弦歌不辍，还把子路、子贡、颜回等分别唤入，以“《诗》云‘匪兕匪虎，率彼旷野’。吾道非耶？吾何为于此？”来试探、启发弟子，为之灌输自己所理解并坚持的穷通观念，从而达到说服和教育弟子的目的。孔子这种游历途中的言行、处事风格无疑是对从游弟子的最好身教。用原清华大学校长梅贻琦的话说：“师生犹鱼也，其行动犹游泳也，大鱼前导，小鱼尾随，是从游也，从游既久，其濡染观摩之效，自不求而至，不为而成。”[①]总之，孔子的周游列国之行，“本是为了在政治上推行自己的政治主张而进行的迫不得已的长期远途旅行，并未达到预期目的。可是客观上大大开阔了孔子和弟子们的眼界，达到了‘学问与游历以相资’的目的”[②]。

四、游宦——孔子“游”的政治文化功能

据《汉语大词典》的解释，“游宦”本指春秋战国时期士人离开本国至他国谋求官职，有时也称“游仕”。如《商君书·外内》：“奚为淫道？为辩知者贵，游宦者任，文学私名显之谓也。”《韩非子·和氏》：“禁游宦之民，而显耕战之士。”王先谦《集解》曰：“不守本业，游散求官者。”后来也泛指外出求官或做官。统观孔子一生，虽长期不得志，但他却一直渴望参与政治，力图实现自己的政治主张。孔子主张“不在其位，不谋其政”（《论语·宪问》）。反过来看，“欲谋其政，应求其位”，故孔子在长期周游列国的历程中，是非常渴望得到某个具体官职来实现自己的政治理想的。“孔子有见行可之仕，有际可之仕，有公养之仕也。于季桓子，见行可之仕也；于卫灵公，际可之仕也；于卫孝公，公养之仕也。”这是《孟子·万章下》中对孔子入仕情况的总结性描述。孔子到了卫国后，“主于子路妻兄颜浊邹家”[③]，孔子很有可能是想通过颜浊邹来向卫灵公引见自己，结果灵公俸孔子如鲁，致粟六万。既言“际可之仕”，孔子当受职任事，但所受何职不明，也不可详考，据此推测可能不是什么实职。在陈国，“主司城贞子，为陈侯周臣”（《孟子·万章上》）。陈侯周，据《史记索引》可知为陈湣公。匡亚明认为孔子通过司城贞子向国

① 梅贻琦：《大学一解》，《清华学报》13卷1号，1941年。

② 白化文：《孔子及其弟子》，《文史知识》1999年第9期。

③ （汉）司马迁：《史记·孔子世家》，第1919页。

君陈侯周(即陈湣公)的推荐,取得一个有名无实的职位,当时也有俸禄,但一定不像在卫国那样优厚。另外,孔子支持和鼓励自己身边的弟子们积极做官也可侧面验证孔子求仕的心态。事实上孔子有不少弟子都在各诸侯国做官,如子游曾为武城宰,子路曾为蒲大夫,也做过卫大夫孔悝之邑宰,子贡曾仕卫等。又如季康子派人到陈国召冉求回鲁国做官时,孔子曰:"鲁人召求,非小用之,将大用之也。"①其欣喜和希冀之情可见一斑。

孔子周游各国,试图说服各国国君采纳自己的理想政治理念,只可惜时代形势决定了孔子的理论已经不可行。不过,孔子在当时就已经树立了自己的威望,名声很大,如孔子游周回国后,从齐、卫、陈、宋等国前来游学的弟子越来越多,再加上后来孔子曾一度任大司空、大司寇,夹谷之会还曾主持相礼,因此,尽管各诸侯国国君并不打算实行孔子的治国主张,但大都对孔子表现得格外尊重和有礼。然而执政者对孔子的尊重并不能掩盖理想与现实的矛盾,当时各国国君出于自身利益的考虑,要么只给俸禄不给官职,要么只给一些虚职,其目的不过是要为自己树立一块政治招牌而已。需要特别指出的是,孔子之"游宦",不论目的还是性质,与战国时期苏秦、张仪等游说之士借"游"以求显名进而博取高官厚禄有很大不同。孔子之"游宦",其为"宦"的目的性、功利性要弱得多,主要目的在于为实现自己的"斯文"之"道"而寻求施政的平台。从孔子个人的立场而言,"游"的目的并不在于官职的大小与俸禄的多寡,甚至他并不在意是否能得到一个具体的官职,其根本目的在于自己被"用",就像后来子思与鲁穆公、子夏与魏文侯、稷下先生之在稷下,其实都不是做官,但都是被"用"了,被"用"才有机会"行道",才能发挥实际的作用,这种作用也许比担任具体职务所起到的作用更大。然而,就是在真正被"用"这一点上,孔子却始终未能如愿,这才是让孔子感慨"道之不行,已知之矣"的根本原因。但不论如何,孔子通过"游"来谋求政治上的被"用"这一实践活动本身,至少在齐、卫、陈等国的政治舞台上造成了一定的影响,同时也为后来尤其是战国士人自由游动到不同地域的政治组织中担任职务,发挥作用,都有着启发和示范意义。从这个角度来看,孔子之"游"不仅是文化之"游",同时也是政治之"游"。

---

① (汉)司马迁:《史记·孔子世家》,第1927页。

五、游艺——孔子于“艺”所达到的自由境界

《论语·述而》:“子曰:‘志于道,据于德,依于仁,游于艺。’”“游于艺”,朱熹注曰:“游者,玩物适情之谓。艺,则礼乐之文,射、御、书、数之法,皆至理所寓,而日用之不可阙者也。朝夕游焉,以博其义理之趣,则应物有余,而心亦无所放矣。”[①]按照朱熹的注解,“游艺”主要是指身心沉浸在礼、乐、射、御、书、数“六艺”之间的一种涵泳自得、应物有余的悠然境界,“游”在这里具有“悠游”“从容”的意味。总的来说,孔子所说的“游艺”既指人对礼、乐、射、御、书、数六种技艺的熟练掌握、把玩和应对自如的程度,也表现为人们在驾驭这些具体物质活动中所具有的一种悠然自得、雍容适然的心态,是指“君子在‘志道’、‘依仁’之外,对于与物质技能有关的一切训练要有熟练的掌握,包含了对于自然合规律性的了解和运用,是产生自由感的基础”[②]。因此,孔子这里所讲的“游”,更侧重于指“从心所欲不逾矩”的自然顺从,是一种在对“六艺”熟练掌握并运用的基础上形成的主体与客体完全合规律性的一种化境。与前面所说的“游历”“游学”“游教”“游宦”等主要表现为一种外在、客观、动态的具象之“游”不同,“游艺”主要表现为一种心志之“游”,也可以理解为一种精神的自由,是孔子在面对和使用六种技艺时的一种顺然、安然、悠然的心志状态,是孔子于“艺”所达到的一种自由境界。

“礼”“乐”是孔子早期致力学习的主要内容,也是其早期思想的主要代表。《论语》当中关于孔子专门谈“礼”的地方不下20处,专门讨论“乐”的地方也将近10处,“礼”“乐”并提共出现9次,足见孔子对“礼”“乐”的重视程度。需要注意的是,“礼”“乐”除了指外在的礼仪典章及各种音乐、乐器之外,还是“仁”的一种外化形式,在孔子看来“人而不仁,如礼何?人而不仁,如乐何?”(《论语·八佾》)“礼”“乐”的核心基础乃是“仁”,只有以“仁”为内核的“礼”“乐”才有其真正价值。同时孔子还认为:“克己复礼为仁。一日克己复礼,天下归仁焉。”(《论语·颜渊》)这里孔子直接把“仁”与“克己复礼”等同起来。因此,“礼”“乐”有时与“仁”密不可分,游于“礼”“乐”也是孔子最大限度地实现“仁”的体现。除“礼”“乐”之外,对书法、算术、射箭、驾车等一些具体的技艺,孔子也是驾轻就熟:“达巷党人曰:‘大哉孔子!博学而无所

---

① (宋)朱熹:《四书章句集注》卷四,中华书局1983年版,第94页。

② 洪琼:《孔子与庄子“游”之比较》,《社会科学家》2003年第3期。

成名。'子闻之,谓门弟子曰:'吾何执?执御乎?执射乎?吾执御矣。'"(《论语·子罕》)面对达巷党人的评价,孔子拈出"六艺"当中层次最低的两种,说是驾车呢还是射箭呢,最后还是选择出力最多的驾车,这显然是一种带有谦虚意识的自信而幽默的调侃,是孔子在各种技艺都达到一种纯熟境界后的"玩世""游艺"姿态,是对自我能力充分自信时才能达到的高度及境界。

孔子的这种"游艺"思想,其实还包含另外一层意思,即在具体的日常生活中,在实践活动中,时时不忘对各种技艺的学习和使用,力求使其达到一种纯熟状态。因此,"游艺"也体现出孔子注重实践求学、学以致用的人生观。同时"六艺"也是孔子教育弟子们的主要科目,如孔子教育弟子们要"兴于诗,立于礼,成于乐"(《论语·泰伯》)。从《论语》《史记》等文献记载孔子教育弟子的情形来看,孔子对弟子们的这种"六艺"教育也主要贯穿于其长期的周游过程中。如孔子出游,常常是让冉有、颜回、子路等弟子御车,可以说是御车的教学实习。孔子在周游的过程中,多次出现弹琴奏乐的情形。如:孔子在匡被围,以琴声解围;困于陈蔡之间,孔子"讲颂弦歌不辍";孔子在卫击磬,等等。从中既可以看出琴、乐与孔子生活的密切关系,也可以得知孔子经常在周游的间隙,不忘对弟子们进行乐的传授和熏陶。再如孔子适宋的时候,曾与弟子习礼于大树下,后来遭到司马桓魋的威胁才离开,这是孔子向弟子们现场演示礼的生动教学事例。又如孔子回到卫国后,遇到旧馆主人之丧,孔子让子贡脱骖赙葬,并给他传授较为灵活的礼学思想,等等。这些都足以反映孔子的这种"游艺"观,也是孔子教育思想的光辉之处,同时"游艺"与孔子的"游教"思想和活动常常紧密相连,有时甚至融而为一。

六、游道——孔子"游"的核心价值及精神

以"游"行"道"即"游道",是孔子"游"的核心文化价值。孔子"游"的精神实质和文化特征可以简单概括为"君子游道,乐以忘忧"[①]。孔子曾言"朝闻道,夕死可矣"(《论语·里仁》),可见孔子不仅"重道",而且"乐道"。孔子还曾曰"志于道,据于仁,游于艺"(《论语·述而》),把"道"作为自己一生追求的目标。"道"主要体现为一种价值系统,具体到孔子身上,则主要表现为其所极力主张和维护的以"仁"为内核的礼乐文化传统,也即孔子所谓的

① (汉)班固:《汉书·杨恽传》,第665页。

"斯文"。孔子对"道"持有一种不懈的求取和践行精神。统观孔子一生主要的游历活动，其早期主要为游学问道，后期主要为宣扬自己的政治理想，但根本目的在于宣扬、传播并努力实践西周的礼乐文明，也即传"道"。"天下之无道也久矣，天将以夫子为木铎。"(《论语·八佾》)仪封人感到"在这久已无道之世，传道尤其重要。因此，孔子传道，其意义和作用决不在为官之下。孔子失官位，此乃天使他担当传道重任"[①]。

然而，对孔子周游列国到底是为"避祸"还是为"行道"，古人却持有不同的观点。王安石不认为孔子周游列国是为"行道"："古之人仆仆然劳其身以求行道于世，而曰'吾以学孔子者'，惑矣。孔子之始也，食于鲁，鲁乱而适齐，齐人夫欲害己则反而食乎鲁。鲁受女乐不朝者三日，义不可以留也，则乌乎之？……卫灵公不可与处也，于是不暇择而之曹，以适于宋、郑、陈、蔡、卫、楚之郊，其志犹去卫而之曹也。老矣，遂归于鲁以卒。孔子之行如此，乌在其求行道也？"[②]晚清学者刘光蕡则明确地提出："孔子周游列国，是为避祸，非为行道。"其主要依据为："齐人曷为谗孔子？陈氏之谋也。……陈之谋篡齐急，故忌孔子之用鲁，陈氏为女乐以馈之，所以间孔子于季氏也。何用女乐？此有密谋焉。……季氏欲杀孔子，公不敢违也。郊不致膰，即食不设箸之意也。……以孔子去之速，知季氏之必欲杀孔子，而圣人已见其机也。……其出也，师己送之，曰：'夫子为罪也。'当时不罪夫子，师己何为辨其无罪？而夫子亦曰：'彼妇之口，可以出走，彼妇之谒，可以死败。'则出走为死明矣。……"[③]

对以上二位学者的观点，笔者并不认同。王安石认为孔子"仆仆然劳其身以求行道于世，是沽也"，并从"谋食"的角度怀疑孔子"行道"的性质，只是看到了孔子周游列国期间的去留和食禄表象，并未深察孔子周游列国的真正意图和内在精神。孔子曾明确说过："君子谋道不谋食。耕也，馁在其中矣；学也，禄在其中矣。君子忧道不忧贫。"(《论语·卫灵公》)在孔子看来，道重食轻，君子真正在乎的是"学道""得道""行道"，现实境况的贫苦困顿并不足以引起孔子的忧虑，然"道之不行"才是孔子最为担忧的。统观孔子十四年的周游生活，"求仕"是外在目的，希望有国君能重用他，但这却不

① 赵杏根：《论语新解》，安徽大学出版社1999年版，第56页。

② (宋)王安石著、唐武标校：《王文公集》，上海人民出版社1974年版，第330页。

③ (清)刘光蕡：《烟霞草堂文集》卷一《孔子周游列国说》，民国七年(1918)刻本。

是最终目的，以孔子一贯的行事和主张来看，得到某个政治职位，实行理想的政治才是最根本的目标。简言之，“谋食”是为生存计，“求仕”是为更好地“行道”。因此，王氏所指出的“孔子之始也，食于鲁，鲁乱而适齐，齐大夫欲害己则反而食乎鲁……”只不过是孔子“游”的外在环境因素，孔子去鲁、去齐，后来再去鲁，其主要目的正如苏辙所认为的那样“孔子去鲁而游诸侯，有意于择君矣乎？”[①]。即孔子周游于各个诸侯国之间，根本目的是希望能遇到一个真正认同并能任用自己的当权者，是为了找机会“行道”。从孔子回答孔文子“鸟则择木，木岂能择鸟”来看，孔子之“游”具有鲜明的道义原则，并不能仅因为“孔子之始也，食于鲁，鲁乱而适齐，齐大夫欲害己则反而食乎鲁”就否定孔子“游”的“行道”性质。

对刘光蕡提出孔子周游乃为“避祸”的看法，笔者更不敢苟同。刘氏主要分析了孔子去鲁时的恶劣形势，并主观性地臆测“以孔子去之速，知季氏之必欲杀孔子，而圣人已见其机也”。此说不仅缺乏可靠的史实依据，而且也反映出刘氏根本不识孔子之心。从孔子与季氏的关系来看，孔子要想在鲁国保住自己的性命并不是件难事。退一步来说，即使说孔子有祸要避，也是因为孔子要“行道”，孔子如果不坚持“行道”，随波逐流而阿附掌权者，其又何祸之有？或许孔子去鲁时的形势的确比较紧张，但这也只是孔子去鲁的外在客观原因，并不是孔子去鲁的真实原因，不能因此就说孔子周游列国是为“避祸”而非“行道”。而按照《史记·孔子世家》所记内容来看，孔子去国，有时是因为“礼衰则去”，如鲁国郊祭，膰不致大夫，孔子遂行。又如孔子在卫，灵公问兵陈，他日观飞鸟而色不在孔子，孔子明日遂行；有时是因为形势紧张，不得不行，如孔子去齐是因为齐大夫欲害孔子，而孔子第一次去卫是由于“或谮孔子于卫灵公。灵公使公孙余假一出一入。孔子恐获罪焉，居十月，去卫”。总之，孔子离开某国而他适的起因，要么是诸侯国国君对自己的礼遇有所松弛，要么是客观形势所迫不得已而为之，但这些都只不过是最表面的原因。

其实，“不能用”才是孔子离开的真正原因所在，即孔子之“道”得不到真正意义上的认可和实行，或者说孔子看不到“行道”的希望。孔子在长达十四年的列国之行中，尽管遭遇到种种困顿和挫折，但孔子始终不改其道，

① （宋）苏辙：《古史·孔子列传》，文渊阁《四库全书》本。

正所谓“君子固穷，小人穷斯滥矣！”(《论语·卫灵公》)其在楚国，面对长沮、桀溺的奚落，孔子直言“天下有道，丘不与易也”(《论语·微子》)。面对荷蓧丈人的躲避，孔子感叹：“君子之仕也，行其义也。道之不行，已知之矣。”(《论语·微子》)这里明确交代孔子出游是为“行道”。且不论孔子之“游”，“行道”的客观效果究竟如何，但在主观上，孔子是始终不渝地以传播并努力践行这种“道”为其终极目的和神圣使命的。从这个意义上来说，身处春秋末期这个“礼崩乐坏”大环境中的孔子，以其“知其不可而为之”的执着和坚韧精神，以及实际行动向我们展示了“以天下为己任”的责任担当和道义情怀。本质上而言，孔子所扮演的是救世者的角色：“孔子抱圣人之心，彷徨乎道德之城，逍遥乎无形之乡……于时周室微，王道绝，诸侯力政，强劫弱，众暴寡，百姓靡安，莫之纪纲，礼仪废坏，人伦不理。于是孔子自东自西，自南自北，匍匐救之。”[1]孔子这种具有鲜明实践品格的“游道”“救世”精神深刻影响着之后的许多士人，“‘士志于道’——这是孔子最早为‘士’所立下的规定。用现代的话说，‘道’相当于一套价值系统。但这套价值系统是必须通过社会实践以求其实现的”[2]。

另外，孔子以“游”行“道”的过程还表现出一定的“乐道”精神，这既体现在孔子与弟子游览论道时所表现的平和、愉悦心情上，更突出地表现在孔子出游受困时所彰显的对“道”的清醒认识和内心坚守上。正是在这种常人所不堪的境遇之下，孔子身上这种“安贫乐道”的精神才显得尤为珍贵。这种深陷交困而泰然自若的自信精神，是一种无怨无悔的内心情志的自然流露，这种强烈的“守道”“乐道”的坚毅和达观态度，由内而外散发着一种庄严敬肃之美，这是孔子之“游”在精神层面的深刻意义。这种对理想、对道义的执着和信守，这种临危不惧、知难而进，百折不改其“道”的行“道”之心显示了孔子所独具的一种强大的人格力量。孔子这种对“道”的自信和从容心态，以及对理想和道义的坚守和进取精神，是深刻影响后世儒家精神品格的灵魂力量。

总之，“道”是孔子“游”的终极目的，透过孔子在“游”的过程中所表现出来的“以道自任”的雍容自信以及“明知不可而为之”的执着精神，我们看到了一位知识分子应有的现实忧患意识、“以天下为己任”的责任担当意识

① (汉)韩婴撰、许维遹校释：《韩诗外传集释》卷五，中华书局1980年版，第165页。

② 余英时：《士与中国文化》，第5页。

以及为实现理想而不懈进取并持之以恒的实践精神，这些优秀品质和精神，将孔子所肩负的“斯文”之“道”以最好的形式展现在世人面前。而且，孔子以“游”的实践方式为后来的知识分子树立了光辉的榜样，这也是为什么中国历代的知识分子都格外注重自我人格的完善，都不约而同地以“修身、齐家、治国、平天下”为现实理想，同时普遍具有一种“先天下之忧而忧”的忧患意识和“后天下之乐而乐”的社会责任感。

通过以上对孔子“游”的文化含义、功能的简要分析可以发现，孔子之“游”具有极为丰富的文化内涵和现实功能，孔子称得上是中国古代“游”文化的最早开创者和杰出代表。从大的方面讲，孔子之“游”可分为外在之“游”与内在之“游”，外在之“游”表现为客观、实体性的空间之游，主要为行游、漫游，可以用“游历”来加以概括，问学、施教、求仕等作为孔子游历的目的和与游历同时发生的具体社会活动时，相应地便具有“游学”“游教”“游宦”等含义和性质。孔子“游”的内在方面，主要是指心志之游、精神之游，集中表现为孔子的“游艺”观，以及孔子在游历过程中，尤其是面临困厄险境所表现出来的从容不迫的姿态和雍容和顺的气质，这里概括为孔子的“乐道”精神。而且，“游道”也是孔子“游”的核心目的及精神表现。孔子“游”的文化含义及其关系，可以用下图进行较为直观的展示：

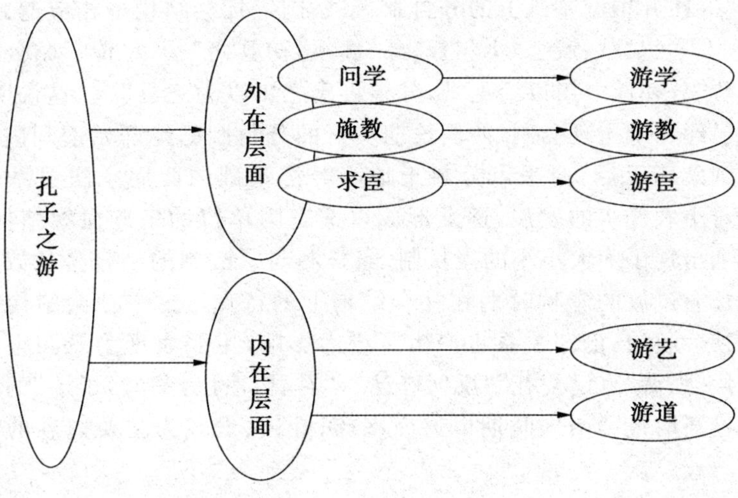

第二节　孔子“游”的时代文化背景

由上节所论可知，孔子之“游”，从文化含义上可分为“游学”“游教”“游宦”“游艺”“游道”等方面。毫无疑问，这些文化活动与孔子所处的时代文化背景紧密相连并深受其影响。因此，要想深入了解孔子“游”的具体社会情境，体会孔子“游”的时代特征，有必要对孔子“游”的相关背景进行考察分析。

一、春秋时期的社会变革

春秋末期是中国社会的大变革时期，社会的政治、经济、文化都处于转型之中。“春秋末到战国初，铁工具开始在生产中广泛使用。”[①]随着铁制农具及牛耕的出现和广泛使用，农业生产力得到大幅提高。社会生产力的发展带来社会制度上的变革，经济上主要表现为“井田制”被破坏，土地国有形态之“公田”逐渐成为“私田”。最典型的事例是鲁国于宣公十五年（前594）开始实行“初税亩”，这等于宣布了私田的合法化。井田制度遭到破坏以后，建立在井田制基础上的分封制、宗法制等社会结构也相应遭到破坏。《史记·秦本纪》载：武公“十年伐，邽、冀戎，初县之”。《左传·昭公二十八年》载：晋“分祁氏之田以为七县，分羊舌氏之田以为三县”[②]。这说明在秦、晋等国已经相继出现县制，西周长期实行的分封制已经开始遭到破坏。分封制受到破坏以后，原来以分封土地为经济基础的西周宗法关系开始动摇。随着小农经济的发展，逐渐形成以家庭为单位的宗族血缘结构，在社会结构上出现了大大小小的家长制，家长制与宗法制的结合是从奴隶社会向封建社会过渡的春秋时期在社会结构上的特点。这一社会结构特点对当时的社会政治、伦理关系也产生了很大影响，主要表现为既注重礼仪等级，同时又强调“克己复礼”“反躬修己”，“君君，臣臣，父父，子子”的社会伦理秩序逐渐取代了西周时期以讲究宗族、姓氏、贵贱为主要内容的旧宗法

① 翦伯赞主编：《中国史纲要》，北京大学出版社2006年版，第46页。

② 杨伯峻：《春秋左传注》，中华书局1990年版，第1493页。

关系。这些社会制度上的变化对孔子思想观念的形成及发展不无影响。[①]

随着周王室的逐渐衰微，天子的地位发生明显变化：一是周天子直辖的王畿之地大大缩小，周的领土仅局限于洛阳周围几百里的范围之内；二是中原各诸侯国不再定期向天子述职和纳贡。此时周天子已经丧失了天下共主的地位，政治上、经济上都必须依赖于强大的诸侯。[②]“孔子之时，周室微而礼乐废，《诗》《书》缺。”[③]周室衰微的结果引起了社会秩序的“礼崩乐坏”。所谓“礼崩乐坏”，主要表现在礼制的破坏方面。周礼有严格的等级贵贱之分，然而在春秋时期，各种僭越行为却不断出现，即使在周礼保存较好的鲁国，也出现了季氏“八佾舞于庭”（《论语·八佾》）的事件。另外，与西周的礼治相对立，春秋时期不少国家开始出现法治的苗头，如郑、晋两国相继铸刑鼎，公布成文法，这对尊卑等级制度的破坏则是致命的。《左传·昭公六年》载郑人铸刑书，晋国大夫叔向致子产书曰：“昔先王议事以制，不为刑辟，惧民之有争心也。……民知争端矣，将弃礼而征于书，锥刀之末，将尽争之。乱狱滋丰，贿赂并行。终子之世，郑其败乎？”二十三年后，晋国又发生了铸刑鼎的事件，孔子闻知此事后，说：

> 晋其亡乎！失其度矣。夫晋国将守唐叔之所受法度，以经纬其民，卿大夫以序守之，民是以能尊其贵，贵是以能守其业。贵贱不愆，所谓度也。文公是以作执秩之官，为被庐之法，以为盟主。今弃是度也，而为刑鼎，民在鼎矣，何以尊贵？贵何业之守？贵贱无序，何以为国？[④]

从这些材料可以看出，不论是叔向提出的“民知争端矣，将弃礼而征于书”，还是孔子担忧的“民在鼎矣，何以尊贵，贵何业之守？贵贱无序，何以为国”，都表明日渐兴起的刑法制度对周礼规定尊卑贵贱的等级制度起到了巨大的破坏作用，这是叔向、孔子等礼制维护者所不愿看到的。

王室衰微的另一面，则是各地诸侯的日渐强大，齐桓公、晋文公、秦穆公等相继称霸，即从孔子所说的“礼乐征伐自天子出”的时代变为“自诸侯出”“自大夫出”和“陪臣执国命”的时代，天下由“有道”沦落为“无道”。春

---

① 参见赵吉惠等主编：《中国儒学史》，中州古籍出版社1991年版，第30～31页。

② 翦伯赞主编：《中国史纲要》，第36页。

③ （汉）司马迁：《史记·孔子世家》，第1935页。

④ 杨伯峻：《春秋左传注》，第1504页。

秋时期这种社会生产关系、社会结构上的大变革对当时的文化分布、文化观念、社会风气等众多方面均产生了深刻影响。一方面，“王室的衰微，客观上造成文化与人才的外流，形成了诸侯国的多元文化中心”[①]，如以齐鲁为代表的礼乐文化中心，以秦为代表的政治文化中心等；另一方面，王室衰微，客观上也造成学术的下移，社会上相继出现私学，西周时期“学在官府”的局面被打破。春秋时期，西周时的王官文化性质逐渐被削弱，随着周天子天下共主地位和实际约束力的丧失，周初系统完备的官制及职掌渐渐丧失其本有的社会角色和功能，随着职责不同的官员散入民间，社会上也相应地分化出不同性质和主张的私学流派，《汉书·艺文志》对此有详细的追溯：“儒家者流，盖出于司徒之冠……道家者流，盖出于史官……阴阳家者流，盖出于羲和之官……”如此一来，私人性质的学术文化流派如雨后春笋般日渐兴炽。

孔子生活于公元前551～前479年，恰逢春秋末期，处于这次社会大变革的过渡环节，这正是一个新旧文化不断碰撞的重要时期，顾炎武对这一时期鲜明的时代特征有精辟的论断：

> 如春秋时，犹尊礼重信，而七国则绝不言礼与信矣；春秋时犹宗周王，而七国则绝不言王矣；春秋时，犹严祭祀、重聘享，而七国则无其事矣；春秋时犹论宗姓氏族，而七国则无一言及之矣；春秋时犹宴会赋诗，而七国则不闻矣；春秋时犹有赴告策书，而七国则无有矣。邦无定交，士无定主，此皆变于一百三十三年之间，史之阙文，而后人可以意推者也，不待始皇之并天下，而文、武之道尽矣。[②]

一方面，由于社会激烈动荡，随着分封诸国的强大，周王室的势力急剧下降，西周的礼乐体系遭到前所未有的破坏；另一方面，春秋时期的外交聘问、仪节言行仍然显现出重德、尚礼的古典式温文尔雅的风貌，从这个意义上来说，春秋三百年间，西周的礼乐体系虽不断地遭到破坏，却仍在延续，这就不难理解为何孔子之“游”文化具有非常鲜明的礼乐特征了。

---

① 赵吉惠等主编：《中国儒学史》，第25页。

② （清）顾炎武著、黄汝成集释：《日知录集释》卷十三，上海古籍出版社2006年版，第1005～1006页。

二、春秋时期的士人及“游”风

在西周的宗法制度中，“士”为贵族中的最低等级。《国语·晋语》说：“公食贡，大夫食邑，士食田，庶人食力，工商食官，皂隶食职，官宰食加。”[①]这里提到“士食田”，可能是“食公田”，也可能有的士有“禄田”，而有的士则主要靠若干田亩的租税来维持生活。总之，“士”在西周时期是有固定生活来源的，有些士还是最小的奴隶主阶级。而到了春秋末期，“士”的身份和社会地位发生了重大的变化。首先，“士”不再是“有职之人”或“有爵之称”，而是沦为“四民”之首。《春秋穀梁传·成公元年》载：“古者有四民。有士民，有商民，有农民，有工民。”[②]余英时认为：

> 值得注意的是这里出现了士民这样一个新的名词，把士的社会身分正式地确定在“民”的范畴之内，这是春秋晚期社会变动的结果。由于贵族分子不断下降为士，特别是庶民阶级大量地上升为士，士阶层扩大了，性质也起了变化。最主要的是士已不复如顾炎武所说的，“大抵皆有职之人”。相反地，士已从固定的封建关系中游离了出来而进入了一种“士无定主”的状态。这时社会上出现了大批有学问有知识的士人，他们以“仕”为专业，然而社会上却并没有固定的职位在等待着他们。在这种情形之下，于是便有了所谓“仕”的问题。[③]

原来处于贵族最下层的“士”阶层至此发生了根本性的蜕变，从原来身份、地位相对固定、有禄田的等级阶层，变革为身份较为自由、经济上无定产的游离一族。“春秋战国时期的士阶层不同于殷周时代的巫、史，他们不必固定地依附于某一政权或某个君主，而是一个具有相对独立性和流动性的文化阶层。”[④]这为春秋战国时期的士人开展普遍而频繁的“游”文化活动提供了现实社会基础。另一方面，失去固定经济基础和生活来源的士人，为了维持生计，不得不以自己所熟悉的知识和技能谋求职业，从而逐渐发展成为一个主要靠脑力劳动来谋生的知识阶层。春秋末期沦落为平民阶层的士人既与普通百姓有一定的共同情感，同时也与统治阶级有着一定的

---

① 上海师范大学古籍整理研究所校点：《国语·晋语》，上海古籍出版社 1998 年版，第 371 页。

② （晋）范宁注、（唐）杨士勋疏：《春秋穀梁传注疏》，上海古籍出版社 1990 年版，第 126 页。

③ 余英时：《士与中国文化》，第 15 页。

④ 徐克谦：《先秦儒学及其现代阐释》，南京师范大学出版社 1999 年版，第 9 页。

联系。孔子就是这样一位出身于没落贵族，掌握丰富的文化典籍知识，深通礼乐，既能执掌祭祀、料理丧事，又能进行私人讲学的士人。

尽管春秋末期，士人已不属于贵族阶层，但由于这些人掌握一定的礼乐知识，熟悉礼仪，有时还能出谋划策，因此往往受到卿大夫的重视，这些人与贵族阶层依旧保持一定的关系，社会地位较普通百姓要高。许多原来不属于士的人此时也纷纷设法加入到士的队伍中来，如《韩非子·外储说左上》："而中牟之民弃田圃而随文学者邑之半。"[①]这里的"随文学者"应该就是愿意从事脑力劳动的文化者，也就是士人。由于士的社会地位更接近社会上层，因此中牟之民有半数的人选择弃农入士。春秋末期，社会上的士阶层不仅在人员构成上呈现多元化的趋势，同时数量也在不断增加，这就产生了待就业的士人与就业机会之间的供需问题。

春秋时期士阶层的壮大与学术的下移不无关系，正是私学的兴盛才使得原来不属于士的人通过接受礼、乐、射、御等知识和技能的培养而成为士。同时，士的大量出现，也与春秋末年的兼并争强带来的对人才的渴求有关。另外，一些僭国大夫为笼络人心也很注重礼士，这种做法到战国则发展为"养士"之风，这为士人提供了广阔的发展空间。由于没有固定的田产，对于这些游离于统治阶层与庶民之间的士人来说，"入仕"是他们的主要生存选择。所谓"仕而优则学，学而优则仕"(《论语·子张》)。"仕"的前提条件是"学"，对于许多下层的士人而言，要想进入仕途，必须具有某种学问或技艺，这就促使他们不得不学。而在当时，由于之前官方对教育的垄断，像孔子这样开私学授徒的人并不是很多，于是，许多想要入"仕"的士人和一些想要成为士的平民，为了找到能够传授知识和技能的老师，不得不远走他乡而开展游学活动，这是春秋时期士人游风渐盛的一个原因。孔子早年为了问礼、考察周礼遗制，就曾经专门到周都洛邑访问过老子，并到周庙进行实地考察。另外，这种士人游学之风，也可以从孔子弟子们身上反映出来。如《史记·孔子世家》载孔子"弟子盖三千焉，身通六艺者七十有二人"，足见孔子门下前来求学的人数之众。孔子的这些弟子中，有许多都不是本国人。根据李启谦的《孔门弟子研究》所作的统计，孔子弟子的国别情

① (清)王先慎撰：《韩非子集解·外储说左上》，中华书局 1998 年版，第 263 页。

况如表1[①]所示：

表 1

国别	鲁	卫	齐	秦	陈	宋	晋	楚	吴	蔡	燕	不明
人数	61	11	9	4	4	4	3	3	2	2	1	13
存疑	17	6	5	1	1	3	3	1	1	1	1	

尽管有些弟子的国别目前尚存有争议，但不难看出，在孔子弟子中，除了鲁国人占大多数外，来自邻国齐、卫的人也不少，更远一些的宋、陈、晋等国也有不少人前来，甚至还有弟子来自较远的蔡、楚、吴、秦、燕等国。这从一个方面反映出春秋末年士人中日渐兴起的游学之风。而实际上，在孔子的这些学生中，除了颜渊等少数弟子坚持不仕外，如子路、子贡、冉求、子夏、子游、仲弓、宰我、闵子骞、子贱、高柴等许多弟子都有过入仕的经历，这也在一定程度上反映出当时许多士人游学的目的就是为了入仕。春秋末期，这种从游之风的普遍盛行，还可以从孔门之外的士人的从游情况中反映出来。孔子时期的鲁国，如少正卯、王骀等人门下也都有大量的从游弟子。如《庄子·德充符》载：

鲁有兀者王骀，从之游者与仲尼相若。常季问于仲尼曰：“王骀，兀者也，从之游者与夫子中分鲁。立不教，坐不议。虚而往，实而归。固有不言之教，无形而心成者邪？是何人也？”仲尼曰：“夫子，圣人也，丘也直后而未往耳。丘将以为师，而况不若丘者乎！奚假鲁国！丘将引天下而与从之。”[②]

这段文字有可能出于庄子假托，虽未必实有其事，但也不是完全没有可信的成分，如后来的《论衡·讲瑞》中就有与之较为类似的记载：

少正卯在鲁，与孔子并。孔子之门，三盈三虚，唯颜渊不去，颜渊独知孔子圣也。夫门人去孔子归少正卯，不徒不能知孔子之圣，又不能知少正卯，门人皆惑。子贡曰：“夫少正卯，鲁之闻人也。子为政，何

① 此表在李启谦《孔门弟子研究·弟子国别表》的基础上精简而成，齐鲁书社1987年版，第238～241页。

② 郭庆藩：《庄子集释·德充符》，中华书局2004年版，第187～188页。

以先诛之?”孔子曰:“赐退！非尔所及!”[①]

少正卯究竟为谁,历来说法不一。《史记·孔子世家》言孔子于定公十四年(前496)由大司寇行摄相事,不久即“诛鲁大夫乱政者少正卯”。《孔子家语·始诛》则有孔子七日而诛少正卯的记载,子贡对孔子的这一做法开始时不能理解,后面孔子向子贡详细解释了少正卯当诛的理由。从子贡的问话中可知少正卯为“鲁之闻人”,从孔子的回答中则可以进一步获知少正卯是鲁国有名的谄人。孔子诛少正卯一事传说的可能性较大,但从各类文献所记载的情况来看,在当时鲁国境内,少正卯门下从游弟子的数量不亚于孔门,甚至也有孔门弟子转投少门的情况,这多少也反映了孔门以外鲁国士人的从游风气。

春秋末期这种士人“游”的风气,在比孔子稍后的墨子身上表现得也很突出。《淮南子·修务训》说:“孔子无黔突,墨子无暖席。”墨子与孔子一样,都是以天下为己任,为了实现自己行道救世的理想而四处奔走。孔子主张“有道则仕”,故其“游”是为了寻找有道之君、有道之世,此乃孔子行游的核心动力。与孔子一样,墨子“游”的主要目的也不是为了求仕,而是为了践行其“兼爱”“非攻”“尚贤”等主张。可以说,孔子、墨子在当时都是通过“游”来行道、践道的,二者都是比较务实的实践家,只不过其所行的“道”在内容上有所不同而已。尽管墨子本人不在意做官与否,但墨子却经常鼓励弟子们出去做官,如《贵义》篇载“墨子仕人于卫”,《耕柱》篇载墨子游耕柱子于楚,墨子使管黔敖游高石子于卫,《鲁问》篇载墨子使胜绰事项子牛,等等。“好像墨子授徒的目的,就是要早点把他们弄出去做官,实践他的思想。”[②]

总之,春秋末期,一方面,原来处于社会上层的士被从统治阶层中剥离出来,而蜕变为无定产的游离阶层;另一方面,“周室衰微”又造成社会上学术的下移和私学的日渐兴盛,这也使得越来越多的人通过“从学”而加入到士的队伍中来,如此一来,士的阶层逐渐壮大,并最终发展成为春秋时期社会的主要文化阶层。这一阶层的士人,或为了拜师求学,或为了践行道义,或为了安身立命、谋求仕位,或为了传播学术、扩大自身影响,总之,出于不

---

① (汉)王充著、北京大学历史系《论衡》注释小组注释:《论衡注释》,中华书局1979年版,第956页。

② 徐克谦:《中国传统思想与文化》,广西师范大学出版社2007年版,第67页。

同的目的和需要，以孔子为发端，孔子弟子、墨子及弟子等众多士人开始了日益兴炽的“游”文化活动，“游”也逐渐成为春秋末期社会的一大风气。这一风气的形成既与士阶层规模的不断壮大有关，同时也得益于该时期的士在生产关系上的相对自由。同时，社会对人才需要的激增以及士人安身立命、自我价值实现等现实方面的诉求则为这种“游”风的长足发展提供了市场和动力。

三、春秋时期的鲁国政治及文化环境

鲁国是周公旦的封地。鲁国在春秋时期已经是经济文化比较发达的地区，该地区的社会经济发展起步可追溯到史前时期，举世闻名的大汶口文化、黑陶文化都发源于此。周公长子伯禽代周公就封时带去很多典章文物。《左传·昭公二年》载：“晋侯使韩宣子来聘……观书于大史氏。见《易》《象》与《鲁春秋》。曰：‘周礼尽在鲁矣。吾乃今知周公之德，与周之所以王也。’”由此可见，春秋末年人们认为周朝的典章文物都保存在鲁国。不仅如此，鲁国还保留了周王室虞、夏、商、周四代乐舞，“凡四代之服、器、官，鲁兼用之。是故，鲁王礼也，天下传之久矣”[①]。可见，鲁国是名副其实的礼仪之邦。鲁国这种悠久的礼乐文化传统对孔子注重礼乐思想的形成无疑具有潜移默化的影响。

孔子时代的鲁国，同样也是公室弱、私家强，当时鲁国的政权被三桓大夫所把持。如《礼记·郊特牲》云：“故天子微，诸侯僭；大夫强，诸侯胁。于此相贵以等，相觌以货，相赂以利，而天下之礼乱矣。诸侯不敢祖天子，大夫不敢祖诸侯。而公庙之设于私家，非礼也，由三桓始也。”三桓指春秋后期掌握鲁国政权的三家贵族——孟孙氏、叔孙氏、季孙氏，是鲁桓公的后裔，三桓削弱了鲁公室。到孔子时三家政权离开鲁君到大夫之手，已经四五代了。孔子对此颇有意见，曾曰：“天下有道，则礼乐征伐自天子出；天下无道，则礼乐征伐自诸侯出。自诸侯出，盖十世希不失矣；自大夫出，五世希不失矣；陪臣执国命，三世希不失矣。天下有道，则政不在大夫。天下有道，则庶人不议。”（《论语·季氏》）

孔子虽出生在鲁国，但其祖上却是宋国贵族，属于殷商后裔。孔子的

① 钱玄等注译：《礼记·明堂位》，岳麓书社2001年版，第439页。

五代祖木金父因为其父孔父嘉在宫廷内讧中被杀而从宋国迁到鲁国，孔子的父亲叔梁纥是鲁国有名的大力士，曾经立过两次大的军功，但终其一生也只是一个“武士”，只做过陬邑大夫。叔梁纥大约在63岁时娶了鲁国颜家的女子颜征在，孔子出生的时候叔梁纥大约67岁，孔子3岁的时候，父亲去世，颜征在便带着年幼的孔子迁居到曲阜的阙里。曲阜为鲁国国都，为各国使节往来较为密集的地方，同时这里有鲁太庙，经常会举行各种祭祀、习礼的活动，而且鲁国保存了大量的西周典章文物，这些都为孔子提供了良好的文化生活环境，使孔子从小有机会学习古代典章，接受礼仪的文化熏陶。另外，由于孔子出身于没落殷贵族，对殷周旧礼较为熟悉，同时这也容易引发共思古之幽情，因此其对古代的文化传统表现出比其他人更为强烈的学习兴趣和维护意识。

综上所述，孔子生逢春秋末期，此时社会政治、经济、文化等诸多方面都在发生着巨大的变革，整个社会处于由礼乐文明向东周礼法文明的过渡时期，孔子为殷商后裔，其出生、成长的鲁国有着悠久的礼乐文明传统，时代的变革与外在的生活环境等诸多方面的因素形成一股无形的合力，推动着孔子为复兴礼乐、改变混乱的社会政治秩序而上下求索、四方奔波，而这又带动了私人教育、学术传播等多种文化活动的繁兴。

第三节　孔子“游”的物质条件考

春秋末年的社会变革和士人社会角色的转变逐渐形成了士人“游”的社会风气。孔子之“游”不仅持续时间较长，而且所经过的地域也比较广，其不仅受到上述社会大环境的影响，而且也受到如交通、住宿、经济来源等物质条件方面的影响和制约。

一、孔子“游”的交通工具考

孔子出游，主要是靠乘车，这方面的例证较多。首先，孔子本人就是驾车能手，如孔子在听说了达巷党人对自己“博学而无所成名”的评价后，对弟子说：“吾何执？执御乎？执射乎？吾执御矣。”（《论语·子罕》）另外，孔子的弟子颜渊死了，其父颜路要求孔子卖掉车子，给颜渊买个外椁下葬，孔子不肯，并说：“吾不徒行以为之椁。以吾从大夫之后，不可徒行也。”(《论语·先进》)这一方面可以看出孔子是有车的，同时从孔子的回答可知，春秋时代贵族出行均要乘车，一般不步行。孔子南游到楚，遇到楚狂接舆，“孔子下，欲与之言。趋而辟之，不得与之言。”(《论语·微子》)此处言“孔子下”，当是从车上走下来。《论语》之外，《礼记》有孔子于卫遇旧馆主人丧，孔子让子贡脱骖赙葬一事；《史记》《孔子家语》中也都有不少表明孔子出行以车为主要交通工具的材料，此不赘述。需要说明的是，“古者服牛乘马，马以驾车，不单骑也。至六国时始有单骑，苏秦所云车千乘，骑万匹是也”[①]。孔子时期，凡言乘马，即乘马车。

孔子出行主要靠乘车，基本没有什么异议，但具体是乘牛车还是马车呢？对这个问题，历来人们有不同的看法。曲阜孔庙里有一组大型石刻《孔子圣迹图》，该图产生于明代中期，号称是中国最古老的连环画，也是再现孔子生平事迹的第一部图文并茂的杰作，影响很大。图中的孔子乘的是牛车，可见孔子所乘为牛车的说法很早就有了。孔子后裔孔令朋也持此说，其言：

> 曾见不少描绘孔子周游的图片，孔子坐的都是马车，有的雕塑更是骏马高车，扬蹄飞驰。试想当时从行弟子有数十人，都是徒步相随，不可能人人坐车，远涉千里，怎能跟得上跑得快的马车。在《孔子圣迹图》有孔子乘车图像十几幅，表现出周游途中所乘的都是牛车，这比较符合实际。牛车缓慢颠簸，更显出孔子旅途的艰困和意志的坚强。[②]

不过，也有不少人对孔子所乘为牛车提出质疑，综合来看，主要有以下几点：一是孔子周游列国，不可能坐慢腾腾的牛车；二是孔子是有车一族，而且是讲礼数爱面子的人，不会坐牛车；三是战国以前，车马是相连的，因此，古人所谓御车也就是御马，牛车一般仅载货物，孔子不可能乘牛车。到底哪种说法较为可信呢？笔者认为当为马车，主要理由有以下几点：

首先，《论语》中“牛”共出现 4 处，其中 3 处用于人名，1 处用于“牛刀”，并未出现“牛车”“乘牛”等字眼；而“马”则出现 8 次之多，除 2 处用于人名外，其余均指所乘之马，而且有两处足可以证明当时孔子所乘为马车而非牛车。其一，《论语·雍也》：“子曰：‘赤之适齐也，乘肥马，衣轻裘。吾闻之

---

① 杨伯峻：《春秋左传注》，第 1466 页。

② 孔令朋：《孔裔谈孔》，中国文史出版社 1998 年版，第 14～15 页。

也，君子周急不继富。’”可见孔子门人出门都是乘马车，不太可能孔子自己出门还乘又笨又慢的牛车。其二，《论语·乡党》：“厩焚。子退朝，曰：‘伤人乎？’不问马。”“厩焚”[①]，杨伯峻《论语译注》翻译为“孔子的马棚失了火”，此译若符实，再联系下文“不问马”，则刚好可以说明孔子家中所储为马，则孔子出行当乘马车。

其次，《史记·孔子世家》载：“南宫敬叔言鲁君曰：‘请与孔子适周。’鲁君与之一乘车，两马，一竖子俱，适周问礼，盖见老子云。”此处明言为马，据此可以得知孔子出游所乘当为马车。

再次，言孔子出游乘牛车者，盖源于老子骑青牛出关的传说。相传孔子曾到洛邑问礼于老子，出于对老子的尊崇，效法老子乘牛车，在很多人看来就顺理成章了，而且这也显得孔子的意态更为悠闲，充满野趣。但是，如张伯伟先生所言：“骑牛便是与骑马相对，骑牛是脱俗、逍遥、隐逸的象征，而骑马则代表了入世、躁进和名利场。”[②]如是来看，乘牛的确可以充分体现老子逍遥、隐逸的道德情怀和超凡脱俗的气质，但这与积极要求出世、渴慕参与政治的孔子形象却不相协调，而乘马则恰好与孔子的积极干世、敢于进取的气质特点相吻合。再者，从长途旅行的角度来说，马车要比牛车效率高得多。

据西周和春秋时代的文献所记，当时的马车一般以四匹马驾车，如“四牡业业”（《诗经·小雅·采薇》），“四牡彭彭”（《诗经·大雅·烝民》）。另外，也有双马或三马御车的，如《左传·哀公十七年》：“太子请使良夫。良夫乘衷甸两牡。”《左传·哀公六年》：“齐陈乞伪事高国者，每朝必骖乘焉。”金人孔元措撰《孔氏祖庭广记》收有孔子《乘辂》图，该图显示孔子所乘为双马拉的车[③]，孔子居车舆，一弟子于车右前部执辔，还有一弟子于车右前方牵马，其他弟子则步行紧随车后及两旁。该图在一定程度上反映了孔子出行乘车的基本情况，尽管孔子是驾车能手，但出游时大部分都是弟子“为仆”“执

① 《孔子家语·曲礼子贡问》：“孔子为大司寇，国厩焚，子退朝而之火所。”据此，则所焚为“国厩”，但后面并无孔子问伤人乎，不知与《论语》所记是否为同一事。另，《盐铁论》载：“鲁厩焚，孔子罢朝，问人不问马，贱畜而重人也。”此言为“鲁厩”，但不知何据。

② 张伯伟：《再论骑驴与骑牛——汉文化圈中文人观念比较一例》，《清华大学学报》2007年第1期。

③ 若据《礼记·檀弓》所载，孔子在卫，遇旧馆人之丧，让子贡脱骖赙葬一事来看，既云“脱骖”，则孔子所乘之车至少有三匹马，或者是四匹马也未可知，详细情况待考。

御”。江永认为“古者,仆用好人为之”,又云“子适卫,冉有仆,及《周礼》诸仆皆用大夫、士也。别有人牵马驾车,而此仆既知车事,故监驾也”[①]。由此可知,在当时,并不是随便什么人都可以“为仆”,如冉有、颜刻等曾经随车“为仆”的弟子都是熟悉并能应对各种情况的驾车能手,当然,他们很有可能是一人兼驾车和监驾两种角色。

单纯从该图来看,的确如前面孔令朋先生所言,孔子弟子不可能人人坐车,不少弟子步行而随。但笔者以为,这种情况当正如《乘辂》所表现的那样,应是悠闲平和情景下孔子及弟子的出行情况,是一种体现师道尊严的礼仪化出行方式,这反倒正好可以用来消除孔令朋先生提出的疑惑:“当时从行弟子有数十人,都是徒步相随,不可能人人坐车,远涉千里,怎能跟得上跑得快的马车。”实际情况是马车也不是一直都快速飞驰,也有舒缓徐行的一面,至于其认为的“牛车缓慢颠簸,更显出孔子旅途的艰困和意志的坚强”,笔者以为这不免有些想当然。孔子一行人先后到过周、齐、卫、曹、宋、陈、楚等多个国家,南北跨越少说上千里,而且在鲁哀公六年,孔子一行人等自陈如叶、如蔡,一年之内,又返陈、返卫,长途跋涉,慢腾腾的牛车怎么会赶得上?而且笔者以为,随行的弟子们也应该有车,至少从“弟子有公良孺者,以私车五乘从孔子”[②]来看,孔子一行人的车子还是比较多的。因此,在快行赶路的情况下,孔子及弟子们当都是乘坐马车,至于在平稳放松的情况下,出于对老师的尊重,弟子们步行随侍则是可能的。

孔子时代,除了马车、牛车这类交通工具外,还有舟船等,只不过中原人尤其北方人对船的驾驭远不如南方人,他们对涉水往往较为谨慎甚至是恐惧,出发前往往都要进行占卜,如《周易》卦辞中就有不少“利涉大川”“不利涉大川”之类的记载。统观孔子及弟子们主要的行游区域,西不过黄河,南最远到负函(今河南信阳),多在今山东、河南两省,主要为平原地带,故几乎看不到有关孔子乘舟的记录。至于孔子对子路说“道不行,乘桴浮于海”(《论语·公冶长》),也只不过是说说而已,并未付诸行动。另外,《史记·孔子世家》记孔子欲西见赵简子,中途闻窦鸣犊、舜华被杀,最后孔子临河而返,也未乘舟。孔子此次折返的原因,除孔子“伤类”这一主要因素外,恐怕黄河艰险难渡也是其中原因之一,传说孔子此时所作《陬操》中便有其对

① (清)江永:《乡党图考》卷八,学苑出版社 1993 年版,第 558 页。

② (汉)司马迁:《史记·孔子世家》,第 1923 页。

黄河水“洋洋乎”的浩叹。

二、孔子“游”的宿息条件考

考察孔子“游”的客观生存状态，不应回避这样一个问题，即孔子及弟子们在长期周游过程中，是如何解决住宿休息问题的。前人尚未对这一问题进行专门的研究，本书试图就这个问题做尝试性的考察。首先，各类文献中出现的与孔子宿息相关的材料有：

孔子之卫，遇旧馆人之丧，入而哭之哀。①

孔子在齐，舍于外馆，景公造焉。②

孔子在陈，陈惠公宾之于上馆，时有隼集陈侯之庭而死楛矢贯之石砮，其长尺有咫，惠公使人持隼如孔子馆而问焉。③

孔子在卫，冉求言于季孙曰：“国有圣人而不能用，欲以求治，是犹却步而欲求及前人，不可得已。今孔子在卫，卫将用之。己有才而以资邻国，难以言智也，请以重币迎之。”季孙以告哀公，公从之。孔子既至，舍哀公馆焉。自阼阶，孔子宾阶升堂立侍。④

孔子适齐，为高昭子家臣，欲以通乎景公。⑤

孔子遂适卫，主于子路妻兄颜浊邹家。⑥

去即过蒲。月余，反乎卫，主蘧伯玉家。⑦

孔子遂至陈，主于司城贞子家。⑧

从以上材料所反映出来的信息看，孔子出游在外，视情况不同，其住宿形式也不同。大体上来说，一种情况是“主”朋友，即寓居在一些士大夫家里。如孔子到齐国后，一开始很可能是住在高昭子的家里，对孔子“为高昭子家臣”有许多人提出过质疑，有人认为以孔子当时的名望，想要得到齐景公的召见似乎不需要通过高昭子的引荐。关于孔子是否做过高昭子的家

---

① 钱玄等注译：《礼记·檀弓上》，第77页。
② 杨朝明注说：《孔子家语·六本》，第173页。
③ 杨朝明注说：《孔子家语·辨物》，第184页。
④ 杨朝明注说：《孔子家语·儒行解》，第96～97页。
⑤ （汉）司马迁：《史记·孔子世家》，第1910页。
⑥ （汉）司马迁：《史记·孔子世家》，第1919页。
⑦ （汉）司马迁：《史记·孔子世家》，第1920页。
⑧ （汉）司马迁：《史记·孔子世家》，第1922页。

臣，这里暂且不论，但孔子到齐国后暂时寓居在高昭子家里则不无可能。来到卫国后，孔子先是寓居在子路妻兄颜浊邹家，后来又住在卫国有名的贤大夫蘧伯玉家。在陈的时候，孔子住在司城贞子家，这一方面与孔子的择友标准有一定的关系，即要与君子游，同时由于要停留较长的时间，住在朋友家里也有利于节省开支。春秋时期，有公馆和私馆之分，《礼记·曾子问》曰：“卿、大夫之家曰私馆。公馆与公所曰公馆。”[①]《仪礼·聘礼》又曰：“卿馆于大夫，大夫馆于士，士馆于工商。”[②]如上面所列举的，孔子主颜浊邹、蘧伯玉、司城贞子等人，即寓居在一些士大夫家里，从性质上来说应该是住私馆。周游列国期间的孔子，其身份主要为士，按照“士馆于工商”来推断，孔子所住的私馆还应包括一些工商之人所开的宿息场所。

除了寓居在朋友的家里(私馆)以外，孔子有时也住在公家性质的官舍(公馆)，如孔子在齐，“舍于外馆”，在陈被陈湣公宾于“上馆”，孔子刚被迎回到鲁国时“舍哀公馆”，这里的“外馆”“上馆”“哀公馆”就是公馆。春秋时期，诸侯国间的往来聘问非常频繁，各国都建有一定数量的公馆，主要是供往来行人、使节们住宿和休息。从“上馆”“外馆”这些名称也可推知，各国所设立的公馆还有不同的等级标准，以用来接待不同级别和身份的来宾。孔子周游列国，从性质上来说，不属于诸侯国间的官方聘问，而是孔子私人性质的游历活动，因此一般情况下，孔子是不可能住进这些高等级的官方客舍的。但是，由于孔子也曾经做过鲁国大夫，在鲁国政坛上曾经显赫一时，而且周游列国时的孔子已经是礼的专家，此时从游弟子已经形成一定的规模，因此，孔子在各诸侯国内的名望丝毫不亚于一般的卿大夫，同时齐景公、卫灵公、陈湣公等一些诸侯国君为了显示自己的尊贤下士，对孔子都非常尊重，这些国君向孔子问政，甚至专门请孔子辨物的事例有很多，正是由于孔子与诸侯国国君之间存在着这种类似“师”“友”的身份关系，因此，孔子在这些国家，有时是被安排住在公馆的。但是，这种待遇一般是在孔子刚到某国的时候能够享受到，时间渐长以后，这些国君对孔子的态度往往会有所冷淡，加上他们也不能真的“用”孔子，因此一般情况下，过不了多久，孔子就会带着弟子们踏上新的旅途。

以上分析的主要是孔子到达某国以后的宿息情况，那么孔子一行人在

---

① 钱玄等注译：《礼记·曾子问》，第 275 页。

② 杨天宇：《仪礼译注·聘礼》，上海古籍出版社 2004 年版，第 259 页。

旅途中又是怎么解决住的问题的呢？吕思勉认为：“古民间之往来不盛，故道途宿息，及既至后之馆舍，皆须官为措画。”[①]根据《周礼·地官》的记载，西周时期，全国自上而下，各地有专门的粮食储备以满足不同的过往行人的需要。而且所有从王城郭外到王畿边界的大道，每隔十里，路边就有一个可以打尖的草棚，草棚里面备有饮食；每隔三十里，路边就有一个可以过夜的地方，并建有客舍，客舍里备有一定数量的米粟薪刍；每隔五十里，路边就有一个集市，集市上建有设备完善的宾馆，宾馆里备有充足的米粟薪刍。所有王畿内储备米粟薪刍的地方，“遗人”都要经常巡视，如果发现储备不足，要及时予以补充。[②]

《周礼·地官》中描述的情景可能是西周时期，周天子为了方便各地诸侯大夫定期前来朝觐而修制官方客舍的大致情况，这种规划严密、补给充足、执掌有序的庐、路室、候馆的确能够为往来于诸侯国与京师的使臣们提供充足的物质保障。但是，在“礼崩乐坏”的春秋末期，周天子的地位和实际控制力逐渐削弱，加上春秋时期频仍的兼并战争，这种系统严密的官方客舍制度肯定受到破坏。如孔子被困于陈、蔡之间，很大的一个原因就是当时陈国“司里不授馆，国无寄寓，县无施舍”[③]。尽管这种官方的客舍保障机制在春秋时期受到了严重的破坏。甚至有些名存实亡，但是各诸侯国间的聘问往来还是非常频繁的，因此，这种官方性质的驿站、路室、候馆应该还有所保留。另外，春秋时期，如齐国等诸侯国出于增强国力的目的，想尽办法刺激本国商业的发展，为了吸引各国的商人来本国从事商业贸易活动，齐国努力为商人们创造良好的经商环境，其中重要的一项措施就是为往来商人们提供住宿上的便利条件。如齐桓公时期，管仲就建议：“为诸侯之商贾立客舍，一乘者有食，三乘者有刍菽，五乘者有伍养，天下之商贾归齐若流水。”[④]齐国设立的这种客舍不仅为往来客商提供住宿休息的场所，而且还

---

① 吕思勉：《先秦史》，上海古籍出版社2005年版，第340页。

② 《周礼·地官》：“遗人：掌邦之委积，以待施惠。乡里之委积，以恤民之艰厄；门关之委积，以养老孤；郊里之委积，以待宾客；野鄙之委积，以待羁旅；县都之委积，以待凶荒。凡宾客、会同、师役，掌其道路之委积。凡国野之道，十里有庐，庐有饮食；三十里有宿，宿有路室，路室有委；五十里有市，市有候馆，候馆有积。凡委积之事，巡而比之，以时颁之。”（张声：《周礼译注》，中州古籍出版社2004年版，第170页）

③ 上海师范大学古籍整理研究所校点：《国语·周语中》，上海古籍出版社1998年版，第67页。

④ （清）黎翔凤撰、梁运华整理：《管子·轻重乙》，中华书局2004年版，第1468页。

视商队的规模免费提供不同级别的给养。卫、陈等其他一些诸侯国，也是春秋时期商业活动的重镇，由齐国的情况可推测这些国家也应有类似的客舍，以供往来客商休息、补充给养。孔子及弟子们在周游的过程中也伴随着一定的经商活动[①]，所以孔子一行人应该也能够住进这样的客舍。

《礼记·檀弓上》载“孔子之卫，遇旧馆人之丧”，这里出现的“馆人”最初是指古代掌管馆舍的人，如《左传·昭公元年》载：“不然，敝邑，馆人之属也，其敢爱丰氏之祧？”杜预注曰：“馆人，守舍人也。”但随着时代的发展，尤其是到了春秋末年的时候，由于“礼崩乐坏”，这种官方性质的宾馆有一部分很可能逐渐向民用化、商业化过渡。而且，春秋时期，生产力的发展促进了手工业和商业的发展，再加上战争等因素的影响，此时人口的流动性很大，尤其是士人游风日渐兴盛，因此，除了官方性质的客舍以外，当时行道上还应有一定数量的民间客舍，以供一般行人住宿休息。从以上分析可知，孔子“遇旧馆人之丧”中的“馆人”，不一定指官方客舍的守职之人，很可能指的是民间客舍的主人。另外，东方朔《七谏·沈江》：“路室女之方桑兮，孔子过之以自侍。”王逸注曰：“路室，客舍也。言孔子过于客舍，其女方采桑，一心不视。喜其贞信，故以自侍。”[②]尽管孔子过路室女的故事属于传说，但这多少反映了孔子出游时在路上的一些信息，这里出现的“路室”，应该不是专指《周礼·地官》中所记的官方客舍，大概就是路边的一般客舍。联系孔子当时的身份及处境来看，周游列国的孔子既不是官，也没有爵位，因此，除非一些诸侯国国君出于礼遇而专门安排外，孔子本人恐怕不会主动要求住在官方性的客舍。而大多情况下，投靠朋友，住在各国为往来商人设立的客舍，以及住在一些民间性的客舍，就成为孔子游历途中解决宿息问题的主要途径。

三、孔子“游”的经济来源考

孔子和弟子们长期出游在外，这期间他们大都没有固定的职业，靠什么来维持生计和日常开支呢？从相关资料的记载来看，孔子出游的经济来源大致由以下几个部分组成：

其一，授徒所得脩金及经济殷实弟子的资助。孔子自 30 岁左右开始

---

① 本节接下来“孔子‘游’的经济来源考”部分有对这一问题的专门考论。

② 王泗原：《楚辞校释》，人民教育出版社 1990 年版，第 337 页。

广收弟子，其自言“自行束脩以上，吾未尝无诲焉”(《论语·述而》)。可见孔子讲学并不是不计报酬，这些所得是其经济来源的一部分。除此之外，孔子门下有些是贵族子弟，如孟懿子、南宫敬叔等，同时他的不少学生如子路、子贡、冉求等都曾做官或经商，经济上比较殷实，他们的资助也是孔子经济来源的重要的一部分，如《史记·孔子世家》载：“弟子有公良孺者，以私车五乘从孔子。”①

其二，各诸侯国国君、大夫的资助。如孔子适周，南宫敬叔向鲁君请行，鲁君资助孔子一乘车、两匹马和一竖子，孔子曾说：“自季孙之赐我千钟而友益亲，自南宫敬叔之乘我车也而道加行。故道有时而后重，有势而后行。”②其他如在卫国，灵公致粟六万，还有颜雠由、蘧伯玉等人的帮助。在陈国，“为陈侯周臣”，虽未言明，但也应有俸禄，另外还有司城贞子等人的资助。

其三，孔子及门人经商所得。孔子一行数十人，所有人的衣、食、住、行算起来也是一笔不小的开支，仅靠上面这些资助和俸禄未必能够满足必需的生活开支，更何况还有如过匡、过宋等不被别国接纳的情况，因此，孔子应该还有其他一些收入来源。有学者推测：“孔子为谋生需要而经过商，孔子本人可能是历史上最早的‘儒商’。”③孔子虽“罕言利”，但只要在合乎道义的前提下，孔子并不反对利，孔子强调的是“见利思义”和“无见小利”。孔子不反对经商，也可以通过其弟子子贡以经商而闻名这一点间接得知，《尸子》《韩诗外传》中都载：“夫子路，卞之野人也。子贡，卫之贾人。皆学于孔子，遂为天下显士。”④这就是说，子贡在拜孔子为师前就已经开始经营商业活动了。司马迁说子贡“与时转货资”，“家累千金”⑤，又说其“既学于仲尼，退而仕于卫，废著鬻财于曹、鲁之间，七十子之徒，赐最为饶益……子贡结驷连骑，束帛之币以聘享诸侯，所至，国君无不分庭与之抗礼”⑥。这里出现的“束帛之币”，极有可能就是春秋时期货物买卖中所使用的实物货

① (汉)司马迁：《史记·孔子世家》，第1923页。

② (汉)刘向撰、赵善诒疏证：《说苑疏证·杂言》，华东师范大学出版社1985年版，第484～485页。

③ 何新：《圣·孔子年谱》，中国民主法制出版社2008年版，第70页。

④ (汉)韩婴撰、许维遹校释：《韩诗外传集释》卷九，第295页。

⑤ (汉)司马迁：《史记·仲尼弟子列传》，第2201页。

⑥ (汉)司马迁：《史记·仲尼弟子列传》，第3258页。

币，对此吕思勉云：“正犹蒙古朝廷，乐与西域商人交接矣。当时王公大人用与商人交易者何物乎？予疑其为帛。”[①]《孔子家语·致思》载孔子之郯，路上遇到当时贤者程子，为表示心意，孔子让子路取一束帛送给贤人程子。[②] 正如上面吕思勉先生的分析，春秋时期，在“物物交换”的商业过程中，由于帛轻且贵，往往被充当货币来使用，从孔子外出随车携带帛来推测，孔子或其弟子很可能在出游的过程中附带着从事一些商业活动，以此来增加经济来源。退一步而言，这些帛或许是为了馈赠，并非从事商业之用，但子贡是当时有名的商人，在孔子长期的周游过程中，子贡大多时候是跟随在孔子左右的。因此在周游途中，子贡很有可能利用自己的专长从事经商贩运的活动，以此扩大经济来源，帮助孔子解决一行人的日常开销问题。当然，孔子本人专门从事经商的可能性不大，可能只是对弟子的商业活动做些指导和辅助性的工作。孔子陈蔡之困，以至绝粮，很可能是因为当时陈国发生战乱，正常的商业活动秩序被打乱，才导致他们一行人出现了严重的经济危机。

通过以上所举材料及分析，特别是从孔子出游乘马车、有众弟子随从、礼物馈赠等方面反映的信息来看，整体而言，孔子“游”的物质条件还是有保障的，这一方面得益于西周时期国家建立的较为有力的社会保障制度的部分延续，另一方面，春秋时期生产力的发展大大刺激了手工业、商业的活跃，也为孔子出游在交通、宿息、饮食等方面提供了有力的社会保障。另外，各国国君及贵族士大夫的赞助也是支撑孔子“游”的重要物质保障。不过，也应看到，孔子之“游”主要是自发性质的私人活动，并未有固定的经济来源，其物质条件在很大程度上受到上层贵族的态度及社会局势的制约。

---

① 吕思勉：《先秦史》，第 297 页。

② 《孔子家语·致思》：“孔子之郯，遭程子于涂，倾盖而语，终日，甚相亲。顾谓子路曰：‘取束帛以赠先生。’子路屑然对曰：‘由闻之，士不中间见，女嫁无媒，君子不以交，礼也。’有间，又顾谓子路。子路又对如初。孔子曰：‘由，诗不云乎：“有美一人，清扬宛兮，邂逅相遇，适我愿兮。”今程子，天下贤士也，于斯不赠，则终身弗能见也，小子行之。’”

第二章　孔子“游”的主要活动及意义考论

本书前面主要是对孔子“游”的文化含义、功能及背景条件等内容进行了宏观上的介绍和分析，接下来本书对孔子几次“游”的时间①、地点、事由、交接对象等活动内容进行考论，力求最大可能地还原孔子“游”的真实情景，同时深入揭示孔子“游”的主要活动对孔子本人、孔门弟子以及当时社会所产生的影响。需要说明的是，如孔子问礼于老子、孔子见南子、孔子为次乘、吴子使人问大骨于孔子、孔子陈廷辨矢等，不少关于孔子“游”的记载往往介于历史真实与民间传闻之间，这些材料多见于《墨子》《礼记》《国语》《孔子家语》《韩诗外传》《史记》等书，崔述、钱穆等都对之提出过不同程度的质疑。笔者认为，这些散见于正史、杂史、诸子著述，甚至是被称为伪书中的有关孔子“游”的材料不应一概抹杀，虽然这些材料的确存有可疑之处，但我们也无法从根本上对之加以否定，这些材料虽传闻的色彩较浓，但也不是凭空而来的，大多带有一定史实的影子，所以，对这些存有争议但又不能完全否定的材料本章也酌情采录。

第一节　孔子游周考

礼是孔子早期思想的主要方面，为了征验夏、商古礼，孔子曾到杞、宋

① 孔子的生卒年月日，历来记载不一，《公羊传》《穀梁传》皆谓孔子生于鲁襄公二十一年（前552），司马迁《史记》则谓孔子生于鲁襄公二十二年（前551），两千多年来，贾逵、何休、胡安国、杜预、崔述、江永、狄子奇、颜若璩、郑环、梁玉绳、钱穆等前修先彦各有所依，至今尚无定论。本书在计算孔子年岁时，采用目前学术界普遍认可的观点，定孔子生年为鲁襄公二十二年（前551）。

这两个殷商后裔的封地进行过一番实地的考察。与夏、商古礼相较，孔子更倾向于周礼，“子曰：‘周监于二代，郁郁乎文哉！吾从周。’”（《论语·八佾》）《礼记》一书也有不少孔子对周礼的引述[①]，足见孔子对周礼非常熟悉。不仅如此，孔子对制定西周礼乐的周公更是虔心向往，甚至经常在梦里见到周公，以至于他在临终前抱憾道：“甚矣吾衰也！久矣吾不复梦见周公。”（《论语·述而》）平王东迁，东都洛邑[②]便成为当时西周礼乐文化的中心。对向往周礼、周公，同时极力主张抑私家、强公室的孔子来说，天子的都城洛邑就是其心中的圣地，于是在其 34 岁的时候，孔子西到洛邑进行了一次专门的访学[③]考察。在那里，相传孔子先后向周柱下史老子问礼，向周大夫苌弘访乐，并到周庙进行了一番实地考察。对孔子适周的具体时间、同行人员、目的、主要活动等问题，文献记载不一，争议较多，今就这些具体问题重新加以梳理，力求尽可能地接近孔子游周的本来面目。

一、孔子游周之时间、随从考

《史记·孔子世家》记载孔子此次到洛邑，同行的还有南宫敬叔。敬叔向鲁昭公请命，昭公不仅同意，而且还资助他们一乘车、两匹马和一个童仆。[④] 此事载于孔子 17 岁后、30 岁前，并未交代孔子适周的确切时间。后人对孔子适周的时间持说纷纭，阎若璩在《四书释地续》中列举孔子适周的可能年份有四个：鲁昭公七年（孔子年 17 岁），鲁昭公十七年（孔子年 27 岁），鲁昭公二十年（孔子年 30 岁），鲁昭公二十四年（孔子年 34 岁）。南宫敬叔生于鲁昭公十一年，前三个年份敬叔或未出生，或只有十来岁，不可能同行适周，而只有第四个年份，敬叔年 14 岁，勉强有同行可能。但又有人认为阎氏所举第四个年份也不恰当：一是认为昭公二十四年南宫敬叔的父

---

① 《礼记·郊特牲》：“委貌，周道也。”《礼记·檀弓上》：“殷人殡于两楹之间，则与宾主夹之也。周人殡于西阶之上，则犹宾之也。”等等。

② 顾栋高《春秋大事表·春秋列国都邑表》谓：“今河南府洛阳县城内西偏，即王城故址。”

③ 《史记》《孔子家语》等称“问礼于老子”，《庄子》称“问道”于老子。孔子“问礼于老子”一事传闻的性质较强，而且孔子此次适周，根本目的在于考察周礼，问礼于老子只是其中的一个方面。孔子此行，主要意在“问”“学”，故此处用“访学”概略言之。

④ 《史记·孔子世家》：“鲁南宫敬叔言鲁君曰：‘请与孔子适周。’鲁君与之一乘车，两马，一竖子俱，适周问礼，盖见老子云。”

亲孟僖子刚死，敬叔正在服丧，不可能和孔子适周[①]；二是除上述原因外，14岁的孩童不一定能见到鲁君，故而不能至周。因此，又有人提出第五个年份，即根据《庄子》所说"孔子年五十一，南见老聃"乃定为鲁定公九年（孔子51岁，敬叔31岁）。但那时孔子正仕鲁，任中都宰，无暇适周。因此这第五个年份也不恰当。对此，匡亚明《孔子评传》认为："我们对孔子适周，只能说应有此事，而失其年，一定要作一个比较合理的推算的话，约在孔子三十四岁与四十四岁之间，即公元前518—前508年之间。"[②]

对孔子适周的时间以及是否有南宫敬叔陪同一事，本书亦有自己的观点。首先，对孔子适周的时间，本书认为在昭公二十四年，即孔子34岁时最为合理。关于孔子适周的时间，《左传》《论语》均无明确记载，只有借助南宫敬叔师事孔子这条相对可信的材料加以推考。据《左传・昭公七年》的记载，孟僖子病不能相礼，"及其将死，召其大夫曰：'礼，人之干也……我若获没，必属说与何忌于夫子，使事之，而学礼焉，以定其位。'故孟懿子与南宫敬叔师事仲尼"。此处说得很明确，孟懿子、南宫敬叔师事孔子是在孟僖子死后的事，而孟僖子卒于昭公二十四年，则此年当为孔子适周的上限；而且孔子自言"吾十五而有志于学，三十而立"，即孔子收徒也应在30岁左右。另外，孔子35～37岁适齐后返鲁，期间也不可能适周。孔子自称"四十不惑"，则孔子40岁时对自己的价值观已坚定不移，而且孔子在40岁以前，已经招收了大批弟子，这也从一定程度上反映了这时的孔子在礼乐等方面已经掌握了足够的知识，而孔子适周的主要目的就在于问礼、实地考察周礼，因此，适周之事也不应该在孔子40岁以后。清人阎若璩据《礼记・曾子问》中孔子从老子助葬时"日有食之"，以及《春秋・昭公二十四年》有日食的记载，推算孔子适周的时间在昭公二十四年，证据比较有力。综合以上这些分析，本书定孔子适周的时间在昭公二十四年，即孔子34岁时。

既定孔子于昭公二十四年适周，那么又该如何解释有学者提出的此年"南宫敬叔的父亲孟僖子刚死，敬叔正在服丧，不可能和孔子适周"的问题？本书认为，之前许多学者在孔子适周的时间和南宫敬叔服丧两个问题上纠结不清的原因，主要是受《史记・孔子世家》"鲁南宫敬叔言鲁君曰：'请与孔子适周'"文字的误导。梁玉绳、崔述、钱穆等许多历史学者的研究已经

---

① 参见（清）冯景：《解舂集》，光绪十七年（1891）石印本。

② 匡亚明：《孔子评传》，第32页。

表明,《史记》所记内容不可尽信,更不可拿来作为考证人物、事件年龄的确凿依据。本书认为,先秦文献中不见有南宫敬叔与孔子一起适周的有关材料,今本《孔子家语·观周》篇的内容与《史记·孔子世家》大致相同,很有可能是晋人王肃在《孔子世家》基础上的增饰。因此,司马迁言南宫敬叔与孔子一同适周不可尽信。本书以为,南宫敬叔为孟僖子之次子,属于鲁国贵族,其受教于孔子,当和别的弟子有所不同,《论语》《孟子》中根本没有对南宫敬叔的记载[①],而且《史记·孔子世家》在这次适周描写之后,再也没有提到过南宫敬叔。由此可以推断,南宫敬叔作为贵族,可能只是临时性地跟随孔子学习一些礼仪知识,并不像其他弟子那样长期留在孔子身边,也不太可能随孔子周游。因此,出于对孔子的尊重和回报,南宫敬叔为孔子适周请求国君的资助是有可能的,凭其身份这也不难办到,而从曲阜到洛邑,千里迢迢,其陪同前往的可能性则不大。进一步推测,可能是太史公见《左传·昭公七年》有孟僖子嘱托敬叔师事孔子之文,于是径书敬叔向鲁君请命与孔子适周一事,在具体时间上则模糊不清,只是将其大致放在孔子17岁后、30岁前,不仅没有考虑此时敬叔的年龄,也没有充分考虑敬叔的身份。

另外,还有不少学者对南宫敬叔向鲁君请车马一事提出质疑。如崔述认为:“敬叔岂无车马竖子者,而必待鲁君之与之?”[②]钱穆则说:“今按《说苑·杂言篇》:‘孔子曰:自季孙之赐我千钟而友益亲,自南宫敬叔之乘我车也而道加行。’此亦传说,而较近理。盖孔门弟子多出微贱,惟敬叔最为贵族。故有乘我车而道加行之说。及其传而益远,遂谓敬叔请于君,与之车马而适周矣。”[③]崔、钱所论不无道理,但如果深入思考就会发现,实际情况并不尽然。尽管敬叔在孔子弟子中为贵族,无需非要向鲁君请车马,然而作为弟子的敬叔资助老师车马适周,与得到国君的认可和资助适周,其政治象征意义则大不相同。故南宫敬叔在与鲁君的请辞中,不仅追述了孔子显赫的家世,更强调孔子适周乃“观先王之遗制,考礼乐之所极,斯大业

① 孔安国、朱熹等人注解《论语》时都将“南容”“南宫适”“南宫敬叔”视作一人,而从《论语》中孔子将自己的侄女嫁给南容来看,作为贵族的南宫敬叔不可能娶一位平民的女儿,因此,南宫敬叔与南宫子容应是不同的两个人,一为贵族,一为平民。

② (清)崔述著、顾颉刚编:《崔东壁遗书·洙泗考信录》卷一,上海古籍出版社1983年版,第271页。

③ 钱穆:《先秦诸子系年》,商务印书馆2001年版,第9页。

也”[①]，鲁君资助孔子车马仆从，带有尊贤重礼、宣扬礼乐的政治意义，因此，不能仅凭敬叔的经济条件这一点就想当然地去怀疑其向鲁君请车马一事的真实性，而应充分考虑到南宫敬叔这一做法的礼学用意及政治象征意义。而且孔子此时尚未入仕，加之此时尚未大规模地招收弟子，可以推测这时期的孔子在经济上并不宽裕，因此，“从曲阜去洛邑，千里迢迢，行程艰巨。根据当时孔子的贫穷情况，假如没有鲁国贵族的支持，要想实现这一旅程是很困难的”[②]。

孔子适周，除了鲁君资助的童仆外，应该还有一些弟子陪同前往。如《孔子家语·观周》篇载孔子观乎明堂，见到尧舜之容，桀纣之象，在看到周公相成王图后，“孔子徘徊而忘之，谓从者曰……”又如孔子入周太庙，在观金人之铭文后，“孔子既读斯文也，顾谓弟子曰：‘小人识之……’”这些材料表明，孔子适周，应有弟子从游，但具体是哪些弟子则很难得知，只能根据其他文献中散见的一些材料作些推测。《春秋左氏经传集解序》孔颖达《疏》引沈氏云：“《严氏春秋》引《观周篇》云：‘孔子将修《春秋》，与左丘明乘，如周，观书于周史，归而修《春秋》之经，丘明为之传，共相表里。’”[③]所引与今本《孔子家语·观周》文字不同。《孔子家语》的初本谓孔子适周是为修《春秋》而观书，同行者为左丘明，其真实性已很难考证，但至少又一次印证了孔子适周之事存在的真实性。又如《说苑·敬慎》《韩诗外传》均有孔子在周庙观欹器的记载。孔子在周庙见到一个欹器，守庙者告诉孔子这是宥座之器，孔子为了验证此器是否真的是“满则覆，虚则欹，中则正”，于是让子路注水试验，结果得到验证，随后子路借机向孔子请教持满、持损之道。[④] 据此则可推知，孔子适周，从游弟子中似有子路。但由于这则材料出自汉代人笔下，而且孔子观欹器的地点与《荀子》《淮南子》所载也有出入，因此，这条结论也并不坚实可信，权备一说，而孔子游周时从游人员的详细情况尚待深入考证。

---

① 杨朝明注说：《孔子家语·观周》，第145页。

② 匡亚明：《孔子评传》，第31页。

③ 杨伯峻：《春秋左传注》，第29页。

④ 《韩诗外传》卷三：“孔子观于周庙，有欹器焉。孔子问于守庙者曰：‘此谓何器也？’对曰：‘此盖为宥座之器。’孔子曰：‘吾闻宥座之器，满则覆，虚则欹，中则正，有之乎？’对曰：‘然。’孔子使子路取水试之，满则覆，中则正，虚则欹。孔子喟然而叹曰：‘呜呼！恶有满而不覆者哉！’子路曰：‘敢问持满有道乎？’孔子曰：‘持满之道，抑而损之。’子路曰：‘损之有道乎？’……”《荀子·宥坐》《淮南子·道应训》也都载孔子观欹器之事，但言此事发生在鲁太庙而非周庙。

二、孔子游周之目的辨析

对孔子适周的缘由,《史记·孔子世家》《孔子家语·观周》均言见老聃。《庄子·天道》记载有所不同:“孔子西藏书于周室。子路谋曰:‘由闻周之征藏史有老聃者,免而归居,夫子欲藏书,则试往因焉。’孔子曰:‘善。’往见老聃,而老聃不许,于是缁十二经以说。老聃中其说……”[①]这样看来,孔子适周,目的乃是藏书于周室。对此,钱穆认为:“此则汉人之语。何则?藏书乃秦人焚书以后乃有此想。十二经乃六经六纬,皆非战国时所有。则明非庄子时书。……且本篇又云老聃免而归君,则孔子虽欲西至周,而仍见老聃于沛耳。”[②]所论极是。《庄子》其书,寓言十九,多假托老子、孔子及其弟子的对话来阐述其学说主张,故对《庄子》所载孔子适周的描述,可作寓言来看。综合各种孔子适周的资料来看,认为孔子此次适周的目的为问礼于老子,缺乏充分有力的史实依据,传闻的痕迹较明显;认为其为修《春秋》而如周观周史,也有许多难以解释的矛盾之处[③]。本书以为,孔子前期思想学说的核心为礼,孔子曾说:“夏礼,吾能言之,杞不足征也;殷礼,吾能言之,宋不足征也。文献不足故也,足则吾能征之矣。”(《论语·八佾》)言偃曾问孔子:“夫子之极言礼也。可得而闻与?”孔子曰:“我欲观夏道。是故之杞。而不足征也。吾得夏时焉。我欲观殷道。是故之宋。而不足征也。吾得坤乾焉。坤乾之义。夏时之等。吾以是观之。”[④]可见,孔子为了求证夏、殷之礼,似曾亲自到杞、宋考察,感叹文献之不足。孔子极崇周礼,洛邑为周天子都城,为周礼发源之所,保留文物典章最为完备,故笔者以为:孔子此次适周的根本目的应该是“欲观周道”,力图实地学习和考察西周的礼乐典章制度,不断丰富和完善其礼学思想,从性质上来说,孔子这次游周之行,主要属于游学。正如章崧甫《孔子圣迹》所云:“学问以游历而实而大,

① 郭庆藩:《庄子集释·天道》,第477页。

② 钱穆:《先秦诸子系年》,第8页。

③ 如孔子修《春秋》的时间要晚,有的学者考证,左丘明不太可能为孔子弟子,更不太可能与其一起适周。

④ 钱玄等注译:《礼记·礼运》,第298页。

京师掌史所藏，人物所萃，故先至。又按：游学之风，亦开于孔子。”[①]更进一步来说，在“礼崩乐坏”“僭越”盛行的春秋末期，孔子此次适周，是为了拯救这个“礼崩乐坏”的天下，是要“观先王之遗制，考礼乐之所极，斯大业也”[②]，即探究礼教的真谛，寻求治理“礼崩乐坏”的天下的“道”。

三、孔子游周之文化活动考

(一)问礼于老子

关于“问礼于老子”，《庄子》《礼记》《吕氏春秋》等文献均有记载，其中仅《庄子》就有八次之多。这些记载，经一些学者考证并非完全凭空杜撰。孔子“问礼于老子”一事较为可信。《史记·老子韩非列传》载：

> 孔子适周，将问礼于老子。老子曰：“子所言者，其人与骨皆已朽矣，独其言在耳。且君子得其时则驾，不得其时则蓬累而行。吾闻之，良贾深藏若虚，君子盛德，容貌若愚。去子之骄气与多欲，态色与淫志，是皆无益于子之身。吾所以告子，若是而已。”孔子去，谓弟子曰：“鸟，吾知其能飞；鱼，吾知其能游；兽，吾知其能走。走者可以为罔，游者可以为纶，飞者可以为矰。至于龙，吾不能知，其乘风云而上天。吾今日见老子，其犹龙邪？”[③]

《史记》所记老子之言与《老子》一致，因此，大多数学者认为司马迁所记孔子“问礼于老子”之事大体可信。司马迁也不止一次提到孔子师于老子，如“孔子之所严事：于周则老子；于卫，蘧伯玉；于齐，晏平仲……”[④]尽管如此，对于老子其人，司马迁的记载也模糊不清，“或曰”为楚国老莱子，“或曰”为孔子死后百二十九年的“太史儋”。故孔子“问礼于老子”一事，存有

① 陈崇一：《东鲁杂记》，第569页。
② 杨朝明注说：《孔子家语·观周》，第145页。
③ (汉)司马迁：《史记·老子韩非列传》，第2140～2141页。
④ (汉)司马迁：《史记·仲尼弟子列传》，第2186页。

太多不确定性，历来不少文人学者，考证纷纭[①]。钱穆非但认为孔子“问礼于老子”的时间、地点，以及老子其人等都不可考，其事本身也不可信，应属传闻。[②] 本书以为，钱穆有疑古过度之嫌。文献不足不可考，不等于不可能。既不能证其有、也不能证其无的事，既然有传闻，也就有可能存在。无法考证具体时间和细节，并不能成为否定这件事情发生过的理由。因为我们现在所看到的文献所能证明的事件，跟历史上真实发生的事件比起来，真是要少得多。因此，传闻也不可轻易否定，除非有确切的材料和充足的理由证明此事不可能发生。总而言之，孔子曾经向一位被称为“老子”或“老聃”的人问礼，这一事件本身并没有多少值得怀疑的地方。至于这位“老子”或“老聃”是否与今所见《道德经》的作者是同一个人，以及《史记》《庄子》等书中所记载的孔子见老子的具体细节是否真实，则应另当别论。

(二)访乐于苌弘

孔子适周，“问礼于老聃，访乐于苌弘”[③]。苌弘为周大夫，精通于乐，孔子此次到洛邑，曾专门拜访苌弘。这次见面谈话，孔子的形貌以及谦让、博物强记等特点给苌弘留下了深刻印象，之后其与刘文公谈及孔子时便赞誉有加：

苌宏语刘文公曰：“吾观孔仲尼有圣人之表。河目而隆颡，黄帝之形貌也；修肱而龟背，长九尺有六寸，成汤之容体也。然言称先王，躬

---

① 孔子“问礼于老子”的具体时间，各类文献记载存有分歧，历来有三种说法：1. 孔子 17 岁时“问礼于老子”。边韶《老子铭》《水经注·渭水注》持此说。2. 孔子 34 岁时“问礼于老子”。清人阎若璩据《礼记·曾子问》中关于孔子从老子助葬时“日有食之”，及《春秋·昭公二十四年》有日食的记载，推算孔子适周问礼在 34 岁时，清人程复心《孔子论语年谱》亦持此说。3. 孔子 51 岁时“问礼于老子”。《庄子·天运》：“孔子行年有一而不闻道，乃南之沛见老聃。”今人陈鼓应综合诸说研究后指出，孔子“问礼于老子”可能不止一次。古代交通不便，信息不通，因此各家所记只是其熟悉地区之传闻，故而造成典籍所载不同。换言之，《庄子》记宋地关于孔、老关系之事实，《礼记》则记鲁地发生之事，《史记》的《老子韩非列传》《仲尼弟子列传》《孔子世家》则记孔子适周(洛阳)问礼之事。诸家记载各异，然大体当为事实。陈氏之说很好地解决了诸说之间互相矛盾的地方，所论较为合理。

② 钱穆认为：“孔子适周问礼于老聃，其事不见于《论语》《孟子》。《史记》所载盖袭自《庄子》。而《庄子》寓言十九，固不可信。后人必信为真者，徒以有《曾子问》从老聃助葬日食诸语为之旁证故也。然其事若断在定公之九年，其年既无日食，则《曾子问》所载为虚。而孔子适周之事，益见其不足信矣。……故孔子见老聃问礼，不徒其年难定，抑且其地无据，其人无征，其事不信。”(钱穆：《先秦诸子系年》，第 9 页)

③ 杨朝明注说：《孔子家语·观周》，第 146 页。

履谦让,洽闻强记,博物不穷,抑亦圣人之兴者乎?”刘子曰:“方今周室衰微而诸侯力争,孔丘布衣,圣将安施?”苌宏曰:“尧舜文武之道,或弛而坠。礼乐崩丧,亦正其统纪而已矣。”既而夫子闻之,曰:“吾岂敢哉,亦好礼乐者也。”①

孔子此次拜访苌弘,对其也大有裨益。有一次孔子与周宾牟言及乐的问题,孔子曰:“唯,丘闻诸苌弘,若非吾子之言是也,若非有司失其传,则武王之志荒矣。”②

(三)观郊社、明堂、周庙

除“问礼于老子”、拜访周乐师苌弘外,在洛邑,孔子还亲自到郊社之所,周明堂、周庙进行实地游览考察,收获很大。③ 如孔子参观周明堂,看到四面门墙上有尧舜的像,也有桀纣的像,善恶各异。有一幅画像是关于周公辅佐成王的,画像上周公抱着成王,背靠着屏风,向南朝见诸侯。当孔子看到这幅画像的时候,久久徘徊不去,最后深有感触地对身边的人说:“此周之所以盛也!”④孔子哲学的第一个阶段主要为礼,孔子此次观明堂,对周礼的创立者周公怀着非常虔敬的态度,这次考察更强化了孔子复礼的决心。孔子还来到周太祖后稷的庙堂进行实地考察,孔子在右面的台阶前看到三个铜人都闭着嘴,铜人后背有铭文,孔子读了这些铭文后,深受启发,进而联想到《诗经》中“战战兢兢,如临深渊,如履薄冰”的诗句,并以此来教育身边的弟子。⑤

---

① (汉)孔鲋:《孔丛子·嘉言》,《百子全书》第1册,浙江人民出版社1984年版。

② 杨朝明注说:《孔子家语·辩乐解》,第281页。

③ 《孔子家语·观周》:“历郊社之所,考明堂之则,察庙朝之度。于是喟然曰:‘吾乃今知周公之圣,与周之所以王也。’”

④ 《孔子家语·观周》:“睹四门墉有尧舜之容,桀纣之象,而各有善恶之状、兴废之诫焉。又有周公相成王,抱之负斧扆,南面以朝诸侯之图焉。孔子徘徊而望之,谓从者曰:‘此周之所以盛也。夫明镜所以察形,往古者所以知今。人主不务袭迹于其所以安存,而忽怠所以危亡,是犹未有以异于却走而欲求及前人也,岂不惑哉!’”

⑤ 《孔子家语·观周》:“庙堂右阶之前,有金人焉。三缄其口,而铭其背曰:‘古之慎言人也,戒之哉!无多言,多言多败。无多事,多事多患。……戒之哉!’孔子既读斯文也,顾谓弟子曰:‘小人识之!此言实而中,情而信。《诗》曰:“战战兢兢,如临深渊,如履薄冰。”行身如此,岂以口过患哉?’”

四、孔子游周的文化意义

从曲阜到洛邑，孔子进行的这次游学考察活动，是生平第一次长途远游，一方面为孔子以后游齐乃至周游列国的长途远游积累了出行经验；另一方面，这次游周的见闻也大大开阔了孔子的视野，丰富和完善了孔子的知识体系，也增强了孔子对西周礼乐文化的直观感受。同时，这次游周活动不仅对鲁国礼乐文化精神的彰显和传承具有重要的文化促进和象征意义，对于扩大和提高孔子个人的社会影响，提高其政治地位，也具有不可忽视的重要意义。

首先，孔子此行，带有鲜明的政治和文化象征意义。鲜明的礼乐文化传统是鲁国在各诸侯国间享有文化优越感的主要因素，为了保持这种文化传统上的优势，并使得这种文化传统在鲁国继续传承下去，这一光荣而神圣的使命注定要落在孔子身上："孔子，圣人之后也……臧孙纥有言：'圣人之后，若不当世，则必有明君而达者焉。'孔子少而好礼，其将在矣。"[①]尽管鲁国在当时是保留西周礼乐文献最为完备的国家，但毕竟不是礼乐文化的官方所在，而且到了鲁昭公时，"三桓"专权，家臣跋扈，鲁国原来引以为荣的礼乐传统此时也面临着巨大的现实危机。作为周礼的维护者，孔子一心要恢复西周的礼乐传统，与后来去鲁适齐、去鲁适卫主要出于政治原因不同，孔子此次游周的主要目的是问礼游学，或者说是文化考察，即"观先王之遗制，考礼乐之所极"。在"礼崩乐坏"的社会大环境下，孔子为考察先王旧制，探寻礼乐之本源，毅然远行，在当时真不愧为"大业也"。鲁昭公也深知孔子此行意义之不同寻常，因此对南宫敬叔提出的请求慨然允诺，很高兴地赠送孔子马车、童仆。不难看出，孔子这次适周，已经具有较强的官方色彩，带有鲜明的政治象征意义，是一次比较正式的文化考察或"取经"活动。尽管此时周天子已被架空，但毕竟还是名义上的天下共主，都城洛邑不仅有西周先王祖庙，更有各种礼乐制度遗迹，无疑是当时礼乐文化的中心。孔子此次西行，目的非常明确，就是要考察"礼乐之极"，也可以说是要

① 杨朝明注说：《孔子家语·观周》，第145页。

取得改变当时“礼崩乐坏”的社会现实、恢复礼乐秩序的“真经”。鲁君的官方资助、弟子的随行等更强化了孔子此次西行的使命感和文化传承意义。

其次，这次游周，对孔子而言可谓是享受到一次礼乐文化的盛宴，对其自身知识修养的提高和完善具有积极的促进意义。孔子此次适周考察之前所具有的礼乐知识，主要是通过自己的观察和自学逐渐掌握与丰富起来的。孔子很早就表现出强烈的礼乐兴趣和天赋，6 岁的时候就“为儿嬉戏，常陈俎豆，设礼容”。孔子说“吾十五而志于学，三十而立”，30 岁以前，孔子主要通过多看、多问，如问官于郯子、学琴于师襄子、鲁庙观礼等，通过自学不断丰富自己的礼乐知识，到 30 岁的时候，孔子在学问、品德、修养等方面虽有所成就，但毕竟还没有达到一个理想的境界。这一方面是因为鲁国在当时毕竟属于小国，孔子缺少与更多高层次的知识精英交流的机会；另一方面在于书籍在当时还是非常稀缺的宝贵资源，孔子在鲁国能够阅读的历史文献毕竟有限。而孔子这次所到达的洛邑，是周朝的国都，人文荟萃，还有着当时全国最丰富的藏书。在游周期间，孔子不仅有机会向当时的礼学权威、学识渊博的周柱下史（相当于国家图书馆馆长）老子学习，请教礼的知识，还有机会访乐于当时的国家乐官苌弘。在与这些人接触后，孔子的礼乐知识进一步得到完善，如《礼记·曾子问》就有孔子回忆自己从老聃助葬时，遇日食该如何行礼的描述。在洛邑，孔子有机会饱览大量的文献典籍，这也是孔子后来能够成为博学多闻之士的重要因素之一，甚至有学者认为孔子此行的主要目的就是经人介绍到周观书，“孔子时犹布衣，欲适周观书，非有地位者为之介绍不可，故南容为请于鲁君也”①。另外，洛邑存留的郊社之所、周明堂、周庙等无疑是周朝礼乐制度、思想的物态化呈现，孔子对这些历史古迹的实地考察，不仅加深了自己对西周礼乐制度的感性认识，同时也与古代圣王、礼乐先哲们进行了一次精神的对话，达到了心灵上的契合。可以说，对这些先王遗迹的考察，是孔子对礼乐先师周公的一次“朝拜”之旅，这对孔子后来不遗余力地推行礼乐教化，保留和传承西周礼乐精神具有一定的感染和督促作用。

最后，此次游周，大大提高了孔子在当时的社会影响力。适周之前，孔

① 蒋伯潜：《诸子通考》，浙江古籍出版社 1985 年版，第 50 页。

子在鲁国已具有一定的影响,如孟僖子临终前就叮嘱自己的两个儿子以后要师礼于孔子。但这种影响毕竟还较为有限,此时的孔子在鲁国只担任过一些管理仓库、牛羊畜牧的小吏,并未真正入仕,同时这时期前来拜孔子学习的人还不是很多。而孔子此次适周,由于有国君的支持,势必在鲁国上下甚至周边国家引起不小的轰动,这对提高孔子在鲁国的地位和声势无疑具有推动作用,“自周返鲁,道弥尊,远方弟子之进,盖三千焉”[①]。此说虽不无夸大的成分,但也可以从一个方面说明孔子游周所产生的社会效应,司马迁也说“孔子自周反于鲁,弟子稍益进焉”[②]。总之,孔子回到鲁国后,前来拜师学习的人越来越多,除了本国的弟子外,周边的齐国、卫国、陈国甚至吴国、秦国也都有人前来学习。而且,前来问疑的外国使节也有不少,如定公三年的时候,邾庄公卒,邾隐公即位,使人向孔子问冠礼等。随着孔子在鲁国影响的日渐提高,其在政治上也日渐受到重视,如当时季氏的权臣阳虎就曾想拜见孔子,公山不狃也曾想召孔子,从这些事上都能看出此时孔子在鲁国已具有了很高的威望。后来孔子任中都宰,再任司空、司寇,直至主持夹谷之会,再到后来的堕三都,其政治地位越来越高,影响越来越大,这与游周给自己带来的前期社会影响有很大的关系。可以说,正是这次游周之行,才为孔子返鲁以后在政治、教育、思想传播等方面的积极作为奠定了坚实的基础。

第二节　孔子游齐考

就在孔子游周后的第二年,即鲁昭公二十五年,由于“斗鸡之变”,昭公率师攻伐季孙氏,季孙、叔孙、孟孙三家联合反抗昭公,昭公师败奔齐。孔子为避鲁乱而适齐。[③] 本书接下来主要围绕孔子这次游齐的沿路所遇、在齐的主要活动,以及这次游齐的文化意义等问题展开具体分析。

---

① 杨朝明注说:《孔子家语·观周》,第147页。

② (汉)司马迁:《史记·孔子世家》,第1909页。

③ 《史记·孔子世家》:“孔子年三十五,而季平子与郈昭伯以斗鸡故得罪鲁昭公,昭公率师击平子。平子与孟氏、叔孙氏三家共攻昭公,昭公师败,奔于齐,齐处昭公乾侯。其后顷之,鲁乱。孔子适齐,为高昭子家臣,欲以通乎景公。”据《左传》,鲁昭公伐季氏在本年九月戊戌(十一日),失败后,于己亥(十二日)逃往齐国。故孔子适齐当在是年九月己亥之后。

一、孔子适齐沿路所遇考

孔子此次东游，中间要经过泰山。泰山在春秋时期为齐鲁两国的分界地标，也是齐鲁大地上重要的自然景观，孔子登临泰山的时间最有可能在此时。孔子向来有"登高致思"的游历观念，其与弟子们登临泰山，在领略自然风光的同时，曾发出"登泰山而小天下"的感想[①]，泰山上今天还有"孔子登临处""孔子小天下处"等文化遗迹。另外，孔子在这次去齐国的路上，还先后遇到了几位身份、性格各异的人物，孔子与这些人的接触、交谈非常富有传奇色彩。如孔子和弟子们经过泰山的时候，遇到一位哭泣的妇人，由于虎患，这位妇人连丧三位亲人却仍不愿离开，原因是这里没有苛政，这让孔子发出了"苛政猛于虎也"的叹息。[②] 孔子此时表现出朴素的民本思想，表明其"仁"的观念已经初步形成。另外，据说孔子在过泰山的时候，还遇到了一位叫荣声期的人，此人"鹿裘带索，鼓瑟而歌"，装束和行为都异于常人，可能是当时的一位隐士。他告诉孔子，自己之所以很快乐，是因为有"为人""为男""长生"的"三乐"，这让孔子不由感慨其人"能自宽"。[③] 孔子还遇到另外一位奇人，名叫丘吾子，与荣声期有"三乐"恰好相反，此人哭声甚哀，孔子询问之后得知，其哀哭不止是因为有"丧亲""臣节不遂""朋友离绝"的"三失"之悔，最后竟投水而死，孔子不由感叹并借机教育身边的弟

---

① 《孟子·尽心上》："孔子登东山而小鲁，登泰山而小天下。"

② 《礼记·檀弓下》："孔子过泰山侧。有妇人哭于墓者而哀，夫子式而听之。使子路（《家语》作"子贡"）问之曰：'子之哭也，壹似重有忧者。'而曰：'然。昔者吾舅死于虎，吾夫又死焉，今吾子又死焉。'夫子曰：'何为不去也？'曰：'无苛政。'夫子曰：'小子识之，苛政猛于虎也。'"

③ 《孔子家语·六本》："孔子游于泰山，见荣声期行乎郕之野，鹿裘带索，鼓瑟而歌。孔子问曰：'先生所以为乐者，何也？'期对曰：'吾乐甚多，而至者三。天生万物，唯人为贵，吾既得为人，是一乐也；男女之别，男尊女卑，故人以男为贵，吾既得为男，是二乐也；人生有不见日月，不免襁褓者，吾既以行年九十五矣，是三乐也。贫者，士之常；死者，人之终。处常待终，当何忧哉？'孔子曰：'善哉！能自宽者也。'"

子，有些弟子受到触动，便辞别孔子回家事亲。[①] 另外，孔子在这次东游的路上，还遇到“两小儿辩日”，对两个小儿提出的问题，孔子也无法做出回答[②]，整个故事传说色彩很浓。

二、孔子在齐主要行事考

《史记·孔子世家》言孔子到齐国后，曾做过高昭子家臣[③]，可能通过他的引荐，孔子得到了齐景公的接见。孔子在齐国期间，不仅虚心学习齐国的风俗文化，还与齐景公围绕一些政治问题展开讨论，进行了较为丰富的政治、文化的学习和交流活动，主要的事迹有：

（一）文化活动：与齐太师语乐

孔子在齐，重要的文化活动之一是学习乐，并与齐太师讨论乐。《论语·述而》：“子在齐闻韶，三月不知肉味，曰：‘不图为乐之至于斯也。’”《说苑》对此有更为生动具体的记载：“孔子至齐郭门之外，遇一婴儿挈一壶，相与俱行，其视精，其心正，其行端，孔子谓御曰：‘趣驱之，趣驱之！’《韶》乐方作，孔子至彼，闻《韶》三月不知肉味。”[④]《史记·孔子世家》不仅有孔子与齐太师语乐的内容，还于“三月”前增加了“学之”二字，其文曰：“与齐太师语乐，闻《韶》音，学之，三月不知肉味，齐人称之。”照此来看，是孔子学习《韶》

---

① 《孔子家语·致思》：“孔子适齐，中路闻哭者之声，其音甚哀。孔子谓其仆曰：‘此哭哀则哀矣，然非丧者之哀矣。’驱而前，少进，见有异人焉，拥镰带素，哭者不哀。孔子下车，追而问曰：‘子何人也？’对曰：‘吾丘吾子也。’曰：‘子今非丧之所，奚哭之悲也？’丘吾子曰：‘吾有三失，晚而自觉，悔之何及？’曰：‘三失可得闻乎？愿子告吾，无隐也。’丘吾子曰：‘吾少时好学，周遍天下，后还丧吾亲，是一失也；长事齐君，君骄奢失士，臣节不遂，是二失也；吾平生厚交，而今皆离绝，是三失也。夫树欲静而风不停，子欲养而亲不待，往而不来者，年也；不可再见者，亲也。请从此辞。’遂投水而死。孔子曰：‘小子识之，斯足为戒矣。’自是弟子辞归养亲者十有三。”

② 《列子·汤问》：“孔子东游，见两小儿辩斗。问其故。一儿曰：‘我以日始出时去人近，而日中时远也。’一儿以日初出远，而日中时近也。一儿曰：‘日初出大如车盖；及日中，则如盘盂：此不为远者小而近者大乎？’一儿曰：‘日初出沧沧凉凉；及其日中如探汤：此不为近者热而远者凉乎？’孔子不能决也。两小儿笑曰：‘孰为汝多知乎？’”（杨伯峻：《列子集释》卷五，中华书局1979年版，第168页）

③ 崔述《洙泗考信录》曰：“《春秋传》，高昭子名张，唁鲁昭公，称为主君；阿景公意，辅孺子荼，卒为陈氏所逐；其不肖如是。”[（清）崔述撰、顾颉刚编：《崔东壁遗书·洙泗考信录》卷一，第273页]梁玉绳《史记志疑》曰：“欲通齐景，不耻家臣，孔子而如是乎？”钱穆辩之曰：“孔子弟子为家臣者多矣，孔子不之禁，则孔子不耻为家臣也。且委吏乘田，独非家臣乎？此等俱难详考，不得辄以‘孔子而如是乎’之说为定。”（钱穆：《先秦诸子系年》，第11页）今据钱说。

④ （汉）刘向撰、赵善诒疏证：《说苑疏证》，第584页。

乐的三个月的时间里，由于用心专一，以至于达到不知肉味的程度。《论语》记言尚简，当是将此意约略而言，但我们不应就此理解为孔子听闻《韶》音后，为其所陶醉和吸引，其审美感受和体验竟可以使其三月不知肉味，这与常情不符。孔子对乐向来看重并不断借机求学，在此之前，其曾学琴于师襄子，访乐于苌弘。《韶》乐相传是舜时的音乐，孔子曾赞其“尽美矣，又尽善也”(《论语·八佾》)。难怪孔子要用三个月的时间来学习和揣摩它，联系与齐太师语乐来推测，孔子这次学《韶》的老师很有可能为齐太师。在齐国与齐太师讨论学习音乐，可以看作是孔子此次游齐所从事的最主要的文化学习和交流活动，这一方面体现出孔子重礼轻武的思想观念以及求善求美的审美倾向，同时也再次让我们看到一位孜孜不倦、虚心好学的孔子形象。

(二)政治活动：齐景公问政于孔子

孔子在齐国的主要政治活动是与齐景公展开的两次对话。“景公问政于孔子，孔子曰：‘君君，臣臣，父父，子子。’景公曰：‘善哉！信如君不君，臣不臣，父不父，子不子，虽有粟，吾岂得而食诸！’”(《论语·颜渊》)孔子此番回答，主要是针对齐国当时国君失重、大夫擅权而言，即“当此之时，陈恒制齐，君不君，臣不臣，故以此对也”[①]。这是孔子“正名”思想的初步表现，其思想根源为孔子早期礼的主张。

除了这次简短的政治讨论外，景公还曾再次向孔子问政，这次孔子以“节财”回答景公，景公听后很满意，于是就想以尼溪田封赏孔子，但被晏婴一番言语所阻止，后来景公对孔子说：“奉子以季氏，吾不能。”后来齐国有大夫想要加害孔子，而此时景公也对孔子说：“吾老矣，弗能用也。”孔子于是动身离开齐国返回鲁国。[②] 对于晏婴沮封一事，历来持疑者颇多，司马贞《史记索隐》曰：“此说出《晏子》及《墨子》，其文微异。”姚鼐不仅驳斥晏婴沮

① (汉)司马迁：《史记·孔子世家》，第1911页。

② 《史记·孔子世家》：“他日，又复问政于孔子，孔子曰：‘政在节财。’景公说，将欲以尼溪田封孔子。晏婴进曰：‘夫儒者滑稽而不可轨法；倨傲自顺，不可以为下；崇丧遂哀，破产厚葬，不可以为俗；游说乞贷，不可以为国。自大贤之息，周室既衰。礼乐缺有间。今孔子盛容饰，繁登降之礼，趋详之节，累世不能殚其学，当年不能究其礼。君欲用之以移齐俗，非所以先细民也。’后，景公敬见孔子，不问其礼。异日，景公止孔子曰：‘奉子以季氏，吾不能。’以季孟之间待之。齐大夫欲害孔子，孔子闻之。景公曰：‘吾老矣，弗能用也。’孔子遂行，反乎鲁。”

封孔子的说法，而且认为孔子在齐还得到晏婴之举荐。[①] 孙诒让《墨子闲诂》一书详细辩论了此说本于《墨子·非儒》，不足信。与《史记·孔子世家》不同，《孔子家语》所记景公欲封孔子之田为廪丘，最终未受封不是由于晏婴阻挠，而主要是因为孔子感于齐君并未真正采纳自己的献言，无功不受赏，故而不受，孔子离开齐国，是由于景公“不知丘”。[②] 孔子力主“君君，臣臣，父父，子子”的礼制思想，这对齐国一些大夫而言是非常不利的，故孔子很有可能受到一些人的威胁，再加上景公言语暗含冷淡，孔子深感自己在齐实行礼治无望，于是一年后便决定离开齐国返回鲁国。[③] 孔子离开齐国时走得很急促，“孔子之去齐，接淅而行”（《孟子·万章下》）。由此推测，孔子离开齐国时所处的形势非常险恶。

三、孔子去齐返鲁途中观季札葬子考

大约在昭公二十七年的时候，孔子从齐国返回鲁国。在回国的路上，孔子听说吴公子季札葬子于嬴、博间，于是率弟子们前往观葬。[④] 嬴、博为齐邑，临近鲁境，在今山东省莱芜市与泰安市东北之间，今泰安市岱岳区范镇故县村旁旧有季札子墓[⑤]。孔子往观其葬礼，究竟是去齐返鲁途中顺道而行，还是返鲁后由鲁而专往，则不甚明朗。对此，江永认为：“而夫子往观葬，盖自鲁往观，嬴博间近鲁境也。”[⑥]林春溥则有不同的看法：“嬴博在泰安县境，距齐都远，于曲阜为近。夫子观葬，盖亦自齐归鲁，途中偶遇，未必特

---

① 参见（清）姚鼐：《惜抱轩全集》卷一，中国书店出版社1991年版，第7～8页。

② 《孔子家语·六本》：“孔子见齐景公，公悦焉，请置廪丘之邑以为养。孔子辞而不受。入谓弟子曰：‘吾闻君子当功受赏，今吾言于齐君，君未之有行，而赐吾邑，其不知丘，亦甚矣。’于是遂行。”

③ 孔子居齐年数，《史记·孔子世家》无明确记载，后世学者或主七年，或主一年，主七年者如《历聘纪年》、夏洪基《孔子年谱纲目》等，狄子奇《孔子编年》、江永《乡党图考》等则主一年。钱穆认为：“今既他无可考，姑依江氏说。”匡亚明认为：“据《史记·孔子世家》考之，孔子仅一次至齐，历时约二年左右。”

④ 《礼记·檀弓下》：“延陵季子适齐，于其反也，其长子死，葬于嬴博之间。孔子曰：‘延陵季子，吴之习于礼者也。’往而观其葬焉。其坎深不至于泉，其敛以时服。既葬而封，广轮揜坎，其高可隐也。既封，左袒，右还其封，且号者三，曰：‘骨肉归复于土，命也。若魂气则无不之也，无不之也。’而遂行。孔子曰：‘延陵季子之于礼也，其合矣乎。’”

⑤ 据曲进贤主编：《泰山通鉴》，齐鲁书社2005年版，第10页。

⑥ （清）江永：《乡党图考》卷二，第106页。

为此行。则归鲁当在是年春可知也。”[①]嬴、博春秋时属齐，处于鲁之东北边境，距齐都临淄有三百余里远，但距鲁都曲阜至少也有二三百里，也并不为近。再者，在信息不发达的春秋时期，延陵季子葬子的消息也不大可能很快传到曲阜，而且以常理来推测，孔子只为观葬而由曲阜远涉二三百里路专程到嬴、博的可能性不大，故笔者较为赞同林春溥的说法。嬴、博两邑恰处由齐入鲁之必经之道，很可能是孔子自齐返鲁途中，闻知延陵季子葬子的消息，故就近而往观学习。季札为吴国有名的贤者，曾于襄公二十九年聘鲁观乐论诗，表现出很高的学养。据《礼记》所记，季札这次葬子发生在其从齐国返回的路上，当与孔子去齐前后相距不久。因此，虽不见孔子在齐国与季札进行交往的记载，但对季札的学问和德行孔子当有所耳闻，所以孔子对其主持之葬礼才会格外看重，故孔子此行在一定程度上也带有“游学”之性质。

四、孔子游齐的文化意义

孔子此次去鲁之齐，表面上看是为避乱，其实还是为了到有条件的大国去努力实践自己的礼乐主张和政治理想。孔子这次游齐，前后加起来大约有两年的时间，尽管孔子此行没能实现自己的政治意图，但也不是毫无收获。总结起来，孔子此次游齐，主要的文化意义有以下几个方面：

首先，充分领略和感受自然之美，逐渐确立起“登高致思”和“比德”的游历审美观。孔子自曲阜前往临淄，沿路可以饱览祖国的大好河山，尽情领略大自然的神奇造化。孔子不仅有水必观，而且也喜欢登山，有文献记载孔子登山的材料中，除了鲁之农山、东山外，提到最多的就是泰山了。“孔子登东山而小鲁，登太山而小天下”，这应是孔子登临泰山之后的切身感受，同时也符合孔子“登高致思”的游历观。《孔子家语·致思》《韩诗外传》等均有孔子与子路、子贡、颜渊登临农山(《韩诗外传》作“戎山”)的记载，其中孔子表明了“登高致思”的观念。孔子游农山时有子贡在侧，而子贡小孔子31岁，李启谦等学者认为子贡从游孔子应该是在孔子55岁适卫之时，因此，孔子与弟子们游农山一事应在孔子游泰山之后。故可以大致推断，“登高致思”的游历观念在孔子游农山之前就已经确立起来了，结合“孔子登

① (清)林春溥:《孔门师弟年表后说》，嘉庆二十一年(1816)刻本。

东山而小鲁,登太山而小天下”的记录来分析,“登高致思”观念的明确提出最有可能在孔子登临泰山之后。“知者乐水,仁者乐山”也是孔子著名的论断,这反映了不同的自然地理条件对人文化性格、审美气质的不同影响。泰山不仅高大雄伟、气势磅礴,而且具有深厚的文化内涵。相对于鲁之农山、东山等这些较小的山来说,气势雄伟的泰山更能给人以沉稳平和的审美感受,也最容易和君子宽厚、包容等“仁”的特质联系在一起,因此,“知者乐水,仁者乐山”最有可能是孔子在游览了泰山之后总结出来的论断。

其次,感受不同地域的政风民情,表现出朴素的民本思想和仁政观念。齐国位于鲁之东北部,东临大海,为周之功臣吕尚的封地,与鲁虽为邻国,但其治国方略、民俗风尚与鲁国却有较大差异。鲁国延续了周公的礼乐传统,重宗法伦理而不重事功。而齐国濒临大海,有渔盐之利,再加上最初的受封国君吕尚崇尚富国强兵,采用“因其俗”“简其礼”的治国方略,因此,相对于鲁国来说,齐国的宗法礼乐传统要弱一些,其民风、民俗与鲁国有所不同。到了景公的时代,齐国的国力明显弱下来了,但与鲁国相较,齐国尚不失为大国,同时受齐桓公的影响,齐国风俗尚存霸政余习。孔子这次从鲁国来到齐国,沿路遇到哭妇、荣声期、丘吾子、辩日小儿等人,其中荣声期、丘吾子这些人的装束和行事风格带有鲜明的个性色彩,孔子在与他们的交谈中对一些民间朴素的伦理思想有了切身的感受。值得注意的是孔子遇哭妇的故事,孔子在听了该妇女的讲述之后,发出了“苛政猛于虎”的感叹,这是孔子“仁”的观念在民本思想中的较早表现,与孔子不久之后所提出的“政在节财”所表达的观念是一致的。这应是孔子后来将“仁”提升为“爱人”的早期思想基础,也对后来孟子将孔子的“仁”发展为政治上的“仁政”思想具有启示意义。另外,孔子来到齐国之后,当是在切身体会到了齐国与鲁国在治国理念、社会风尚等方面的共性与差异之后,从而作出了“齐一变,至于鲁;鲁一变,至于道”(《论语·雍也》)的评判。

再次,感受音乐之美,对传承古乐功不可没。孔子此次游齐,在文化上的最大收获就是有机会听到了传说为舜时的古乐《韶》,孔子听了《韶》以后,深深被其吸引,以至于“三月不知肉味”,足以看出孔子对《韶》乐的痴迷。孔子在 29 岁的时候曾经专门学琴于师襄子,适周的时候也曾访乐于苌弘,因此,孔子所到之地,访乐是其重要的文化活动之一。孔子对《韶》的痴迷,也反映出孔子“尽善尽美”[①]的艺术审美标准。对于齐国《韶》乐的来历,《汉书·礼乐志》说是舜之后裔陈完奔齐,将《韶》带到了齐国[②]。对此,朱熹认为缺乏依据。另有学者提出,古时天子赐乐于诸侯,齐国之《韶》或许是周王所赐。孔子在35岁的时候,由于避乱之齐,才在齐国得闻此乐,孔子晚年归鲁后正鲁乐,从而将《韶》整理出来。[③] 事实若果真如此,则孔子此次游齐,不仅享受了一次审美体验,同时对保存和传承古代音乐也功不可没。

最后,孔子开始正式地与诸侯国国君谈论政治,“正名”思想初露端倪。春秋末期,齐、鲁两国都是公室弱、私家强,都是大夫专权,鲁为三桓,齐则为陈恒。孔子到了齐国之后,有两次与齐景公的重要谈话,内容都是有关政治的。与景公的这两次论政,对孔子而言,无疑具有标志性的意义。孔子35岁以前,尽管对当时季氏八佾舞于庭的做法发表过“是可忍也,孰不可忍也”(《论语·八佾》)的评论,但由于这一时期的孔子在鲁国尚未被重视,所以他很少有机会和鲁国国君或季氏正式地讨论政治问题,孔子与景公的这两次对话应该是有明确记载的孔子开始与诸侯国国君谈论政治的标志性事件。孔子针对当时齐国大夫专权、君臣失序的现实局面,旗帜鲜明地提出“君君,臣臣,父父,子子”的主张,这一思想与孔子所极力主张的礼乐传统互为表里,也是孔子“正名”思想的早期发展阶段。孔子这里所提出的“君君,臣臣,父父,子子”,主要是针对当时各种僭越行为提出的较为直观性的意见,不像孔子在卫国时所系统阐述的“名不正,则言不顺;言不顺,则事不成;事不成,则礼乐不兴;礼乐不兴,则刑罚不中;刑罚不中,则民无所措手足。故君子名之必可言也,言之必可行也。君子于其言,无所苟而已矣”(《论语·子路》)。孔子从名、言、事、礼乐、刑法等相互依存的链条关系中,将这种思想发展为一个明确的哲学概念——“正名”。

---

① 《论语·八佾》:“子谓韶:‘尽美矣,又尽善也。’”

② 《汉书·礼乐志》云:“春秋时,陈公子完奔齐。陈,舜之后,《招乐》存焉。故孔子适齐闻《韶》,三月不知肉味。”

③ 《论语类考》卷十三:“古者天子赐诸侯乐,安知非周王赐太公也?鲁亦有《韶》《箾》,孔子不于鲁闻之者,是时孔子年三十五,鲁乱适齐,而偶闻于齐也。其后晚年归鲁,而正鲁乐,岂非《韶》之遗音在齐而孔子能传之也哉?”[(明)陈士元:《论语类考》卷十三,《丛书集成新编》本,第17册,第734页]

第三节　孔子“周游列国”①考

一、孔子周游列国若干史实辨考

对于孔子周游列国的详细始末，如孔子所经国家、城邑的方位次序，孔子主要的政治文化活动、个人遭遇等史实的真伪、先后、性质，孔子所接触的主要人物等，古今众多学者已经做了大量的考辨梳理工作，然而对于其中不少细节问题，学界尚有争议。为了更为深入、客观地把握孔子“游”的基本事实及其文化意义，有必要对其中争议较大的问题作进一步考订和讨论。因此，本书接下来就围绕孔子周游列国的若干条史实，在综合前人研究的基础上，结合自己的发现和思考，对之重新加以考辨和分析。

(一)孔子去鲁适卫缘起考

孔子于定公十三年(前497)春②去鲁适卫。关于这次孔子离开鲁国的缘由，《论语》的记载最为简略：“齐人归女乐，季桓子受之，三日不朝，孔子行。”(《论语·微子》)《孟子·告子下》云：“孔子为鲁司寇，不用，从而祭，燔肉

---

① 匡亚明《孔子评传》对孔子这段经历采用“访问列国诸侯”，不沿用“周游列国”的说法。其认为：“后者使人有一种逍遥自在之感。……如果说孔子离鲁时事前就有什么计划，逍遥自在地去周游列国，那是不符合实际的。”(匡亚明：《孔子评传》，第63页)笔者以为，匡氏所论不无道理，但“访问列国”的说法也带有一定的主动性和目的性，而且更具正式的意味。客观而论，孔子在十四年中，其去留某国、某地的缘起、目的不可一概而论：有时是形势所迫，如去鲁适卫，去陈适蔡；有时是对统治者失望而主动离开，如去卫适陈等；有时是出于对贤人君子的好感而主动前往，如之蔡等。十四年间，孔子所到各诸侯国，除在卫、陈停留时间较长以外，在许多地方都是路过或短暂停留，即使在卫国和陈国居住时间较长，也领取俸禄，但都不见孔子真正做官和参与政事的事迹，故从根本上来看，孔子和弟子此次出行“行游”的色彩很明显，故本书仍沿用“周游列国”的提法。

② 孔子去鲁适卫的具体年份有三说：(1)定公十二年(前498)说。主此说者有《史记·鲁世家》《史记·十二诸侯年表(鲁)》。崔述也说：“孔子之去鲁，当在定十二年秋冬之间。”(《崔东壁遗书·洙泗考信录》卷二，上海古籍出版社1983年版，第289页)(2)定公十三年说。主此说者有《史记·卫世家》《史记·十二诸侯年表(卫)》。江永《乡党图考》据“鲁郊尝在春”推断孔子去鲁的确切年份是定公十三年春。钱穆也主此说：“今考《世家》又谓：‘孔子去鲁，凡十四年而反乎鲁。’孔子返鲁在哀公十一年，则其去鲁正定公之十三年也。”(钱穆：《先秦诸子系年》，第31页)(3)定公十四年(前496)说。主此说者有司马迁《史记·孔子世家》、胡仔《孔子编年》等。今从江永、钱穆之定公十三年说。

不至，不税冕而行。”《史记·孔子世家》的记载则比较详细。[①]《孔子家语》所记与《史记》大体相同。从这些材料可以看出，孔子去鲁的原因主要有两点：一是齐馈女乐，季桓子受而怠政，孔子对鲁国执政者开始失望，但对其仍抱有一丝希望；二是在鲁郊时，不致膰肉于大夫，孔子对执政者彻底死心，决意离开。林春溥《孔门师弟年表后说》分析此事说：“武叔之毁仲尼，桓子之受女乐，亦当由隳都之故。盖始患家臣之强而隳之，继闻处父之言而疑之，物必先腐而后虫入焉。使桓子不疑孔子，岂女乐所能间？”[②]其论不无道理，但也是出于推测。还有学者对齐馈女乐一事提出质疑，崔述认为《孟子》未尝言“归女乐”，且《春秋》经、传皆不书此事，故对此事提出质疑。对此，钱穆辩曰：“然孔子在当时，主复古礼以折私家之奢僭，故内则权臣抗其政，外则敌国忌其事，谗间交作，决非一端，女乐之事，何必无之耶？”[③]

综合来看，齐馈女乐一事，史或存之。不过，其真实情形可能不像《史记》中描述的“齐人闻而惧”，“请先尝沮之，沮之而不可则致地，庸迟乎！”以当时齐、鲁两国的军事、经济等实力来衡量，明显齐强鲁弱，但鲁国为周公封地，礼乐教化是其之优势，孔子曾说：“齐一变，至于鲁；鲁一变，至于道。”（《论语·雍也》）此时齐国陈氏试图篡政，邻国孔子所倡行的礼治对齐国无疑具有无形的道德和舆论压力，故其“闻而惧”，但还不至于担心“孔子为政必霸，霸则吾地近焉，我之为先并矣。盍致地焉？”这些言语不无夸大的成分在里面，显然是司马迁为突出孔子的圣人形象而进行的文学化加工。而且齐人馈送女乐的主要目的也不在离间孔子与季桓子的关系，主要还是以此来麻痹鲁国执政者的政治意志和野心。应该说，季桓子受女乐而殆政、鲁郊祭不致膰肉于大夫，这些都只不过是孔子去鲁的表面原因，孔子在鲁国

---

① 《史记·孔子世家》：“定公十四年，孔子年五十六，由大司寇行摄相事……与闻国政三月……四方之客至乎邑者不求有司，皆予之以归。齐人闻而惧，曰：‘孔子为政必霸，霸则吾地近焉，我之为先并矣。盍致地焉？’黎钼曰：‘请先尝沮之，沮之而不可则致地，庸迟乎！’于是选齐国中女子好者八十人，皆衣文衣而舞《康乐》，文马三十驷，遗鲁君。陈女乐文马于鲁城南高门外。季桓子微服往观再三，将受，乃语鲁君为周道游，往观终日，怠于政事。子路曰：‘夫子可以行矣。’孔子曰：‘鲁今且郊，如致膰乎大夫，则吾犹可以止。’桓子卒受齐女乐，三日不听政。郊，又不致膰俎于大夫。孔子遂行，宿乎屯。而师己送，曰：‘夫子则非罪。’孔子曰：‘吾歌可夫？’歌曰：‘彼妇之口，可以出走；彼妇之谒，可以死败。盖优哉游哉，维以卒岁！’师己反，桓子曰：‘孔子亦何言？’师己以实告。桓子喟然叹曰：‘夫子罪我以群婢故也夫！’”

② （清）林春溥：《孔门师弟年表后说》，嘉庆二十一年（1816）刻本。

③ 钱穆：《先秦诸子系年》，第32页。

政治上不被重用甚至是受到排挤，才是促使其离开鲁国四处周游的真实原因。孔子从定公九年(前501)51岁任中都宰起开始仕鲁，后任司空、司寇，又主持齐鲁夹谷之会，使其威望大大提高，这期间的孔子，尽管对季氏强私家、弱公室的种种做法有所不满，但其与季氏毕竟可以保持“三月不违”的合作关系，而且如仲弓等孔子弟子也都在季氏手下做事，可见这段时期季氏对孔子还是比较看重的，与孔子之间的关系也比较平和。但“堕三都”的失败，则使得孔子与季桓子之间一为公、一为私的根本矛盾彻底显露出来。“三桓”一开始同意孔子“堕三都”，只不过是想以此来消除如阳虎、公山不狃等家臣的威胁，而孔子“堕三都”则是要削弱“三桓”的力量，这就使得孔子与“三桓”之间的矛盾日益尖锐起来，以前还可以保持的“三月不违”的合作关系，此时是不可能继续了。孔子要么屈从于季氏，要么继续坚持自己的一贯政治主张和“公”“私”态度而与季氏决裂，前者显然是孔子不屑而为的，但选择后者就意味着他在鲁国的政治仕途走到终点。要想继续推行自己的政治观念，必须在鲁国之外的地方寻找机会和平台，这才是孔子去鲁的真正原因。齐馈女乐于季桓子，季桓子受而殆于政事，向来奉行“择主而事”的孔子对季桓子的荒政行为有所不满和失望，连子路都说“夫子可以行矣”，不过鉴于此前季氏与孔子的合作关系，孔子此时对季氏尚存一丝幻想，而之后的“不致膰俎于大夫”，当是季氏有意而为，季氏明知孔子尚礼，故意用此无礼的行径给孔子以政治暗示，孔子彻底认清了眼前的形势，对季氏也不再抱任何希望。《孟子·告子下》记孔子去鲁“不税冕而行”，可能是孔子“堕三都”的举动引起了“三桓”不少家臣对孔子的仇视并对孔子有所威胁，也说明孔子去鲁时的形势较为紧张，但这些也都只能看作是孔子去鲁的外在因素。

(二)孔子居卫十月后去卫原因辨

孔子于定公十三年春去鲁，当在同年至卫。《史记·孔子世家》载，孔子在卫国只待了十个月[①]，当时有人向灵公进谗言，灵公有所听信，就使公孙余假一出一入，孔子感到当时形势对自己非常不利，唯恐获罪，于是离开卫国[②]。此说遭到了后来许多学者的质疑。如有学者指出：“一、孔子是一

① 匡亚明《孔子评传·孔子年谱》于此年曰“孔子于十月去卫适陈”，当为一时疏忽。

② 《史记·孔子世家》：“或谮孔子于卫灵公。灵公使公孙余假一出一入。孔子恐获罪焉，居十月，去卫。”

个客,并无能力以乱人国,何由这样地去监视他呢? 二、孔子若是怕得罪而去卫,其后何以能屡返卫呢? 难道他不怕卫人重提旧事嘛?”[①]笔者以为,灵公虽然刚开始对孔子礼貌有加,但他却是平庸之辈:“平庸的卫灵公对孔子的所谓‘仁政德治’并没有兴趣,有兴趣的只是很想利用孔子这块招牌炫耀其‘尊贤’之名,欺骗国人。”[②]因此,时间一长,很有可能对孔子的态度有所冷淡。孔子仕于卫灵公,乃“际可之仕也”,诸侯国君的“礼貌盛衰”是决定其去留的重要依据。因此,孔子去卫并不是因为“恐获罪焉”,其真实原因当是在经过一段时间的观察后,发现灵公并不打算真正用自己,这是满怀憧憬、一心有所作为的孔子想要离开的根本原因,灵公对孔子的态度逐渐冷淡甚至有所怀疑,只不过是更快地促使孔子离开。

(三)孔子再次返卫改主蘧伯玉之事可信考

据《史记·孔子世家》,孔子本打算离开卫国到陈国去,不料还没走出卫境就在匡、蒲一带遭受围困,孔子只得折返回来,中间经历了一个多月的时间。按孔子于鲁定公十三年春去鲁适卫来推算,孔子居卫十月而去,月余而返,则其再次回到卫国当在鲁定公十四年。这次回到卫国后,孔子没有回到上一次所住的颜浊邹[③]家,而是改住在蘧伯玉家。蘧伯玉即蘧瑗,是卫国有名的贤大夫。《列女传》卷三载卫灵公与夫人[④]夜坐,灵公夫人闻车声而知蘧伯玉,谓:“夫忠臣与孝子,不为昭昭信节,不为冥冥堕行。蘧伯玉,卫之贤大夫也。仁而有智,敬于事上。此其人必不以暗昧废礼,是以知之。”[⑤]孔子也曾感叹:“君子哉蘧伯玉! 邦有道,则仕;邦无道,则可卷而怀之。”(《论语·卫灵公》)《论语·宪问》篇中还有蘧伯玉遣人问候孔子的记载:“蘧伯玉使人于孔子。孔子与之坐而问焉,曰:‘夫子何为?’对曰:‘夫子欲寡其过而未能也。’使者出。子曰:‘使乎! 使乎!’”从这些材料可以看出,孔子非常仰慕蘧伯玉之品行,故这次回到卫国后便改住在他家,这与孔子一贯主张的“乐多贤友”“友直,友谅,友多闻,益矣”的择友观是极为吻合

---

① 江恒源:《孔子》,商务印书馆1947年版,第59页。

② 匡亚明:《孔子评传》,第68页。

③ 《史记·孔子世家》作“颜浊邹”,《孟子·万章上》作“颜雠由”,郑环认为“邹即雠由之转音”,因此颜浊邹、颜雠由实为一人。

④ 《列女传》注引马骕《绎史》云:“《列女传》列此于‘仁智’,而别记南子于‘孽嬖’,此妇人盖在南子前。”[(汉)刘向:《列女传》卷三,清同治十三年(1874)刻本]

⑤ (汉)刘向:《列女传》卷三。

的。司马迁所言“孔子之所严事：于周则老子；于卫蘧伯玉”①，当为不虚。

然而崔述却认为孔子改主蘧伯玉一事不可信，其理由主要有两点：一是认为：“孔子过卫之时，伯玉已亡固已久矣，孔子安得有主伯玉事乎！”②崔氏据《左传》推测至哀公二年时，蘧伯玉应已亡（钱穆推测当在九龄外），对此，钱穆有详细辩驳，其言曰：“伯玉故长年。若及灵公卒岁，伯玉仅亦望百之龄，岂遽不可信？”③二是不解：“卫之大夫莫有贤伯玉者，果存耶，孔子何以不主伯玉而主雠由？既主雠由矣，在外月余而返，忽易所主，何也？将为与雠由有隙邪？”④故而崔述断定：“盖《论语》有‘伯玉使人于孔子’之语，故《史记》妄意孔子尝主伯玉……余谓伯玉使人必在昭公之初，孔子年少之时。”⑤崔氏之疑，确有其合理之处，但笔者以为，依情理而言，孔子自鲁适卫，随从弟子不下数十人，起初主于颜雠由家，至其去卫，中间也有十个月的时间，孔子再次回到卫国后，改主蘧伯玉家，不排除孔子不愿再次打扰颜雠由或者颜雠由有什么特殊变故的可能，其中的缘故有多种可能性，何必非得是“将为与雠由有隙邪？”故崔氏此处所持论，主观臆测成分较大，其认为“孔子安得有主伯玉事乎”的结论很难令人信服。

（四）“子见南子”事出有因考

“子见南子”是孔子在经历了匡、蒲之困返回卫国后发生的一件大事。《史记·孔子世家》记此事于孔子为次乘之前，而孔子为次乘的时间为“居卫月余”后，则孔子见南子和稍后的为次乘之事都发生在鲁定公十四年孔子返卫不久。《论语·雍也》：“子见南子，子路不说。夫子矢之曰：‘予所否者，天厌之！天厌之！’”《论语》所记主要是子见南子后子路的反应和孔子的誓言，未言相见的具体时间和细节，从孔子迫切地要指天为誓来看，连弟子子路都不能理解和接受其拜见南子一事，可以想见其他人对此事的非议。《史记·孔子世家》则记为不是孔子自己主动相见，而是南子请见，孔子辞谢，不得已而见之，孔子言：“吾乡为弗见，见之礼答焉。”并增加了孔子

---

① （汉）司马迁：《史记·仲尼弟子列传》，第2186页。

② （清）崔述撰、顾颉刚编：《崔东壁遗书·洙泗考信录》卷三，第289～290页。

③ 钱穆：《先秦诸子系年》，第33页。

④ 钱穆：《先秦诸子系年》，第33页。

⑤ 钱穆：《先秦诸子系年》，第33页。

与南子隔绨帷相拜见，“环佩玉声璆然”等极富画面感的细节描写。[①] 子见南子的真实情况如何，子路为何对老师见南子反应如此强烈？因为按照当时礼仪，男女不通问，何况灵公夫人南子有淫声，在当时名声也不太好（后为蒯聩所杀），子路以夫子见此淫乱之人为辱，故不悦。然而孔子为何要不顾及这些去见南子呢？孔安国认为子见南子，是欲因以劝说灵公要行治道，这显然也是出于维护孔子形象而进行的曲解。《史记集解》引栾肇曰：“见南子者，时不获已，犹文王之拘羑里也。”[②]朱熹则曰：“盖古者仕于其国，有见其小君之礼。”[③]

究竟该如何看待子见南子一事？笔者以为，《史记》与朱子之说虽属臆测，但较近情理。孔子一向以礼为上，反对因事废礼，《论语·八佾》记载子贡欲去告朔之饩羊，孔子却说：“赐也，尔爱其羊，我爱其礼。”若如朱子所言“古者仕于其国，有见其小君之礼”，则当是孔子虽明知南子名声不好，但其毕竟为灵公夫人，于礼当见，更何况是南子主动提出要见孔子。因此，可能孔子起初顾虑到南子的名声也不愿前去拜见，但由于南子的执意相请，再加上“见之礼答焉”的礼节方面的考虑，孔子还是不顾众人的反对去见南子。对此，子路的不解也情有可原，但孔子看中的是礼不可违，与子贡去告朔之羊情形相似，子路没能理解老师这么做的根本原因是爱礼、护礼。

（五）孔子“为次乘”之可能情形辨

孔子“居卫月余，灵公与夫人同车，宦者雍渠参乘，出，使孔子为次乘，招摇市过之。孔子曰：‘吾未见好德如好色者也。’于是丑之，去卫，过曹。是岁，鲁定公卒”[④]。孔子曾感叹：“已矣乎！吾未见好德如好色者也。”（《论语·卫灵公》）应与此事有关，后世学者如朱熹等人大多以《史记·孔子世家》所记此事来注解《论语》，而崔述则对《史记·孔子世家》所记孔子“为次乘”一事提出质疑，认为：“孔子之圣，必不为夫人之次乘；灵公虽无道，尚知致敬孔子，必不以夫人之次乘辱之。君子见机而作，礼貌衰则去之，为夫人次

---

① 《史记·孔子世家》：“灵公夫人有南子者，使人谓孔子曰：‘四方之君子不辱欲与寡君为兄弟者，必见寡小君。寡小君愿见。’孔子辞谢，不得已而见之。夫人在绨帷中。孔子入门，北面稽首。夫人自帷中再拜，环佩玉声璆然。孔子曰：‘吾乡为弗见，见之礼答焉。’子路不说。孔子矢之曰：‘予所不者，天厌之！天厌之！’”

② （汉）司马迁：《史记·孔子世家》，第1920页。

③ （宋）朱熹：《四书章句集注》卷三，第91页。

④ （汉）司马迁：《史记·孔子世家》，第1921页。

乘不仅衰而已，孔子岂待如此然后去乎！此事之必无者。且孔子既去卫而适陈矣，居陈三岁，无故而复适卫，何邪？岂困于陈而遂忘前此之辱邪？与其复来，则何如前日之不去之为愈邪！使灵公又辱孔子，孔子当何以处之？推其前后，尤不近于情理。”①

从该事的几种记载来看：《论语》文字最简，只记孔子言语，具体语境不详；《史记·孔子世家》则将孔子此语置于其在卫时灵公与夫人同车，宦者雍渠参乘，使孔子“为次乘”的事件背景之下，联系孔子此语出自《论语·卫灵公》篇，这也较近情理；《孔子家语》在《史记·孔子世家》记载的基础上，又增加了弟子颜刻与孔子的一番问答。② 笔者以为，《史记·孔子世家》所记孔子于卫“为次乘”之事，不会如崔述所认为的“此事之必无者”，至少《论语》所载“吾未见好德如好色者也”的感慨应与孔子在卫国时的遭遇有所关联。至于崔述所持疑的几点依据，其实也不够充分。

首先，《孔子世家》中所记，“招摇市过”等语不免带有太史公主观渲染的成分，很容易让人联想到灵公与夫人轻浮无礼的态势，这与其对孔子致粟六万、郊迎的举动实属不合。其让孔子“为次乘”，并不是不可能，但不会是故意借此来侮辱孔子。灵公虽能致敬孔子，但未必能始终贯之，也未必能发自内心地彻底行之，其致敬孔子，或多或少有借孔子的社会名气和政治影响为自己彰名的一面，因此，就更不可能借让孔子“为次乘”来有意“辱孔子”，这于情于理都讲不通。既然如此，那么其与夫人同车，则有可能是惑于南子邀宠而为之，或另有他因。而孔子虽重礼节，但刚刚经过匡、蒲之困，当时处境并不理想，相形之下，灵公虽无道，至少对自己还是比较尊敬的，且卫国多贤士，孔子不太可能因此就与灵公闹僵，故勉为其难。孔子不满卫灵公不能真正地尊敬、重用自己，感叹当时未有真正的“好德”之君，故其所叹，可以理解为对灵公的失望和劝讽。

其次，崔述不解：“孔子既去卫而适陈矣，居陈三岁，无故而复适卫，何邪？岂困于陈而遂忘前此之辱邪？与其复来，则何如前日之不去之为愈邪！使灵公又辱孔子，孔子当何以处之？”这是由于崔述受《史记·孔子世

① (清)崔述撰、顾颉刚编：《崔东壁遗书·洙泗考信录》卷二，第291页。

② 《孔子家语·七十二弟子解》：“颜刻，鲁人，字子骄，少孔子五十岁。孔子适卫，子骄为仆。卫灵公与夫人南子同车出，而令宦者雍梁(《四库》本作“雍渠”)参乘，使孔子为次乘，游过市，孔子耻之。颜刻曰：‘夫子何耻之？’孔子曰：‘诗云：“觏尔新婚，以慰我心。”’乃叹曰：‘吾未见好德如好色者也。’”

家》“于是丑之，去卫，过曹。是岁，鲁定公卒”等文字误导所致，钱穆列举大量证据考定孔子去卫适陈在鲁哀公二年（前 493），乃为卫灵公卒岁，非鲁定公卒岁。依钱氏所辨，孔子并未因“为次乘”之事而去卫适陈，则崔氏所疑，不辩自明。

（六）卫灵公问兵陈及孔子去卫时间考

孔子自定公十三年至卫，到哀公二年去卫适陈，前后共有五年的时间，孔子中间曾一度回鲁，但在卫国停留的时间也不短。孔子在卫，虽然灵公禄之如鲁，对他也非常尊敬，但“灵公老，怠于政，不用孔子”，并未委以政事，孔子的政治主张并未真正得到实施，以至于孔子喟然叹曰：“苟有用我者，期月而已，三年有成。”另外，通过卫灵公向孔子问兵陈一事也能看出孔子所遇“不淑”。《论语·卫灵公》载：“卫灵公问陈于孔子。孔子对曰：‘俎豆之事，则尝闻之矣；军旅之事，未之学也。’明日遂行。”卫灵公向孔子询问阵列之法，孔子回答说礼仪的事情听到过，军队的事情从没有学习过。《史记·孔子世家》在此基础上有所增饰：“他日，灵公问兵陈。孔子曰：‘俎豆之事则尝闻之，军旅之事未之学也。’明日，与孔子语，见蜚雁，仰视之，色不在孔子。孔子遂行，复如陈。”

笔者以为，这里孔子所谓“俎豆之事则尝闻之，军旅之事未之学也”，只不过为托辞。根据孔子一贯的行事言论来看，他并不完全反对用兵，因为在孔子看来，“以不教民战，是谓弃之”（《论语·子路》）。而且，孔子也有用军旅之事的实际行动，如齐鲁夹谷之会，孔子明确提出“有文事者必有武备”，于是置左右司马；又如堕三都，与公山不狃、叔孙辄战等，都是孔子用兵的典型事例。《左传·哀公十一年》载，冉求用矛击齐师，孔子称其为义也。《史记·孔子世家》：“季康子曰：‘子之于军旅，学之乎？性之乎？’冉有曰：‘学之于孔子。’”如此来看，军旅之事，孔子并非“未之学也”。总之，正如其所谓“有文事者必有武备”一样，在孔子看来，战争是手段而不是目的，是用来维持国家正常秩序、捍卫和平、保障礼治的必要方式之一，是一种保民之术。孔子对于战争持极为谨慎的态度：“子之所慎：齐，战，疾。”（《论语·述而》）从根本上来说，这也体现着孔子“仁”的思想。明此一点，再来看灵公问兵陈一事。首先，灵公并非贤君，其问兵陈，目的并不是在于保民，而是争城略地，故在孔子看来，他不是可言兵陈之人；其次，孔子有意对以：“俎豆之事则尝闻之，军旅之事未之学也。”其中既有对灵公不能实行礼制的不满，同时也有感发灵公仁心的良苦用心。据《史记·孔子世家》所记，灵公与孔子这次谈话后，“明日，与孔子语，见蜚雁，仰视之，色不在孔子”，可见灵公并未领会孔子的良苦用心和深意。表面上看，灵公对孔子的礼敬衰微是孔子行的缘由，其实，在笔者看来，根据灵公所问及日后的反应，孔子已洞察到灵公的真实心迹，此时孔子对灵公已彻底失望，对在卫国实行自己的仁德礼治已不抱任何希望，所以孔子不久之后便离开了卫国。

从《论语·卫灵公》和《史记·孔子世家》中言孔子“明日遂行”的记载来看，灵公与孔子这次问答之后，紧接着孔子便动身离开卫国，然后过曹、过宋而适陈[①]。对此，崔述、钱穆等都提出质疑。钱穆进一步认为孔子离开卫国的确切时间应该在灵公卒后而非卒前[②]，孔子去卫应当在灵公卒后，哀公二年之秋。笔者认同钱穆的判定，认为孔子去卫适陈的时间当在灵公卒后而非卒前，准确地说是在哀公二年的秋天，但是并不认同钱穆所言孔子从定公十三年至卫一直到哀公二年一直都留在卫国。孔子在定公十四年的时候去卫返鲁，之后欲适晋不得，又返回卫国。在哀公二年的时候，灵公去世，“卫灵公死后，君位继承问题使国内不安定，又引起大国晋和齐的介入，乱哄哄的局面迫使孔子不得不走”[③]。对此，本节下条中有详细的说明。

(七)鲁定公十四年孔子去卫返鲁考

《史记·孔子世家》载：“(孔子)居卫月余，灵公与夫人同车……于是丑之，去卫，过曹。是岁，鲁定公卒。”据此，则孔子于鲁定公十五年因“为次乘”事去卫，接下来过曹、适宋、适陈，在陈待了三年后又回到卫国，之后又有孔子去卫再次适陈的叙述。[④] 崔述《洙泗考信录》、钱穆《先秦诸子年谱》、匡亚明《孔子评传》均否定孔子二次适陈之说。钱穆、匡亚明均定孔子去卫

---

① 《史记·孔子世家》记孔子去卫适陈比较烦琐，凡四去卫再适陈，有两次未出卫境而返，初次适陈在定公卒年，即定公十五年，再次在哀公二年，因灵公问陈而行。崔述对此有比较详细的考辨，认为《史记·孔子世家》所记孔子两次适陈之事，一本《孟子》，一本《论语》，而《论语》《孟子》所记，实乃一事，《论语》记其去卫之故，《孟子》记其途中所经及在陈所经，而《史记·孔子世家》则将其分割为两事，并举出其他几条较有力的证据。钱穆力主此说，并进而列举十证考定了孔子适陈当在鲁哀公二年，确为卓论。

② 参见钱穆：《先秦诸子系年》，第 49 页。

③ 匡亚明：《孔子评传》，第 68 页。

④ 比较有影响的孔子年谱，如胡仔《孔子编年》、杨方晃《至圣先师孔子年谱》、郑环《孔子年谱》、江永《孔子年谱辑注》等，述孔子“为次乘”事后的周游路线均依《史记·孔子世家》。

适陈之年在鲁哀公二年，而非《史记·孔子世家》所说的定公卒年（定公十五年），且认为自定公十五年直至鲁哀公二年孔子一直留在卫国。清人狄子奇则认为孔子于定公十五年在鲁，其依据是《左传·定公十五年》载邾隐公来朝，子贡观礼，及孔子言"赐不幸言而中，是使赐多言者也"一事[①]，狄氏认为"明是在鲁观之，在鲁言之，为孔子十四年返鲁明证"[②]。梁涛、刘宝才二位学者持相同观点："邾（邹）隐公是年来朝，《左传》说'子贡观焉'，可知子贡此时在鲁国。子贡为孔子得意门徒，所以可能是随孔子一起回到鲁国。这种猜测可以由下面一件事得到证实：鲁哀公元年，吴伐越，得骨节一枚，吴国派使者到鲁国询问孔子，说明孔子此时确在鲁国。"[③]

本书亦认为，孔子当于鲁定公十四年返鲁，定公十五年春已回到鲁国。对此，除狄子奇、梁涛、刘宝才等人所提出的依据外，其实还可以从另外一些方面对之展开进一步的论证。如按照《左传》的行文习惯来看，凡记孔子在鲁发表的言论，均不交代地点，而是直接书为"孔子曰""仲尼曰""仲尼问之曰"等。如昭公五年："仲尼曰：'叔孙昭子之不劳，不可能也……'"昭公二十年："子产卒，仲尼闻之，出涕曰：'古之遗爱也。'"昭公二十八年："仲尼闻魏子之举也，以为义，曰：'近不失亲，远不失举，可谓义矣。'"定公九年："仲尼曰：'赵氏其世有乱乎？'"但对哀公三年，孔子关于桓僖庙火的言论则在行文上特别强调"孔子在陈，闻火，曰：'其桓僖乎？'"等等。由此可大致推断，对孔子在鲁国之外发表的言论，《左传》会加以特别说明，凡孔子在鲁的言论，均省略说话地点。借助于这一结论，我们再来详细分析《左传·定公十五年》的这段文字。根据对哀公三年孔子在陈言论的书写惯例，若认为孔子此时在陈，则《左传》应书为"仲尼在陈曰"或"仲尼在陈闻曰"，而这里径书为"仲尼曰"，则《左传》之文，记孔子发表此番言论乃是在鲁无疑。其次，从"子贡观焉"来看，子贡此时在鲁无疑，而《孔子世家》记孔子于陈、蔡绝粮时，孔子曾召子贡问话，则孔子周游列国时，作为孔子的重要弟子，

---

① 《左传·定公十五年》："十五年春，邾隐公来朝。子贡观焉。邾子执玉高，其容仰；公受玉卑，其容俯。子贡曰：'以礼观之，二君者，皆有死亡焉。夫礼，死生存亡之体也，将左右、周旋，进退、俯仰，于是乎取之；朝、祀、丧、戎，于是乎观之。今正月相朝，而皆不度，心已亡矣。嘉事不体，何以能久？高、仰，骄也；卑、俯，替也。骄近乱，替近病，君为主，其先亡乎？'……夏五月壬申，公薨。仲尼曰：'赐不幸言而中，是使赐多言者也。'"

② （清）狄子奇：《孔子编年》卷三，光绪十三年（1887）刻本。

③ 梁涛、刘宝才：《中国学术思想编年》（先秦卷），陕西师范大学出版社2005年版，第165页。

子贡应该是常伴随左右，正如梁、刘二位所推测的那样，既然子贡此时在鲁，则孔子此时当也在鲁。另外，江永谓定公十四年子贡独返鲁，且认为："夫子言赐不幸言而中，在陈言之也。"[①]这代表了大多数持孔子在陈说学者们对《左传》所记之文的普遍理解，但细加思索，却不难发现其中存在着明显疑问，即鲁、陈相隔甚远，子贡在鲁之言，夫子何以得知？然长期以来，为何大多数学者均认可并沿用此说？笔者以为，这主要是受司马迁"孔子之去鲁凡十四岁而反乎鲁"之说的影响，由于此说已深入人心，故历来诸多学者不惜委曲求全，对孔子这期间行事言论的时地进行既定性的诠释。相较之下，《左传》之文的可信度显然更高。

既已考定孔子去卫后有返鲁一行，则其具体时间也有迹可循。此文前已考定孔子见南子及"为次乘"事在鲁定公十四年，则孔子去卫的时间实在鲁定公十四年而非十五年[②]，在此年底或第二年年初孔子与子贡便可回到鲁国，刚好能赶上定公十五年春郳隐公来朝一事。如此来说，《史记·孔子世家》不仅记孔子去卫的时间有误，且孔子去卫后接下来的行踪路线也与实际情况不符，即孔子去卫后并没有适宋再适陈，而是回到了鲁国，因此《史记》所谓"孔子之去鲁凡十四岁而反乎鲁"[③]的说法只可作粗略性的理解，并不可完全信实。

（八）孔子欲之晋不得返回卫国之真伪、时地考

《史记·孔子世家》于孔子学琴于师襄子事后载，孔子既不得用于卫，将西见赵简子。至于河而闻窦鸣犊、舜华之死也，临河而返，后又返卫。[④]《说苑·权谋》《孔子家语·困誓》《孔丛子·记问》《新序》等均载此事，其中《孔子家语》的文字接近《史记·孔子世家》，《新序》《孔丛子》的文字接近

---

① （清）江永：《乡党图考》卷二，第122～123页。

② 《史记·孔子世家》言孔子于鲁定公十四年去鲁适卫，居卫十月，去卫，过匡，过蒲，月余而反卫，又月余乃有孔子为次乘一事，这样算来孔子去卫当在定公十五年，但是，钱穆、匡亚明等许多学者考定孔子去鲁适卫实在鲁定公十三年，如此算来，则孔子去卫实应在定公十四年，若如《史记·孔子世家》所言，孔子于定公十五年去卫，则孔子到达鲁国后不可能赶上这年春天郳隐公来朝一事。

③ （汉）司马迁：《史记》，第1935页。

④ 《史记·孔子世家》："孔子既不得用于卫，将西见赵简子。至于河而闻窦鸣犊、舜华之死也，临河而叹曰：'美哉水，洋洋乎！丘之不济此，命也夫！'子贡趋而进曰：'敢问何谓也？'孔子曰：'窦鸣犊、舜华，晋国之贤大夫也。赵简子未得志之时，须此两人而后从政；及其已得志，杀之乃从政。丘闻之也：刳胎杀夭则麒麟不至郊，竭泽涸渔则蛟龙不合阴阳，覆巢毁卵则凤皇不翔。何则？君子讳伤其类也。夫鸟兽之于不义也尚知辟之，而况乎丘哉！'乃还息乎陬乡，作为《陬操》以哀之。"

《说苑》。值得注意的是《孔丛子·记问》所托作的《邹操》[①]，用四言歌行的形式，哀叹当时周道衰微、礼乐不兴的天下形势，反复歌咏贤人见杀、孔子周游、圣人不用的无奈，由此还衍生出不少孔子“游”文化遗迹。如清人杨方晃记：“今怀庆府济源县有宣王坡，即临河三叹回车处也。”[②]另外，相传在太行山上还有“回车庙”“孔子回车辙”等文化遗迹。

崔述认为《史记·孔子世家》所记此事不可信：“赵鞅……弱王室侮诸侯，而叛其君，春秋之大夫，罪未有大于鞅者也……不知孔子何取于鞅而欲见之！……此必战国时人之所伪托，非孔子之事。”[③]匡亚明《孔子评传》一书则认为，赵简子在晋国的地位和为人大概和季桓子在鲁国的情况差不多，孔子和季桓子曾经有过“三月不违”的合作关系，基于这种经验，孔子想通过和赵简子的接触交流，看有无可能通过他实现自己的治国主张。本书以为，崔述所驳，主要出于主观臆测，并未有确凿有力的材料依据，而且，根据孔子以往的言行事迹来看，匡氏所论，虽亦为臆测之论，但与事理较合。如《论语》有“公山弗扰以费畔，召，子欲往”，面对子路的质疑，孔子回答道：“夫召我者而岂徒哉？如有用我者，吾其为东周乎？”(《论语·阳货》)该篇又有“佛肸召，子欲往”，同样是子路提出不解，孔子解释道：“不曰坚乎，磨而不磷；不曰白乎，涅而不缁。吾岂匏瓜也哉？焉能系而不食？”[④]由此可见，孔子虽主张以礼乐行事，但并不是绝对的理想主义者，对当时的世道人情有着清醒的认识，而且孔子向来重“行”，认为“行有余力，则以学文”。可见，孔子是非常注重实际行动、讲求客观效果的。因此，孔子行事，有时采用非常通达、权变的观念，在乎的是“用我”与否，根本目的在于行“道”，即对改变当时“礼崩乐坏”的现实有所作为并践行礼、乐、仁的政治主张，而且孔子对在任何环境下、与任何人接触都能保持自己的洁正品格持有充分的自信。如是来看，如匡亚明所猜测的那样，孔子欲见赵简子也并不是没有可能。

总之，《史记·孔子世家》所记此事的内容可以大致相信，但所记该事

---

① 孔鲋《孔丛子·记问》：“周道衰微，礼乐陵迟。文武既坠，吾将焉归。周游天下，靡邦可依。凤鸟不识，珍宝枭鸱。眷然顾之，惨然心悲。巾车命驾，将适唐都。黄河洋洋，攸攸之鱼。临津不济，还辕息鄹。伤于道穷，哀彼无辜。翱翔于卫，复我旧庐。从吾所好，其乐只且。”

② (清)杨方晃编：《至圣先师孔子年谱》(地卷)，乾隆二年(1737)刻本。

③ (清)崔述撰、顾颉刚编：《崔东壁遗书·洙泗考信录》卷二，第 293 页。

④ 尽管学界对孔子欲见公山弗扰、佛肸尚持有不同的意见和解释，但似乎都不能从根本上对之加以否定。

中孔子的出入方位顺序则误。《史记·孔子世家》记录孔子的先后行迹为：定公十四年孔子去鲁适卫；十月后去卫，旋又返卫；月余因乘次事去卫、去曹、适宋、适郑、适陈，后居陈三岁后返卫；孔子见灵公老殆，已不见用，于是欲西见赵简子，不得，遂回到卫国，是年有灵公问兵陈事，卫灵公卒。按照钱穆的考证，卫灵公的卒年当在鲁哀公二年，那么孔子欲适晋不得而返卫之年即应在此年。本书前面已考定认为孔子于定公十四年返鲁，定公十五年仍在鲁，今据之改孔子行迹为：定公十四年去卫，十四年末或十五年初返鲁，定公十五年、哀公元年孔子在鲁，哀公二年孔子欲西到晋国见赵简子，不得，遂回到卫国。

（九）孔子过曹、过宋及桓魋欲害孔子辨

据《史记·孔子世家》载，孔子离开卫国后的主要行踪路线为：过曹——适宋[①]——适郑——至陈。《史记》之外，他书不见孔子过曹的记载，然曹处卫南宋北，从春秋地图上来看，曹都定陶几乎处于卫都濮阳和宋都章丘连接线的中间位置，孔子过宋很有可能途经曹，《史记》所记，或有所依。孔子过宋一事，《论语·述而》载：“子曰：‘天生德于予，桓魋其如予何！’”《孟子·万章上》载：“孔子不悦于鲁卫，遭宋桓司马将要而杀之，微服过宋。”《史记·孔子世家》的记载与《论语》《孟子》基本相合并有所增益[②]，其桓魋拔树事有可能是在《庄子》记孔子“伐树于宋”的基础上增饰而成的，但其时间在定公十五年则显然有误。

桓魋，为宋国司马向魋，因其为宋桓公之后，所以又叫桓魋。据《孔子家语》卷九可知，桓魋为孔子弟子司马耕之兄，为人凶恶。司马桓魋为何想要加害孔子，《论语》《孟子》《史记》都未交代，于《孔子家语·曲礼子贡问》中可获知一二，即孔子对桓魋自为石椁，大肆铺张，以致“三年而不成，工匠皆病”的行为很不满，从而发出了“若是其靡也。死不如朽之速愈”之类的

① 《史记·孔子世家》云孔子“去曹适宋”，而《史记·十二诸侯年表》则云“过宋”，《论语》《孟子》都不见孔子与宋君相见问答的记载，故崔述认为孔子并未到宋都，至于《孔子家语·贤君》所载孔子见宋君相互问答之事，崔氏认为春秋时未有“主君”之称，考其文辞，应录之《说苑》，故谓见宋君之事不可信，今从之。

② 《史记·孔子世家》：“孔子去曹适宋，与弟子习礼大树下。宋司马桓魋欲杀孔子，拔其树。孔子去。弟子曰：‘可以速矣。’孔子曰：‘天生德于予，桓魋其如予何！’”

讽刺言论[①]，加之孔子向来重礼，难免会和弟子进行一番凶礼方面的讨论，这些举动无疑都会触怒本来为人凶恶的司马桓魋，故其可能对孔子有所威胁，迫使孔子离开宋国，至于《孟子》《史记》云桓魋欲“将要而杀之”“欲杀孔子”，则未免言之过重。因为以常理来看，孔子虽不用于当政，但当时名望已重，桓魋不可能无所顾忌，此其一。即使孔子有些言论对桓魋的确有所不利，然而以孔子当时的处境毕竟也不能对桓魋怎么样，对桓魋根本构不成严重的威胁，桓魋没必要杀害孔子，此其二。即使桓魋想要杀害孔子，为何不直接以兵刃相加，而要用拔树这一方式？很显然，桓魋并不是真想加害孔子，只不过用拔树这一方式吓唬孔子而已。若真是形势严峻到桓魋想要杀害孔子的地步，孔子“天生德于予，桓魋其如予何”的言论怎么可能会那么从容不迫？此其三。

（十）孔子未适郑考

据《史记·孔子世家》所记，孔子离开宋国后，接下来还到过郑国，在郑国郭东门与弟子走散，“郑人”对子贡有一番关于孔子形貌的描述，尤以“累累若丧家之狗”之辞深入人心[②]。对此，崔述提出质疑：“郑在宋西，陈在宋南，自宋适陈必不由郑。且子产，郑相，其卒不久，郑人或犹有及见者；尧、禹、皋陶千七百余年矣，郑人何由知其形体之详，而分寸乃历历不爽矣乎？至比圣人于狗，造此之言者，信此之说者，皆圣门之罪人也！”[③]

崔氏主要从郑、陈两国的地理方位对孔子的行踪路线进行合理的推断，同时对郑人不可能知“尧、禹、皋陶”之相进行了推理，据此断定孔子适郑一事不可信。钱穆在崔氏的基础上又进一步论证，最后认为“孔子自卫至陈，过宋则有据，过郑则无据”。本书亦认为孔子适郑一说缺乏有力证据。首先，《左传》《论语》《孟子》均未有孔子适郑的记录。其次，《史记》对孔子适郑的记载存在较大疑问，如《史记·郑世家》：“声公五年，子产卒。孔子尝过郑，与子产如兄弟云。及闻子产死，孔子为泣曰：‘古之遗爱也。’

---

① 《孔子家语·曲礼子贡问》：“孔子在宋，见桓魋自为石椁，三年而不成，工匠皆病。夫子愀然曰：‘若是其靡也。死不如朽之速愈。’冉子仆曰：‘礼，凶事不豫，此何谓也？’夫子曰：‘既死而议谥，谥定而卜葬，既葬而立庙，皆臣子之事，非所豫属也，况自为之哉？’”

② 《史记·孔子世家》：“孔子适郑，与弟子相失，孔子独立郭东门。郑人或谓子贡曰：‘东门有人，其颡似尧，其项类皋陶，其肩类子产，然自要以下不及禹三寸，累累若丧家之狗。’子贡以实告孔子。孔子欣然笑曰：‘形状，末也。而似丧家之狗，然哉！然哉！’”

③ （清）崔述撰、顾颉刚编：《崔东壁遗书·洙泗考信录》卷三，第298页。

兄事子产。”然据《左传》，子产实卒于昭公二十年，声公七年乃哀公元年，不太可能有孔子过郑“兄事子产”事，则孔子过郑一事的可信性值得怀疑。再次，《史记·孔子世家》对孔子适郑、郑人相孔的描述与《韩诗外传》的记载出入较大，最明显的便是事件的地点不是在郑，而是“孔子出卫之东门”，而且对孔子外貌发表评论的也不是“郑人”，而是“姑布子卿”。《韩诗外传》未言姑布子卿为郑人，而据《史记·赵世家》“姑布子卿见简子，简子遍召诸子相之”之文来看，姑布子卿似为赵人。虽然《韩诗外传》属于外传性质，小说的倾向较浓，所叙孔子之事不可完全坐实，但其文字叙述多少还是有些历史的影子可循，并不可完全抛弃不顾，至少其在一定程度上为我们提供了“孔子若丧家之犬”本事的另一叙述版本。笔者通过对清代《聊斋志异》《夜雨秋灯录》等文言小说本事的研究，发现一个较普遍的小说创作规律，即一般情况下，小说家对一则本事的变异和加工，往往多在故事的情节、场景渲染、人物对话等虚体部分做文章，对主人公的名姓、故事发生地等实体构件，除非一些特殊的原因，一般不会进行改动。依据此点来分析，即使韩婴对有人相孔，评其若丧家之犬一事有较大的发挥，但其所记故事地点的可信度还是比较大的，其言“出卫之东门”，当有所依据。综合以上分析来看，《史记》对孔子适郑的描述可信度不大，再参以崔、钱等人的辨析及推断，笔者亦定孔子行踪未有适郑一节。

（十一）孔子在陈行事考

《左传·哀公三年》：“夏五月辛卯，司铎火……孔子在陈，闻火，曰：‘其桓僖乎！’”则鲁哀公三年夏孔子已至陈。孔子到达陈国后，《史记·孔子世家》云“主于司城贞子家”，《孟子·万章上》云“主司城贞子，为陈侯周臣”。《左传·哀公十五年》：“夏，楚子西、子期伐吴，及桐汭，陈侯使公孙贞子吊焉。”司城贞子即此公孙贞子；陈侯周，据《史记索引》知为陈湣公。对孔子在陈的主要行事，各种文献记载不一，现对孔子在陈期间的主要言行事迹重新加以考察和评价。

1. 预知桓僖庙灾

孔子在陈，有预知桓僖庙灾一事：

> 孔子在陈，陈侯就之燕游焉。行路之人云：“鲁司铎灾及宗庙。”以告孔子。子曰：“所及者，其桓僖之庙。”陈侯曰：“何以知之？”子曰：“礼祖有功而宗有德，故不毁其庙焉。今桓僖之亲尽矣，又功德不足以存

其庙，而鲁不毁，是以天灾加之。”三日，鲁使至，问焉则桓僖也。陈侯谓子贡曰：“吾乃今知圣人之可贵。”对曰：“君之知之可矣，未若专其道而行其化之善也。”[①]

孔子在陈预知鲁桓僖庙灾一事，《左传·哀公三年》有明确记载，当为可信。然而不能据此就认为孔子有未卜先知的本领。细察孔子言论，孔子据“桓僖之亲尽矣，又功德不足以存其庙，而鲁不毁，是以天灾加之”而预知火灾之庙当为桓僖，是由礼义道统进行的应当性推断，具有一定的天人感应色彩。其所发论，既是对礼乐仁德之神圣性、权威性的严正维护，也是对各国君臣礼制混乱、“天下无道”之现实的不满，当然，事实上果真为桓僖庙灾，则当属巧合。另外，透过“孔子在陈，陈侯就之燕游焉。行路之人云：‘鲁司铎灾及宗庙。’”来看，孔子在陈，也非常注重行游考察，而且孔子当时的名声已经很大，陈侯对他十分尊重和亲近。

2. 陈侯问楛矢辨

孔子在陈国时，有一只带箭的鹰坠落在陈侯的院子里，陈惠公派人去咨询孔子，孔子详细回答了箭的来历并最终得到验证。[②] 此事最早见于《国语·鲁语》，《史记·孔子世家》《说苑·辨物》《孔子家语·辨物》均有记载。《孔子世家》记载此事“陈惠公”作“陈湣公”，《孔子家语》同《国语》作“陈惠公”，《说苑》作“陈侯”。据《左传》，陈惠公卒于鲁定公四年，当据《史记》作“陈湣公”。此事不仅年月不可详考，且真实性也引起许多学者的怀疑，崔述辨此事不可信曰：“肃慎氏之去陈也远矣，隼为石砮所贯，安能飞数千里至于陈廷而死哉！”[③]蒋伯潜亦曰：“肃慎氏去陈远，隼既贯楛矢，似不能飞至陈廷而死。此文与坟羊及防风氏骨之对，同为流俗艳称孔子博物之故事。”[④]本书以为，二者所辨，不无道理，但也只是推想之辞，并不能因此就机

---

① 杨朝明注说：《孔子家语·辨物》，第 186 页。

② 《国语·鲁语》：“仲尼在陈，有隼集于陈侯之庭而死，楛矢贯之，石砮其长尺有咫。陈惠公使人以隼如仲尼之馆问之。仲尼曰：‘隼之来也远矣！此肃慎氏之矢也。昔武王克商，通道于九夷、百蛮，使各以其方贿来贡，使无忘职业。于是肃慎氏贡楛矢、石砮，其长尺有咫。先王欲昭其令德之致远也，以示后人，使永监焉，故铭其栝曰“肃慎氏之贡矢”，以分大姬，配虞胡公而封诸陈。古者，分同姓以珍玉，展亲也；分异姓以远方之职贡，使无忘服也。故分陈以肃慎氏之贡。君若使有司求诸故府，其可得也。’使求，得之金椟，如之。”

③ （清）崔述撰、顾颉刚编：《崔东壁遗书·洙泗考信录》卷三，第 299 页。

④ 蒋伯潜：《诸子通考》，第 73 页。

械地否定此事存在的可能性，因为楛矢为肃慎氏所有，并不代表此矢定从肃慎国射发，其中存在多种可能性。而且，此事虽不见于《论语》《孟子》，但《国语》《史记·孔子世家》同载此事，似乎也不可轻易否定。此事与《国语·鲁语》所载吴子问防风氏骨一事性质相类，可作有一定史实基础的传闻对待。

3. 孔子于陈观凌阳台与惠公问答为后世伪托考

《孔丛子·嘉言》载有孔子与陈惠公观凌阳台及相互问答一事[①]，此事之真实性值得怀疑。陈惠公于鲁定公四年已卒，此却记孔子与其登凌阳台，此一误也。再者，从《论语》来看，孔子的语言风格朴实而切于日用，言约义丰，而且孔子一贯强烈反对巧言善辩，认为：“巧言令色，鲜矣仁！”(《论语·学而》)“巧言、令色、足恭，左丘明耻之，丘亦耻之。”(《论语·公冶长》)“巧言乱德，小不忍则乱大谋。”(《论语·卫灵公》)而《孔丛子》记孔子之言，与孟子游说诸王风格近似，而且更流于滑稽巧诈，与孔子的言语风格明显相悖，此二误也。并且，《孔丛子》一书的真伪性也值得怀疑，洪迈、朱子等人早已指出，今本《孔丛子》文气与秦汉不符，近代学者罗根泽《孔丛子探源》一文，列出五点证据，详细考证了此书的伪讹情况。综合以上情况，可定《孔丛子》所记孔子观凌阳台事当属后世伪撰假托。

(十二)孔子陈蔡之困考

孔子于哀公三年夏来到陈国，住了三年。至鲁哀公六年[②]，吴侵陈，为避兵乱，孔子又不得不离去。离开陈国后，孔子一行人继续往南走，目的是去拜访当时楚国一位大夫诸梁(字子高)，其采邑在叶，人称叶公。据《史记·孔子世家》，孔子自陈迁蔡，又自蔡如叶，与叶公相问答，之后又回到蔡地。然此说并不可信。据《左传·哀公二年》，楚伐蔡。蔡迁于州来(今安

---

① (汉)孔鲋《孔丛子·嘉言》：“陈惠公大城，因起凌阳之台。未终，而坐法死者数十人，又执三监吏。夫子适陈，闻之。见陈侯，与俱登台而观焉。夫子曰：‘美哉斯台！自古圣王之为城台，未有不戮一人而能致功若此者也。’陈侯默而退，遂窃赦所执吏。既而见夫子，问曰：‘昔周作灵台亦戮人乎？’答曰：‘文王之兴，附者六州。六州之众，各以子道来，故区区之台，未及期日而已成矣，何戮之有乎？夫以少少之众，能立大大之功，唯君尔。’”

② 孔子去陈适蔡的具体时间，历来众说纷纭，莫衷一是。江永《孔子年谱》、狄子奇《孔子编年》主哀公四年，梁涛、刘宝才《中国学术思想编年》也主此说，全祖望《经史问答》、钱穆《先秦诸子系年》、匡亚明《孔子评传》认为应在哀公六年，本书亦采纳哀公六年之说。

徽寿县)。哀公四年,叶公诸梁致蔡于负函(今河南信阳)[①]。崔述辨明孔子在陈之时,叶公在蔡,不在叶,崔氏认为:“孔子所谓从我陈蔡者,乃负函之蔡,非州来之蔡也。”[②]江永《乡党图考》亦谓:“夫子自陈如蔡,就叶公耳,与蔡国无涉也。”[③]钱穆亦持此说,于《先秦诸子系年》中有详辨。总之,孔子自陈所适之蔡,实为负函之蔡,孔子见并与叶公语政也是在此地。

孔子从陈到蔡一路走得并不顺利,中间遇上兵乱,以至于好几天都没有粮食吃。由于这一事件具有很强的传奇性,因此先秦两汉中有关孔子“陈蔡之厄”“陈蔡绝粮”的记录较多,《论语》《墨子》《孟子》《庄子》《荀子》《吕氏春秋》《史记》《孔子家语》《韩诗外传》《新语》等均有记载,且描述不一,形成了不同的版本。“陈蔡之厄”或者“陈蔡绝粮”可谓孔子游历过程中的重要事件,大量文献对孔子这一时期遭遇的密集描述和记载本身就是非常值得关注的文化现象。这里仅就孔子这一时期的行迹遭遇作一些史实方面的梳理和考辨。

1. 困厄时地考

孔子绝粮一事究竟是在陈还是在蔡,抑或是在陈蔡之间?对于这个问题,同样存在很大分歧和争议。《论语·卫灵公》:“在陈绝粮,从者病,莫能兴。子路愠见曰:‘君子亦有穷乎?’子曰:‘君子固穷,小人穷斯滥矣。’”则孔子绝粮明言在陈。《论语·先进》:“子曰:‘从我陈、蔡者,皆不及门也。’”《墨子·非儒》:“孔某穷于蔡、陈之间。”《孟子·尽心下》:“孟子曰:‘君子之厄于陈蔡之间,无上下之交也。’”《庄子·山木》:“孔子穷于陈蔡之间,七日不火食。”其他文献或曰“陈蔡”,或曰“蔡陈”,或曰“陈蔡之间”,应当承认,从目前所见到的材料很难准确判定孔子绝粮究竟是在陈,还是在陈蔡之间。至于钱穆认为“厄于陈蔡之间,即在陈绝粮也”[④],也仅仅是依据《论语·卫灵公》“在陈绝粮,从者病,莫能兴”而下的结论,但《论语·先进》“子曰:‘从我陈蔡者……’”说的也是这件事,故笔者以为钱氏此说论据不够充分,今不从。笔者认为:从大多以“陈”“蔡”并提的语词顺序上来看,孔子绝粮一事当

① (清)高士奇《春秋地名考略》谓州来为“寿阳”,即今安徽寿县;谓负函在“信阳周境”,即今河南信阳。

② (清)崔述撰、顾颉刚编:《崔东壁遗书·洙泗考信录》卷三,第300页。

③ (清)江永:《乡党图考》卷二,第129页。

④ 钱穆:《先秦诸子系年》,第53页。

发生在由陈适蔡的路上，但具体是在陈境还是蔡境则很难下定论。

2. 困厄缘由考

孔子被困的缘由也是众多学者们争论的焦点。孔安国注《论语·绝粮章》曰：“孔子去卫如曹。曹不容，又之宋，遭匡人之难。又之陈，会吴伐陈，陈乱，故乏食。”[①]认为孔子乏食之困是由于遭遇兵乱。《史记·孔子世家》说是陈蔡大夫闻楚国来聘孔子，恐不利于己，遂发徒围孔子于野，孔子不得行，以致绝粮，则孔子绝粮乃由于受兵围。对此，朱熹、崔述、全祖望等许多学者提出质疑，力辩此事不可信，所据较为一致，尤以全祖望《经史问答》之辨析最为详彻，其言曰：

> 当时楚正与陈睦，而蔡则以全属吴，迁于州来，与陈远。是所谓如蔡者，非新迁之蔡，乃故蔡。孔子欲如楚，故入其地也。蔡已非国，安得有大夫乎？且陈事楚，蔡事吴，则仇国矣。安得二国之大夫合谋乎？且哀公六年，吴志在灭陈，故楚大兴师以救之。卜战不吉，卜退不吉。楚昭至誓死以救之，陈之仗楚何如？感楚何如？而敢围其所用之人乎……是时楚昭王在陈，何必使子贡如楚？而楚果迎孔子，信宿可至，孔子何以终不得一见楚昭？而其所迎之兵，中道而闻子西之沮，又竟弃孔子而去，则皆情理之所必无者……乃知陈蔡大夫兵围之说，乃《史记》之妄也。[②]

全氏认为《史记》所记孔子遭厄时间可信，孔子当厄应在哀公六年，遭厄缘由则应如孔安国所论，绝粮乃由于陈之被兵，所论极是。

孔子困厄的具体状况，《论语·卫灵公》《史记·孔子世家》云“绝粮”。《墨子》云：“孔某穷于蔡陈之间，藜羹不糁。”《庄子·山木》云：“七日不火食，藜羹不糁，颜色甚疲。”《荀子·宥坐》云：“七日不火食，藜羹不糁，弟子皆有饥色。”《孔子家语·在厄》云：“绝粮七日，弟子馁病，孔子弦歌。”虽然描述不尽相同，但都云绝粮，较为可信，至于“七日不火食”之说当始出《庄子》，之后言孔子绝粮七日者应本于此，然《庄子》多寓言，此说不可信从。

孔子曾为鲁国大夫，又曾为陈侯周臣，怎么会穷困落魄到如此境地呢？《史记·孔子世家》云盖因楚蔡大夫之围，前面已辨其不可信。本书第一章已就孔子出游的经济来源问题作过分析，前文指出：贵族士大夫的资助、孔

① (魏)何晏撰、(梁)皇侃疏：《论语集解义疏》卷八，清同治十二年(1873)刻本。

② (清)全祖望：《全谢山先生经史问答》卷六，《续修四库全书》影印清乾隆三十年(1765)刻本。

子本人的俸禄以及孔子和弟子的经商获益为维持其一行人日常开支的主要经济来源。明确了这一点，再来看造成孔子陈蔡困顿以至绝粮的原因，就不难理解了。孔子去陈，是由于哀公六年吴伐陈，这时陈国处于兵乱之中，社会正常的生产、交通、生活秩序被打乱，孔子及弟子们所处的客观形势极为严峻：一方面的情况如《孟子》所言“君子之厄于陈蔡之间，无上下之交也。”孔子一行人处于陈蔡之间，与两国国君、大夫都没有了交往，自然也就不能获得资助和俸禄。另一方面，陈国虽属于南方商业重镇，但兵荒马乱，百姓流离，孔子和弟子也失去了靠经商维持生活的机会。这样一来，孔子及弟子一行人就完全失去了经济来源。再加上陈国不重修途，“司里不授馆，国无寄寓，县无施舍”①，既无经济来源又无客舍可依，孔子一行人就彻底陷入了困境，数十人难以为继，出现绝粮的情况是很有可能的。

据《史记·孔子世家》，子贡之楚，昭王兴师来迎孔子，孔子一行才得以摆脱陈蔡之困，接下来《史记·孔子世家》还有昭王欲重用孔子，欲以书社之地封孔子，但由于令尹子西的劝阻而未果一事。《论语》《孟子》《左传》皆无楚昭王聘孔子、子西沮封之事，而且《史记·楚世家》及《史记·十二诸侯年表》也都无记载，《庄子》《孔丛子》虽说有不少记载，但与《史记·孔子世家》所载内容又互不相同，且此二书又多属寓言和伪托，所记孔子及弟子事不应以实相究，故昭王聘孔子及子西沮封之事，与齐景公欲以尼溪田封孔子、晏婴沮之一样，都属传闻之辞，不可信实。

(十三)孔子路遇隐士事考

《论语·微子》篇先后有三章记叙了孔子路遇楚狂接舆、长沮、桀溺及荷蓧丈人等隐士的故事。应该说，不论是故事内容还是叙事风格，这三章都呈现出明显的不同特点，带有一定的道家思想和审美倾向。后世许多学者对其内容和可靠性产生疑问，如崔述《洙泗考信录》一书便认为，这三章“文皆似《庄子》，与《论语》他篇之言不伦”。本书以为，《论语》一书毕竟是孔子后学的集体性著述，它既不是孔子个人的独立性叙述，也不太可能是孔子学生短期内的集中书写，加之孔子一生四处奔波，经历极为丰富，同样弟子们的国籍、出身、修养、性情也是各不相同，因此，《论语》不同篇章存在内容和风格上的差异是可以理解的，这也是《墨子》《庄子》《孟子》等先秦子书普

① 上海师范大学古籍整理研究所校点：《国语·周语中》，第67页。

遍存在的现象。因此，本书以为，不能仅据篇章风格上的不同就将《论语·微子》中孔子遇隐士的材料一概抹杀，而且，即使崔述本人也不能断定其为必无之事。再者，孔子距今时代久远，遗留文献非常有限，相较而言，《论语》应是其中最可信实的。

司马迁在《史记·孔子世家》中吸收了《论语·微子》篇的这三章材料，但其叙述顺序与《论语·微子》有所不同，《论语·微子》先叙接舆事，《史记·孔子世家》则先叙孔子遇长沮、桀溺、荷蓧丈人之事，将其置于孔子自蔡返叶之时，而后叙遇接舆事，将之置于楚昭王卒，孔子自楚返卫之时。正如笔者前面所辨，《史记·孔子世家》载孔子去陈后行迹较为混乱，不可信以为实。而《左传》记哀公二年，楚伐蔡，蔡迁于州来（今安徽寿县），则蔡地即变为楚地，正如许多学者所言，孔子适蔡，乃是到故蔡地[①]，不可能是到与陈有几百里之遥的州来新蔡，因此，对《史记·孔子世家》所做出的顺序调整，正如江永所云：“不必然也，如蔡如叶皆楚地，何必不先遇楚狂？”[②]

根据《论语·微子》及《史记·孔子世家》的叙述，很难断定孔子路遇这些隐士的确切方位，单纯从这些人的行为方式和说话风格来看，当发生在南方楚地。也有学者推测，《论语》于“楚狂”书楚，而长沮、桀溺、丈人不复书楚，盖皆楚人也。《史记正义》所引《括地志》云：“黄城山俗名菜山，在许州叶县西南二十五里。《圣贤冢墓记》云黄城山即长沮、桀溺所耕处。下有东流，则子路问津处也。”[③]据此可知，唐时许州叶县有黄城山，相传为长沮、桀溺耕处，山下有东流水，为子路问津处。这些历史遗迹是后人据《论语·微子》所作的附会，还是本有其事，今已不得而知，但至少为我们更直观、立体地探寻孔子游楚遇隐之事，尽可能地再现其历史情境提供了较明确的史料依据。《水经注》云：“故《地理志》曰：南阳叶方城邑西，有黄城山，是长沮桀溺耦耕之所，有东流水，则子路问津处。尸子曰楚狂接舆耕于方城，盖于此也。”[④]该书同样载黄城山有长沮、桀溺耦耕之所及子路问津处等文化旧

① 江永《乡党图考》持此说，而崔述、钱穆则认为是负函之蔡。按照崔述、钱穆等人的说法，孔子适蔡乃是就叶公，与蔡国无涉，而孔子去蔡之时，叶公在负函之蔡并不在叶，故孔子适蔡，乃是到负函（今河南信阳），而负函亦属楚地。

② （清）江永：《乡党图考》卷二，第133～134页。

③ （汉）司马迁：《史记·孔子世家》，第1929页。

④ （北魏）郦道元著、王国维校：《水经注校》卷三十一，上海人民出版社1984年版，第1004页。

迹，并据《尸子》“方城”之文，将楚狂接舆的主要活动地点也归到这里，具有一定道理，较为可信。明代陈士元《论语类考》亦有大致相同的记述，并云：“《一统志》于叶县黄城山亦载子路问津事，盖自叶适蔡之路也。”[①]可见，其推测认为孔子遇隐士之事，当是发生在孔子及子路等弟子们由叶适蔡的路上。笔者同样以为，这是最可信的孔子路遇隐士的真实路径。首先，从谭其骧主编的《中国历史地图·春秋地图》上来看，方城处叶邑（今河南叶县）西南，与负函（今河南信阳）相去不远，且恰好处在稍偏西北的方位，孔子到负函最有可能经过这里。其次，叶公诸梁是当时楚国有名的贤人，其在叶主政期间，采取与民休养、养兵息民、发展农业的政策，由于其业绩显著，因而受到楚国朝野及各地诸侯的敬重，因此，叶公所主的叶邑便成为接舆、长沮、桀溺这些“避世之士”最理想的栖身之所，从这一点来看，孔子在叶邑先后较为集中地遇到那么多隐士也就较合情理了。

综合以上论述，笔者以为：当时叶公声望很高，孔子去陈，目的是拜访叶公诸梁，故先来到叶公封地叶邑，可能是在得知叶公不在叶而在负函之后，于是起身南下前往负函，在路过方城黄城山一带的时候，先后遇到楚狂接舆、长沮、桀溺等人，并有楚狂风歌、子路问津等小插曲。从《论语》这三章描写内容来看，孔子所遇到的接舆、长沮、桀溺、荷蓧丈人皆为隐士[②]。《论语·公冶长》：“子曰：‘道不行，乘桴浮于海。从我者其由与？’子路闻之喜。子曰：‘由也好勇过我，无所取材。’”《论语·微子》中对孔子南行遇隐士的描写，提到最多的弟子就是子路，而这次孔子谈话的对象也是子路，因此这次谈话最有可能发生在此时，也最契合孔子此时的境况。

（十四）哀公六年孔子自蔡返陈，然后返卫考

哀公六年，孔子自蔡返回陈国。《论语·公冶长》：“子在陈，曰：‘归与！归与！吾党之小子狂简，斐然成章，不知所以裁之。’”若将此语置于孔子上次在陈时所叹，则“归与！归与”与孔子一行南下适楚（蔡）的语意情理不合，故综合来看，孔子此番感叹当为其自蔡返回到陈后所语，即孔子虽有志于用世，然而接连的困顿不遇和打击让他深感道之不行，因起归鲁还就教育事业、培养弟子之意，遂发思归之叹。孔子此次返陈，并无久居之意，当

① （明）陈士元：《论语类考》卷三，《丛书集成新编》本，第 17 册，第 696 页。

② 钱穆疑接舆、长沮、桀溺皆为故蔡遗民，沦落故地，遂为楚人，其抱有亡国之痛，故对楚人之政治采取不合作的态度。（具体参见钱穆：《孔子传》，三联出版社 2002 年版，第 56～57 页）

是其返卫所经之途。就在这一年，孔子由陈返卫①。综合各方面来看，孔子返卫时间在哀公六年比较合理可信②，若谓哀公十年孔子始返卫，则自哀公六年去楚算起，仅在路上就要花费四年的时间，这不太可能。根据《论语》《孟子》《左传》的材料来看，记载孔子在楚的事迹委实不多，除了有与叶公的一两次谈话外，孔子在楚地似乎没有和国君、士大夫有多少谈话和交往，楚昭王欲封孔子一事也属传闻，因此我们就可以推测孔子在楚国可能更不被统治者所看重，更不用说有施展政治抱负的空间了。从孔子“去齐，接淅而行——去他国之道也”(《孟子·尽心下》)可以推知，与离开父母之国不同，孔子“去他国之道”往往比较干脆迅速，很少迟疑和留恋，所以去楚应该也不会消磨很久，不可能迟迟以至四年后才到达卫国。相反，若哀公六年孔子返卫，至哀公十一年归鲁，前后约五个年头，停留卫国时间较长就比较合情合理，孔子自己也说：“鲁卫之政，兄弟也。”卫国多贤士，而且孔子弟子多仕于卫，《孟子》谓孔子“于季桓子，见行可之仕也；于卫灵公，际可之仕也；于卫孝公，公养之仕也”。“公养之仕”有可能如后来的稷下学宫那样，国君提供专门的财力和场所用来养贤，孔子这次回到卫国，年事已高，虽对卫君的名分问题有所微词，但相比之下，卫国还是一个较理想的所在。

二、孔子周游列国大事记

上面主要围绕孔子周游列国的若干史实进行了个案辨析，为了对孔子周游列国的主要活动有一个整体性的认识，本书在综合借鉴前辈学者研究

---

① 孔子返回卫国是由楚至陈，再由陈返卫，还是直接由楚返卫？《史记·孔子世家》但言“孔子自楚反乎卫”，《史记·十二诸侯年表(卫)》哀公十年记“孔子自陈来”。然《索隐》云：“按《左传》及此文，孔子是时在卫归鲁，不见有在陈之文，在陈当哀公之初，盖年表误尔。”钱穆《先秦诸子系年》力主孔子由蔡直接返卫，然其《孔子传》一书又主孔子自陈返卫，据《孔子传·序言》“在此四书中见解倘有相异，暂当以本书为定”可知，其后来实主孔子由陈返卫之说。匡亚明《孔子评传》则主孔子由蔡直接返卫，其言曰：“孔子弟子多人在卫做官，卫政局又趋安定，因此要求孔子回卫的呼声很高。这样孔子就不再经过陈国而从楚地负函径回卫国去了。”然而此说缺乏具体的论据材料，猜测的成分较大，而且也未充分考虑到陈国所处的地理位置，孔子即使回卫国，也是极有可能路经陈国的。

② 孔子去楚(蔡为楚地，去蔡即谓去楚)的时间为鲁哀公六年，基本上没有什么异议，但孔子返卫的时间历来所持不同，主要有两说。一说为鲁哀公六年，《史记·孔子世家》：“于是孔子自楚反乎卫。是岁也，孔子年六十三，而鲁哀公六年也。”一说在哀公十年，《史记·十二诸侯年表》记孔子自陈来卫在哀公十年；《史记·卫世家》记孔子自陈入卫在出公八年，当哀公十年，与《史记·十二诸侯年表》同。崔述、钱穆都从《史记·孔子世家》，力主孔子于哀公六年返卫。

的基础上，结合笔者的考辨结果，现对孔子周游列国的前后经历、主要事件综述如下：

堕三都的失败，使孔子和季桓子之间的矛盾逐渐显露出来，孔子在鲁国渐渐得不到重用。在定公十三年的春天，季桓子接受了齐国送来的女乐，一连三日不上朝听政，孔子虽然对鲁国执政者大为失望，但仍对其抱有一丝希望。可是不久之后，鲁国举行郊祭，季桓子没有派人送来祭祀后的膰肉，孔子对鲁国执政者彻底死心，于是决意离开鲁国另寻实现抱负的机会。孔子此次离鲁，与其昭公二十七年去齐之情形有些相像，形势都非常紧迫，“孔子之去齐，接淅而行”(《孟子·万章下》)。这次去鲁，则是“不税冕而行”，连参加郊祭的礼帽都来不及换下来便匆忙上路，由此推测孔子当时所处环境也是非常险恶的。孔子这次离开鲁国后没有选择到齐国，一是因为夹谷之会上孔子的表现得罪了齐景公，而且通过昭公二十五年那次游齐孔子已知景公不能用自己；二是卫国是鲁国的兄弟邦国，子路的妻兄颜浊邹是卫国有名的贤大夫，加上卫国还有蘧伯玉等贤人，于是孔子离开鲁国后率弟子们西行来到卫国。

孔子适卫之行，冉有为孔子驾车。到了卫国后，冉有感叹卫国人口之众，进而问老师接下来该如何施政，孔子主张“先富后教”。从冉有“庶矣哉”的感叹来看，这应是孔子初到卫国时的情景，孔子当时对自己的政治理想和前景充满期待，希望卫国能给自己提供实施政治理想的机会和平台。孔子来到卫国后，卫灵公的宠臣弥子瑕看到孔子在当时的名望，试图拉拢孔子，想让孔子投靠自己，孔子以“有命”相辞，选择住在子路的妻兄颜浊邹家。可能是在颜浊邹的引荐之下，孔子得到卫灵公的接待。卫灵公对孔子非常礼敬，按照孔子在鲁国的俸禄，同样致粟六万斗。孔子此行，弟子随从不下数十人，这为一行人的日常用度提供了较充足的物质保障。然而灵公虽然刚开始对孔子礼敬有加，但其却是平庸之辈，对孔子的仁德政治并没有兴趣，只是想利用孔子作为招牌以显示其“尊贤”而已，因此，后来对孔子的态度渐渐冷淡。经过一段时间的观察，孔子发现灵公并不打算真正用自己，再加上当时有人向灵公进谗言，灵公有所听信，对孔子有所防备，于是在卫国待了差不多十个月的时间后，孔子选择离开。

离开卫国都城濮阳，孔子接下来准备到陈国去，但还没走出卫国，就在匡、蒲一带，遭到了公孙戎发动的叛乱，多亏弟子公良孺奋力与蒲人相斗，众人才得以脱身。于是孔子一行人只好又回到卫国,前后经历了一个多月的时间。按孔子于鲁定公十三年春去鲁适卫来推算,孔子在卫居十月而去,月余而返,则其再次回到卫国当在鲁定公十四年。

再次回到卫国后,孔子或许是不愿再次打扰颜浊邹,也可能颜浊邹有什么特殊的变故,总之,孔子这次改住在了蘧伯玉家。蘧伯玉即蘧瑗,是卫国有名的贤大夫,孔子非常仰慕蘧伯玉的品行,蘧伯玉也很欣赏孔子的为人,如此一来,二者可以经常“论道”,建立了深厚的友谊。孔子这次返回卫国后不久,灵公夫人南子主动要召见孔子,孔子虽然明知南子名声不好,但其毕竟为灵公夫人,出于礼的考虑,还是不顾别人的看法前去拜见,这引起了如子路等许多弟子的不解。不久,灵公与夫人同车出行,而使孔子“为次乘”,孔子不由感叹“吾未见好德如好色者也”。之后,卫灵公向孔子问兵陈,孔子有意对以“俎豆之事则尝闻之,军旅之事未之学也”。其中既有对灵公不能实行礼制的不满,同时也有感发灵公仁心的良苦用心。“为次乘”、问兵陈等一些事让孔子对灵公彻底失望,这让一心有所作为,实现理想政治的孔子感慨“苟有用我者,期月而已可也,三年有成”(《论语·子路》)。此时的孔子,在平常生活中不免流露出一些失落情绪,如在一次击磬的时候,连挑草筐的庄稼人都能听得出来孔子击磬为“有心哉”。尽管灵公不能用自己,可是卫国相对来说此时政治较安定,经济也较富庶,再加上卫国有不少贤人君子,孔子也有不少弟子在卫国做官,所以孔子并没有在灵公问兵陈后选择立即离开卫国。

大约在定公十四年下半年的时候,孔子等人离开卫国,在这一年的年末或者在第二年的春天到达鲁国。定公十五年的时候,孔子在鲁。这年春天,郏隐公来朝,子贡观礼,并言中郏子、鲁君有早死之相,孔子批评子贡多言。鲁哀公元年,孔子在鲁。吴伐越,得骨节一枚,吴国派使者到鲁国询问孔子,孔子以防风氏之骨进行解答。孔子可能听说晋国的赵简子是一个比较有作为的人,于是在哀公二年的时候,从鲁国出发想到晋国去见赵简子,想通过他看看有无实现自己政治主张的可能,但到了黄河边上的时候,听说晋国有名的贤大夫窦鸣犊、舜华被赵简子给杀害了,于是改道又来到了卫国。就在这一年,卫灵公去世。灵公死后,君位的继承问题使得卫国国内混乱不安,这迫使孔子不得不再次离开卫国而到南面的陈国去。当走到卫国西南边境仪邑的时候,当地的封人前来拜见孔子,封人见完孔子后,对

孔子的弟子们说：“二三子，何患于丧乎？天下之无道也久矣，天将以夫子为木铎。’”（《论语·八佾》）

孔子一行人离开卫国后，先是路经曹国来到宋国境内。宋国司马桓魋为人凶恶，孔子对桓魋自为石椁，大肆铺张，以至“三年而不成，工匠皆病”的行为不满，触怒了桓魋。有一次孔子和弟子们在树下习礼的时候，桓魋将孔子身边的大树砍倒，以此来威胁孔子，孔子一行人只得离开，继续往陈国方向走。

大约在哀公三年夏天，孔子一行人来到了陈国。孔子到达陈国后，住在贤人司城贞子家里，可能通过司城贞子向国君陈侯周（即陈湣公）的推荐，孔子取得一个有名无实的职位，当时也有“俸禄”，但一定不像在卫国那样优厚。孔子在陈国的时候，有一次陈侯与孔子一起燕游，有人告诉孔子鲁国宗庙失火，孔子预言为桓僖之庙，不久即得到验证，这让陈湣公对孔子更加佩服和尊敬。孔子在陈国时，还发生一件事，有一只带箭的鹰坠落在陈侯的院子里，陈湣公派人去咨询孔子，孔子详细回答了箭的来历并最终得到验证。孔子在陈国停留了大约三年的时间，哀公六年，吴侵陈，为避兵乱，孔子和弟子们又不得不离去。在经过陈西门的时候，有降民在修被火烧坏的城门，孔子过之不轼，理由是“丘闻之，国亡而不知，不智；知而不争，不忠；忠而不死，不廉；今陈修门者不行一于此，丘故不为轼也”[①]。

离开陈国后，孔子一行人继续往南走，目的是去拜访当时楚国一位有名的贤大夫，名叫诸梁（字子高），人称叶公。当时叶公致蔡于负函（今河南信阳）。由于此时陈国发生战乱，社会正常的生产、商业等活动受到破坏，加上孔子此时“无上下之交”，失去了朋友的接济照顾，生活一下子陷入了困境，以至于好几天都没有粮食吃，可能是子路、子贡等弟子，用随身携带的衣物跟当地人交换，得到一些食物才渡过这次难关。孔子一行人先是来到叶公封地叶邑，在得知叶公当时不在叶而在负函后，于是起身南下前往负函，在路过方城黄城山一带的时候，孔子先后遇到楚狂接舆、长沮、桀溺、荷蓧丈人等隐士，在与这些人交谈接触后，孔子感叹“道之不行，已知之矣”。

孔子到蔡（负函）后，叶公向孔子问政，孔子答以“近者说，远者来”。叶公为了进一步了解孔子，还单独向子路询问孔子到底是一个怎样的人，子

① （汉）刘向撰、赵善诒疏证：《说苑疏证》卷四，第85页。

路不知该怎么回答，孔子对子路说：“女奚不曰，其为人也，发愤忘食，乐以忘忧，不知老之将至云尔。”（《论语·述而》）孔子在蔡（负函），与叶公围绕“直躬”的话题还进行了一番讨论。孔子在蔡没有待多长时间，于哀公六年开始往回走。

哀公六年，孔子自蔡返回到陈国。孔子此次返陈，并无久居之意，只是借道返回卫国。在周游列国处处碰壁之后，孔子归意渐起，在陈无奈地感叹：“归与！归与！吾党之小子狂简，斐然成章，不知所以裁之。”（《论语·公冶长》）就在这一年，孔子由陈返卫。孔子这次来到卫国后，停留的时间比较长，自鲁哀公六年到十一年（前489～前484），即孔子从63岁到68岁，前后共六年的时间，一直留在卫国。孔子这次回到卫国后不久，“遇旧馆人丧”，孔子让子贡脱骖赙葬。孔子在卫这几年，主要是“公养之仕”，很可能是像后来的稷下学士那样，有一定的公养俸禄，但没有具体的官职。孔子之所以愿意留在卫国这么长的时间，很可能由于这时的卫国政治逐渐稳定，加上不少弟子在卫国做官，此时生活上应该比较稳定和优越，加上年事已高，前面周游的碰壁让他从政的愿望也渐渐衰减。在这种情况之下，孔子长期停留在卫国，以他“学而不厌，诲人不倦”的精神来推测，可能把大部分时间和精力用在培养弟子和整理古代文献上。这期间，子贡、冉求等弟子先于孔子返回鲁国并做了鲁国大夫，鲁哀公十一年，孔文子要攻打太叔疾，问策于孔子，孔子以自己曾学过文事，没有学过武事相辞。恰好这时鲁国季康子听了冉有的劝荐，派公华等人以厚礼来聘请孔子，于是孔子起身返回鲁国。自鲁定公十三年孔子离开鲁国，至此时（鲁哀公十一年）返鲁，前后历时十四年的时间，孔子先后经历卫、曹、宋、陈、蔡（楚）等国，虽然中间曾一度回到鲁国，但大部分的时间都奔波在外，目的是希望能实现自己的政治理想，但结果却总是处处碰壁。

三、孔子周游列国的文化意义

自定公十三年到哀公十一年，孔子这次历时十四年之久的周游列国之行不仅是先秦文化史上的一件大事，同时这次经历对孔子自身也产生了多方面的影响，具有重要意义。总结来说，主要表现在以下几个方面：

其一，学在“游”中，周游列国使孔子有机会感受不同的地域民情，有机会向更多的人学习，为最终成为“集大成者”提供了现实基础。孔子曾经说过，像自己一样忠信的人不难找到，但他们都不如自己“好学”[①]，因此，“好学”和“学无常师”是孔子最终能超越常人而成为“集大成者”的主要因素。在孔子生活的时代，“读万卷书”对士人而言很难实现，而“行万里路”却不是不可能，而“行万里路”刚好可以弥补该时期士人在获取知识上书籍缺乏的不足。专门化的知识学习在孔子的知识体系以及人格的发展完善过程中所占的比例较为有限，对孔子而言，其知识的获取和不断丰富以及“学”的精神主要体现在日常生活的点滴之中。孔子一方面喜欢通过考察各地的风物民情获取知识，另一方面善于在与不同人的交往中学习别人身上的长处，同时以别人的短处进行自省。[②] 这次周游列国，孔子先后到过卫、曹、宋、陈、蔡、楚等国家。春秋时期，卫、曹、宋、陈等国，其范围主要为今日的中原地区，这些国家基本上都是以农业为主要生产方式。不仅人口众多、物产丰饶、商业发达，而且有着源远流长的文化资源和传统，具有深厚的历史根基。如宋国是商纣王庶兄微子启的封国，保存有商代的乐舞和宗器，孔子曾言：“殷因于夏礼，所损益可知也；周因于殷礼，所损益可知也。其或继周者，虽百世，可知也。”(《论语·为政》)这些国家，民风淳朴，不善征战，多受南部吴、楚等国侵扰，国力日渐衰弱并最终被其所吞噬。但是，这些地区普遍教化较好且多贤士君子。孔子在卫、陈两国，先后和颜雠由、蘧伯玉、史鱼、司城贞子等人有较长时间的接触和交往，他们的思想和品行无疑对孔子后来全面总结“君子”的德行及理想人格提供了参照。另外，孔子在这些国家，注意留心和学习当地的礼仪风俗，如《礼记·檀弓上》载：“孔子在卫，有送葬者，而夫子观之。曰：‘善哉为丧乎！足以为法矣，小子识之。’”[③]

孔子此次周游，最南到达负函(今河南信阳)，中间要经过叶邑以及旧蔡地，这些地方当时都属于楚地，这让孔子有机会感受到异于中原文化的楚文化风俗。楚是古老的民族，祖先出自中原的颛顼高阳氏部落，其后代发展为祝融部落，东方商族发展起来后，“从新郑一带，顺禹县、叶县这条古代的通路逐步南迁到淮水以南、汉水流域和荆山地区，与当地土著民族相结合，从而形成一个新的民族，即商周文献所称‘荆楚’、‘蛮荆’、‘楚蛮’、

① 《论语·公冶长》：“子曰：‘十室之邑，必有忠信如丘者焉，不如丘之好学也。’”

② 《论语·述而》：“子曰：‘三人行，必有我师焉。择其善者而从之，其不善者而改之。’”

③ 钱玄等注译：《礼记·檀弓上》，第 77 页。

‘荆蛮’民族”[①]。楚地偏于南方，与中原文化圈相对偏离，故其政教、民风相对而言少了许多正统文化中的严肃和刻板，多了几分浪漫和神秘气息，巫术之风非常盛行。孔子在楚的时间不到一年，但以孔子好学善问的习惯，对于楚地的山川风物、民风民俗、民歌谚语等当留心观察和搜集，这为孔子成为博物多识之士具有积极意义。如孔子曾经说：“南人有言曰：‘人而无恒，不可以作巫医。’善夫！”（《论语·子路》）“南人”即为楚人，孔子这里引用的“人而无恒，不可以作巫医”极有可能就是楚地长期流传的谚语。又如《孟子·离娄上》载孟子之言曰：“有孺子歌曰：‘沧浪之水清兮，可以濯我缨；沧浪之水浊兮，可以濯我足。’孔子曰：‘小子听之！清斯濯缨，浊斯濯足矣，自取之也。’夫人必自侮，然后人侮之。”这里的《孺子歌》又叫《沧浪歌》，是流传于楚地汉水附近的民歌，根据《孟子》所记来看，孔子曾经以此歌来启发教育弟子，这很有可能也是在孔子和弟子们游历到楚地时发生的情景。

另外，丰富的游历见闻和长期的实地调查，使孔子掌握了大量的文化资源，为其晚年整理《诗经》《春秋》等文化典籍作了充分的准备。孔子说：“吾自卫返鲁，然后乐正，《雅》《颂》各得其所。”（《论语·子罕》）可见，孔子是周游列国以后，在掌握了大量的文化遗产的基础上才开始整理《诗三百》的。修《春秋》是孔子晚年最重要的一项工作，“此书之所以成于其垂暮的晚年而不在精力充沛的壮年，正是因为修成《春秋》得力于周游列国之举。《春秋》的原撰非孔子，本是史官的官书。孔子通过周游列国，进行细致的、长期的调查研究，掌握大量的第一手资料，乃可修订成功”[②]。

其二，周游列国的过程，也是孔子“布道”的过程。在书写工具落后、信息不太畅通的春秋时代，游走于不同国家、不同文化区域间的孔子，也起到了传播学术、普及文教、扩大自身影响等多方面的现实作用。西周时期，学在官府，普通民众没有入学受教育的机会，以孔子为代表的春秋士人，首开私学，这对文化教育的普及具有不可估量的积极意义。孔子所到之处，都撒下了礼乐文化的种子，这也为后来儒家学派的长久发展打下了坚实的民间基础。如卫灵公问兵陈，孔文子之将攻大叔，问策于孔子，孔子的回答有意突出了“俎豆之事”“胡簋之事”，为宣传其礼乐文化和仁爱思想寻找契机。

---

① 李玉洁：《楚史稿》，河南大学出版社1988年版，第6页。

② 许宗元：《孔子思想与旅游文化》，《山东大学学报》1995年第4期。

又如孔子在陈的时候，曾预言桓僖庙灾，其根据则是：“礼祖有功而宗有德，故不毁其庙焉。今桓僖之亲尽矣，又功德不足以存其庙，而鲁不毁，是以天灾加之。”孔子的此番言论，无疑相当于在陈国进行的一番关于礼、德的公开演说，最终的应验更增强了其传播效应，从陈侯“吾乃今知圣人之可贵”的反应即可略见一斑。孔子周游列国，大范围地传播其礼学德治思想，也扩大了个人声望，这也是孔子之所以能吸引那么多不同国籍的弟子前来入门求学的重要因素之一。正如仪封人所说，在天下无道、“礼崩乐坏”的春秋末年，周流四方以行教的孔子，无异于“天”之“木铎”，给人带来福音与希望①。周游各地的孔子，不仅时常教育身边的弟子，而且以其“诲人不倦”的一贯作风来推断，其对所到之处的民众也当热心施教，这对启迪当地民众的心智、普及平民教育、宣扬教化都具有进步意义。孔子充当了“布道者”或者说文化传播大使的角色，正是通过其在各地的不断游历，儒家所承传的周代“雅文化”才得以下达民间，从而对民间的“俗文化”发生影响。“孔子是中国第一位教育家，第一位传播学家。孔子思想中最高的范畴是圣人的概念，对圣人的研究将使我们涉及语言的意义和交流活动的讨论，因为它们同成为圣人的过程有关。”②

其三，孔子周游列国的见闻和遭遇影响着其哲学思想的发展与成熟。《论语》是孔子思想的最重要的载体，从该书中孔子的言行来看，“礼”与“仁”是孔子思想的两个主要方面。“礼”“仁”在《论语》中出现的频率都很高，“礼”为75次，“仁”为110次(含篇名及重复)。“礼”与“仁”在孔子思想的发展过程中各占据怎样的地位？二者有无一个前后发展的过程？孔子哲学思想的核心到底是“礼”还是“仁”？要解决这些问题，我们可以借助于《论语》中孔子论“礼”和“仁”的大致时间进行统计和比较。本书特将《论语》中孔子论“礼”和“仁”的内容中有说话对象或事件背景的部分专门列出，语境缺失的不在统计之列，基本情况如下表2所示：

---

① 《论语·八佾》：“仪封人请见。曰：‘君子之至于斯也，吾未尝不得见也。’从者见之。出曰：‘二三子，何患于丧乎？天下之无道也久矣，天将以夫子为木铎。’”对于“木铎”，“或曰：木铎所以徇于道路，言天失夫子失位，周流四方以行其教，如木铎之徇于道路也。”[(宋)朱熹：《四书章句集注》卷二，第68页]

② [美]郝大维、安乐哲著，蒋戈为等译：《孔子哲学思微》，江苏人民出版社1996年版，第193页。

表 2

谈论内容	原文	谈话对象/背景人物	大致时间(孔子年龄)及理由
礼	1. 子贡曰:“贫而无谄,富而无骄,何如?”子曰:“可也。未若贫而乐,富而好礼者也。”	子贡	46岁以后。子贡小孔子31岁
	2. 孟懿子问孝。子曰:“无违。”樊迟御……子曰:“生,事之以礼;死,葬之以礼,祭之以礼。”	孟懿子 樊迟	51岁以后。樊迟小孔子36岁或46岁
	3. 子张问:“十世可知也?”子曰:“殷因于夏礼……其或继周者,虽百世可知也。”	子张	63岁以后。子张小孔子48岁
	4. 林放问礼之本。子曰:“大哉问!礼,与其奢也,宁俭;丧,与其易也,宁戚。”	林放	时间不详。林放生卒年不详
	5. 子夏问曰:“‘巧笑倩兮……何谓也?”子曰:“绘事后素。”曰:“礼后乎?”子曰:“起予者商也!始可与言诗已矣。”	子夏	59岁以后。子夏小孔子44岁
	6. 子贡欲去告朔之饩羊。子曰:“赐也,尔爱其羊,我爱其礼。”	子贡	46岁后。理由如前
	7. 定公问:“君使臣,臣事君,如之何?”孔子对曰:“君使臣以礼,臣事君以忠。”	定公	43岁(定公元年)以后
	8. 陈司败问昭公知礼乎?孔子曰:“知礼。”孔子退,揖巫马期而进之,曰:“吾闻君子不党……君而知礼,孰不知礼?”	陈司败 巫马期	45岁以后。陈司败生卒年不详,巫马期小孔子30岁
	9.(曾皙)曰:“夫子何哂由也?”曰:“为国以礼,其言不让,是故哂之。”	公西华等	57岁以后。公西华小孔子42岁
	10. 颜渊问仁。子曰:“克己复礼为仁。一日克己复礼,天下归仁焉。为仁由己,而由人乎哉?”颜渊曰:“请问其目。”子曰:“非礼勿视,非礼勿听,非礼勿言,非礼勿动。”	颜渊	45岁以后。颜渊小孔子30岁

续表

谈论内容	原文	谈话对象/背景人物	大致时间(孔子年龄)及理由
礼	11. 子路曰:“卫君待子而为政,子将奚先?”子曰:“必也正名乎!”……子曰:“野哉由也!君子于其所不知,盖阙如也。名不正,则言不顺;言不顺,则事不成;事不成,则礼乐不兴;礼乐不兴,则刑罚不中……”	子路 卫出公	68岁。对话当在孔子于哀公十一年返卫后
	12. 子曰:“小人哉,樊须也!上好礼,则民莫敢不敬;上好义,则民莫敢不服……”	樊须	51岁以后。樊须小孔子36岁或46岁
	13. 子路问成人。子曰:“若臧武仲之知……文之以礼乐,亦可以为成人矣。”	子路	26岁以后。子路小孔子9岁,《阙里志》言子路在孔子26岁时从学孔子
	14. 陈亢问于伯鱼曰:“子亦有异闻乎?”对曰:“未也。尝独立,鲤趋而过庭。曰:‘学诗乎?’对曰:‘未也。’‘不学诗,无以言。’鲤退而学诗。他日又独立,鲤趋而过庭。曰:‘学礼乎?’对曰:‘未也。’‘不学礼,无以立。’鲤退而学礼。闻斯二者。”陈亢退而喜曰:“问一得三,闻诗,闻礼,又闻君子之远其子也。”	孔鲤	孔子35岁左右。孔子20岁时伯鱼生
	15. 子贡曰:“君子亦有恶乎?”子曰:“有恶:恶称人之恶者,恶居下流而讪上者,恶勇而无礼者,恶果敢而窒者。”	子贡	46岁后。理由如前

续表

谈论内容	原文	谈话对象/背景人物	大致时间(孔子年龄)及理由
仁	1. 或曰:“雍也,仁而不佞。”子曰:“焉用佞?御人以口给,屡憎于人。不知其仁,焉用佞?”	冉雍	44岁以后。冉雍小孔子29岁
	2. 孟武伯问:“子路仁乎?”子曰:“不知也。”又问。子曰:“由也,千乘之国,可使治其赋也,不知其仁也。”“求也何如?”子曰:“求也,千室之邑,百乘之家,可使为之宰也,不知其仁也。”“赤也何如?”子曰:“赤也,束带立于朝,可使与宾客言也,不知其仁也。”	孟武伯 子路 冉求 公西华	57岁以后。公西华小孔子42岁
	3. 子张问曰:“令尹子文三仕为令尹……必以告新令尹。何如?”子曰:“忠矣。”曰:“仁矣乎?”曰:“未知,焉得仁?”“崔子弑齐君……违之。何如?”子曰:“清矣。”曰:“仁矣乎?”曰:“未知。焉得仁?”	子张	63岁以后。理由如前
	4. 樊迟问知。……问仁。曰:“仁者先难而后获,可谓仁矣。”	樊迟	51岁以后。理由如前
	5. 宰我问曰:“仁者,虽告之曰:‘井有仁焉。’其从之也?”子曰:“何为其然也?君子可逝也,不可陷也;可欺也,不可罔也。”	宰我	44岁以后。清《大成通志・先贤列传》认为宰我小孔子29岁
	6. 子贡曰:“如有博施于民而能济众,何如?可谓仁乎?”子曰:“何事于仁,必也圣乎!尧舜其犹病诸!夫仁者,己欲立而立人,己欲达而达人。能近取譬,可谓仁之方也已。”	子贡	46岁后。理由如前

续表

谈论内容	原文	谈话对象/背景人物	大致时间(孔子年龄)及理由
仁	7. 冉有曰:“夫子为卫君乎?”子贡曰:“诺。吾将问之。”……曰:“怨乎?”曰:“求仁而得仁,又何怨。”出,曰:“夫子不为也。”	冉有	44岁以后。冉有小孔子29岁
	8. 子曰:“若圣与仁,则吾岂敢?抑为之不厌,诲人不倦,则可谓云尔已矣。”公西华曰:“正唯弟子不能学也。”	公西华	57岁以后。理由如前
	9. 颜渊问仁。子曰:“克己复礼为仁。一日克己复礼,天下归仁焉。为仁由己,而由人乎哉?”颜渊曰:“请问其目。”	颜渊	45岁以后。理由如前
	10. 仲弓问仁。子曰:“出门如见大宾,使民如承大祭。己所不欲,勿施于人。在邦无怨,在家无怨。”	仲弓	44岁以后。仲弓(冉雍)小孔子29岁
	11. 司马牛问仁。子曰:“仁者其言也讱。”曰:“其言也讱,斯谓之仁已乎?”子曰:“为之难,言之得无讱乎?”	司马牛	时间不详。司马牛生卒不详
	12. 子张问:“士何如斯可谓之达矣?”……子曰:“是闻也,非达也。……夫闻也者,色取仁而行违,居之不疑。在邦必闻,在家必闻。”	子张	63岁以后。理由如前
	13. 樊迟问仁。子曰:“爱人。”问知。子曰:“知人。”……子夏曰:“富哉言乎!舜有天下,选于众,举皋陶,不仁者远矣。汤有天下,选于众,举伊尹,不仁者远矣。”	樊迟	51岁以后。理由如前

续表

谈论内容	原文	谈话对象／背景人物	大致时间(孔子年龄)及理由
仁	14. 樊迟问仁。子曰:“居处恭,执事敬,与人忠。虽之夷狄,不可弃也。”	樊迟	51岁以后。理由如前
	15. 子路曰:“桓公杀公子纠,召忽死之,管仲不死。”曰:“未仁乎?”子曰:“桓公九合诸侯,不以兵车,管仲之力也。如其仁!如其仁!”	子路	26～72岁,具体时间难定。孔子26岁时子路受学,死于孔子72岁时
	16. 子贡曰:“管仲非仁者与?桓公杀公子纠,不能死,又相之。”子曰:“管仲相桓公,霸诸侯……”	子贡	46岁后。理由如前
	17. 子曰:“君子道者三,我无能焉:仁者不忧,知者不惑,勇者不惧。”子贡曰:“夫子自道也。”	子贡	46岁后。理由如前
	18. 子贡问为仁。子曰:“工欲善其事,必先利其器。居是邦也,事其大夫之贤者,友其士之仁者。”	子贡	46岁后。理由如前
	19. 阳货欲见孔子……谓孔子曰:“来!予与尔言。”曰:“怀其宝而迷其邦,可谓仁乎?”	阳货	47岁。匡亚明《孔子年谱》定阳虎馈孔子豚在孔子47岁
	20. 子张问仁于孔子。孔子曰:“能行五者于天下,为仁矣。”请问之。曰:“恭、宽、信、敏、惠。”	子张	63岁以后。理由如前

续表

谈论内容	原文	谈话对象/背景人物	大致时间(孔子年龄)及理由
仁	21. 佛肸召,子欲往。子路曰:“昔者由也闻诸夫子曰……”子曰:“然……焉能系而不食?”……对曰:“未也。”“居!吾语女。好仁不好学,其蔽也愚;……好刚不好学,其蔽也狂。”	佛肸 子路	62岁。佛肸召孔子,孔子欲往事,在哀公五年①
	22. 宰我出。子曰:“予之不仁也!子生三年,然后免于父母之怀。……有三年之爱于其父母乎?”	宰我	44岁以后。理由如前
	23. 子张曰:“何谓惠而不费?”子曰:“因民之所利而利之……欲仁而得仁,又焉贪?”	子张	63岁以后。理由如前

说明:此统计依杨伯峻译注《论语译注》(中华书局1980年版)。孔子弟子的生年除6宋单独说明外,均根据李启谦《孔门弟子研究·弟子年龄比较表》(齐鲁书社1987年版)。本表推算孔子与弟子说话的最早可能的时间,主要根据“孔子弟子小孔子的岁数加十五”,这里采纳了李启谦等学者认为孔子弟子入学当在15岁以上的意见。

上表中,在所列15条孔子谈“礼”的内容中,有1条无法确定可能的最早时间,有1条可能的时间在孔子26岁后,有1条可能的时间在孔子35岁后,其余12条可能的时间大致在孔子43~68岁。在所列23条孔子谈“仁”的内容中,有1条可能的时间在孔子26~72岁,有11条可能的时间在孔子44岁以后,有3条可能的时间在孔子51岁后,有2条可能的时间在孔子57岁后,有5条可能的时间在孔子62岁或以后。由这些数据不难看出,有资料可证的孔子论“礼”和“仁”的时间,大都集中在孔子43岁以后,而且从比重上来看,孔子谈“仁”的地方要远远多于谈“礼”的地方。另外,在孔子所

① 参见梁涛、刘宝楠:《中国学术思想编年》(先秦卷),第181页。

有谈“仁”的材料中，没有一条能确实无误地证明是孔子在 44 岁以前谈的，而在这个年龄以前，孔子谈“礼”的内容却是很多的。由以上的分析，大体可以得出结论，即总的看来，孔子是先讲“礼”而后讲“仁”，大约在孔子 45 岁以前，孔子多谈“礼”而很少谈“仁”，而到了孔子 45 岁（还可能更晚一些）以后，孔子尽管也谈“礼”，但更多的时候却是大量而集中地谈“仁”，即使谈“礼”，有时也是与谈“仁”相结合。尽管这个统计尚不能完全说明孔子谈“礼”和“仁”的非常具体的情况，但是足以看出孔子思想发展的演进过程，其思想重心由“礼”向“仁”过渡，即孔子是先成为礼乐大师，而后成为仁学的思想家。造成孔子思想这一前后转变的原因是多方面的，而孔子这次周游列国的见闻和经历无疑是其中的一个主要因素。

在这次周游列国之前，孔子的主要精力集中在“礼”的方面，如其从儿童时期就开始演习“礼”的知识，34 岁时为了掌握“礼”的精髓还专门适周访学，而这一时期很少有孔子论“仁”的确切材料。孔子 35 岁去鲁适齐的途中，针对路妇的哭诉，发出了“苛政猛于虎”的言论，这可以看作孔子“仁”的思想的初步流露，但此时孔子还没有用“仁”来加以明确界定，这说明“仁”的概念在孔子的思想体系中尚未明确。孔子后来在鲁国任中都宰、司空、司寇，再到夹谷之会，以及后来的堕三都，这些都是孔子以“礼”施政的现实表现。这时期的孔子，主要还是力图改变当时礼乐失序的政治现实。后来孔子在鲁国难以施政，只得到别国继续寻求实行礼乐的机会。孔子到达卫国后，通过子见南子、“为次乘”及灵公问兵陈等不难发现，此时的孔子还是一心要恢复周礼，以“礼”行事，并以“礼”作为对政治人物、事件的评判标准。在陈国，孔子与陈滑公对话时也极力突出“礼”。然而，不论在鲁国，还是在齐国、卫国、陈国，孔子“复礼”的愿望都未能实现，残酷的现实促使孔子对自己以往所坚持的“礼”进行冷静的反思。孔子在对“礼”进行反思后，开始逐渐将“礼”由外在的形式向内在精神进行转变。孔子认识到，“礼崩乐坏”是当时各国普遍存在的社会现实，凭一己之力，想要改变这种局面，恢复周礼是不太可能的，但可以对各国执政者及当时士人非“礼”的私欲进行克制和道德化改造，这种倾向发展到一定程度后，“礼”就主要表现为一种对自我人格的完善，也就是孔子所说的“克己”。即孔子在看到彻底恢复“礼”已经不可能后，便将这种“复礼”的要求和实现途径，逐渐转变为要求行为个体对“礼”有一种道德上的自觉和自律。因此，此时孔子所主张的

“礼”，已经不是早期完全意义上的周礼了，而是被逐渐赋予“仁”的自律和自觉的道德行为规范和处事、施政的原则。另外，长期周游于各国的孔子，亲眼目睹了乱世之下民生的艰难，促使其将“爱人”的精神内涵引入到自己逐渐建立起来的“仁”的哲学命题中。

陈蔡之困是孔子周游列国途中遭受的最后一个、也是最大一个打击，当时孔子和弟子们陷入了数日绝粮的困境，不仅如此，如子路、子贡等弟子都开始对孔子所坚持的礼乐理想产生了质疑，这种局面最有可能促使孔子对自己所坚持的“道”进行总结和反思。司马迁对此早有洞察，因此在对孔子陈蔡之困的描写中，让孔子于此时表达了“予一以贯之”的思想。“吾道一以贯之”是孔子思想的重要内容，它的提出标志着孔子思想发展到一个新阶段。《论语》中共有两处论及此问题，一是孔子向子贡表明自己“一以贯之”[①]，另一处是孔子对曾参表明“吾道一以贯之”，曾参理解此“道”即“忠恕而已”。[②] 曾参小孔子 46 岁，曾子何时入孔门难以确考，钱穆《先秦诸子系年・孔子弟子统考》认为是在孔子自卫返鲁之后，孔子在陈遭厄之时，曾子尚未入门。因此，《论语・里仁》篇孔子“吾道一以贯之”当为孔子后来的言论，而《论语・卫灵公》篇孔子与子贡的对话则比较符合孔子于陈蔡被困的情景。根据《史记・孔子世家》的记录，这是孔子首次提出这一思想，孔子虽未明言自己“一以贯之”的“道”究竟是什么，但根据后来曾参的理解，这种以“仁”为内核的“忠恕”精神，即一种自我人格上的自律、自觉精神，是孔子在经过反思之后明确提出的“道”，这也是在遭受了现实的种种不遇之后，孔子对自己的理想追求所进行的重新定位，这对认识孔子思想发展的历程无疑具有重要意义。

同时，孔子周游列国所遭受的种种打击，尤其是其游楚的见闻和经历，使其思想发生了微妙的转变，特别是对其晚年入仕思想的弱化不无影响。孔子怀抱着实现理想政治、恢复周礼的一腔热情，四处奔走，结果处处碰壁，这对孔子高涨的入仕热情打击颇大。除了现实政治上的不遇外，孔子在楚地的一番游历和见闻对其入仕思想的弱化也产生了很大的影响。楚

---

① 《论语・卫灵公》：“子曰：‘赐也，女以予为多学而识之者与？’对曰：‘然，非与？’曰：‘非也！予一以贯之。’”

② 《论语・里仁》：“子曰：‘参乎！吾道一以贯之。’曾子曰：‘唯。’子出，门人问曰：‘何谓也？’曾子曰：‘夫子之道，忠恕而已。’”

国地广人稀，物产丰饶，人民百姓不需要十分辛苦经营即衣食无忧，加之楚地偏离中原核心文化区，所以此地风俗和人们的思想与鲁、卫、宋等中原国家不同，多出世之流，孔子在这里就先后遇到接舆、长沮、桀溺、荷莜丈人等隐士。他们的言语和行事风格彰显出洒脱自由的气质特点，同时也流露出共同的避世倾向，这些都对孔子产生了很大的触动，促使孔子不得不以更为现实和客观的态度来审视自己所坚持的"道"。总之，60～63岁是孔子思想发生较大波动的一个重要时期。这一时期，孔子及弟子们在陈蔡受困，一度陷入绝境，在来到楚国境内的时候，又遇上了接舆、长沮、桀溺等几位隐士。此后的孔子，思想中"入仕"的一面逐渐弱化，甚至流露出一些消极避世情绪。如孔子曾对子路说："道不行，乘桴浮于海。从我者其由与?"(《论语·公冶长》)孔子当然不打算、也没有真的要遁世于海上，但这番话透露出其内心的无奈和消沉，以往那种"知其不可而为之"的干劲此时也大大减弱。这应该是孔子在楚地，连续遇到了对自己态度冷淡甚至嘲讽的隐士之后所表现出来的情绪。接舆对孔子以凤歌相劝并"趋而避之"，根本不屑与孔子对话；长沮、桀溺则是"耰而不辍"，言语间对"鲁之孔丘"暗含讥讽；荷莜丈人不废"长幼之节"而丧"君臣之义"。面对这些人的冷言冷语和避世自处的生活态度，孔子尽管依旧表示"天下有道，丘不与易也"，但其中的无奈和酸楚也显而易见。

哀公六年，孔子63岁时，自蔡返回陈国，不久发出"归与！归与！吾党之小子狂简，斐然成章，不知所以裁之"(《论语·公冶长》)的言论，此后孔子即回到卫国，在卫国一直待到哀公十一年。孔子在卫国的五年里，除了一开始有过"正名"的言论，以及归鲁之前与孔文子有过一番对话外，根本就不见其在政治上有什么活动，甚至这一时期孔子连政论、事论也不发表了，那么这五年的时间里孔子都在做什么？唯一能给出的合理解释就是，孔子在卫国相对稳定安逸的条件下，把全部精力都投入到教授弟子和整理古代文献上了。闭门著书和教授学生，是中国古代文人在政治上受挫或绝意于仕途之后普遍选择的生活方式，这其中流露出"以教为隐"或"以著为隐"的处世态度，这一传统其实也可以上溯到孔子这里。总结来说，35岁以前的孔子，主要是为了入仕而不断学习和积累；35～50岁的孔子，在政治上努力寻求机会；51～55岁的孔子，政治上处于佳境；55～63岁的孔子，政治失意后再次寻找入仕机会；而63岁以后的孔子，则无意"入仕"而以"教""述"为隐。这时期的孔子，与之前相比，身上少了许多积极干政、议政的政治热情，而多了许多随遇而安、逍遥无欲的平和与闲适。孔子思想的这一转变在《论语》中可以得到印证。如孔子极力赞赏曾皙浴沂风而咏的飘逸(《论语·先进》)，再三称叹颜回“一箪食，一瓢饮，在陋巷。人不堪其忧，回也不改其乐”(《论语·雍也》)，自己也说“饭疏食饮水，曲肱而枕之，乐亦在其中矣”(《论语·述而》)。“孔颜之乐”显示了孔子淡泊世俗功业和利禄的一面。因此，有学者指出：“庄子对60岁以前的孔子主要是持批评的态度，而对60岁以后的老年孔子则给予更多的同情和理解。庄子主要是从老年孔子那里接受了一些影响。”①

本章用三节的内容对孔子生平中三次重要的“游”活动进行了大致的勾勒和梳理，当然，这也只是孔子“游”活动的一部分，而远非全部。尽管学界对孔子这三次“游”的活动细节多存争议，但不可否认的是，孔子较早、也较集中地开展了“游”的文化活动。孔子所生活的春秋末期，尚无造纸术、印刷术，因此从书籍、文献等渠道间接获取知识就受到一定程度的限制，而“行万里路”，即通过亲身的游历、考察、感受获得直接经验就显得格外重要。孔子及弟子们长期活动于各国大山、都邑、村野之间，开阔了视野，增长了知识，丰富了人生阅历，同时这也是孔子带领弟子们进行的“问道——游道——行道”的长期实践活动，不仅对孔子自身知识和修养的提高、完善大有裨益，而且也带动了一大批青年士子为学、为仕而积极出游。换言之，正是在与现实社会的磨合中，孔子的人生哲学、政治哲学、教育哲学才得以最好地丰富、完善和融汇，同时这也为当时的社会培养了一大批知识精英，为孔子的思想学说在战国时期的发扬光大奠定了人才基础，因此，“游”对孔子乃至整个中国文化而言都有着不寻常的意义。

① 徐克谦：《庄子哲学新探》，中华书局2005年版，第18页。

第三章　孔子之“游”观及“游”文化特征

第一节　孔子之“游”观

孔子作为中国传统思想文化的先驱和奠基者，其言论所折射出的思想观念对后世文人往往具有范式性、纲领性的启迪和影响，这其中就包含了许多孔子对游历、游学、游仕等活动的看法，我们这里称之为孔子之“游”观，具体论述如下。

一、重游、借游“致思”

在对待“游”与“居”的态度上，孔子倡导重游，反对“怀居”“怀土”之类的心理与行为。《论语·宪问》云：“士而怀居，不足以为士矣。”《论语·里仁》云：“君子怀德，小人怀土，君子怀刑，小人怀惠。”中国古代是典型的农业社会，与游牧、商业社会不同，中国古人向来对土地的依赖性就很强，安土重迁的乡土观念非常突出，在孔子的时代，人们的这种观念则更强。不过，从所引这两则孔子言论可以看出：“孔子把反对贪恋安居，反对留恋乡土，反对系心恩惠，提高到士之为士、君子与小人之界分的高度，新天下人之耳目，意在为推行仁政德治而提倡行游天下。”[①]事实上，孔子的确践行了这一理论。综观孔子一生为求学问道、求仕行道，东至齐，西至卫，南至楚，栖栖遑遑，居无定所，如其自谓“今丘也，东西南北之人也”[②]。孔子以其言

① 章尚正：《孔子旅游观及其影响》，《黄山学院学报》2001 年第 1 期。

② 钱玄等注译：《礼记·檀弓下》，第 58 页。

行为后世垂范作则，肯定了周游天下以骋其志的必要性与重要性，奠定了古人特别是文人士子志在四方、无畏险阻的行游观。受此影响，正所谓“好男儿志在四方”，后人多以四方之志自勉自励，如曹植《赠白马王彪》云“丈夫志四海，万里犹比邻”，傅玄《豫章行苦相篇》云“雄心志四海，万里望风尘”，李白《上安州裴长史书》云“大丈夫必有四方之志”等。

孔子之所以重游，是因为在他看来，“游”不仅能使人们丰富知识、开阔视野、增长见识，而且自然山水还有利于人们性情的熏陶和品格的提炼，人们可以借助自然环境对心境的涤荡来达到“致思”，即集中精力思考问题。如《孔子家语·致思》载：“孔子北游于农山，子路、子贡、颜渊侍侧。孔子四望，喟然而叹曰：‘于斯致思，无所不至矣。言思无所不至，二三子各言尔志，吾将择焉……’”孔子与弟子们出游于农山，登高远望，情由境生，外在自然景象触动了游历主体的内在心弦。在这里，人与自然相融合，这一情境在文艺美学上具有典型意义和价值。“孔子四望，喟然而叹”，“于斯致思，无所不至矣”[①]，这种登高望远、悲从中来的抒情感怀模式，是人类普遍具有的悲剧情怀，成为古代诗文创作中非常典型的悲剧情境，被钱钟书称作“农山心境”，为其所总结的四种诗文悲剧情境之一。[②] 不仅如此，大自然景物及时空季节的变换往往会引起人们的类比联想，因此，当文人面对自然山水等物象时往往会突发灵感，悟出许多平时不易发现的规律，如“子在川上曰：‘逝者如斯夫！不舍昼夜’”(《论语·子罕》)。面对日夜不息的流水，孔子发觉到时间的易逝不返。又如：“孔子登东山而小鲁，登泰山而小天下。”(《孟子·尽心上》)登高望远，可以开阔人的心胸，其中也蕴含着丰富的哲学意义。孔子这种借游“致思”，或者借助自然景象寻求灵感的观念和做法，对以后的文人阶层产生了深远的影响。正所谓“自古文人多游历”，“读万卷书，行万里路”……是古代读书人普遍恪守的自我成长和完善模式，司马迁、李白、杜甫、苏轼……几乎中国历史上有名的文人无不具有丰富而长期的外出游历生涯，徜徉于自然山水中，不仅能丰富他们的阅历，更能激发他们的创作灵感。

---

① (汉)刘向《说苑·指武》作“登高望下，使人心悲”。

② 参见钱钟书：《管锥编》，中华书局1979年版，第875～878页。

二、“游必有方”，反对“佚游”

孔子虽然重游，但并不是毫无原则地一味鼓励人们去出游，而是强调“游必有方”。子曰：“父母在，不远游，游必有方。”(《论语·里仁》)历来人们对这里出现的“方”有不同的解释，郑玄注为“常”，大多数《论语》注本都解释为“去处”。有学者认为：“‘有方’义为‘有道理’或‘有原因’。”[①]也有学者对此解释为：“出游必守法守礼，有信有度，免辱身以贻父母羞，免伤身以贻父母戚，免行为无常以贻父母忧。”[②]不管怎样理解，由此可以看出孔子对“游”的另一观念，即从侍亲尽孝的角度考虑，孔子反对远游，特别是反对漫无目的、毫无缘由地荡游。孔子的这种“游”的观念还可以通过下面这段记载得到进一步的验证：“晏子送之，曰：‘吾闻之，君子遗人以财，不若善言。……夫君子居必择处，游必择方，仕必择君，择君所以求仕，择方所以修道。迁风移俗者，嗜欲移性，可不慎乎！’孔子闻之曰：‘晏子之言，君子哉！’”[③]晏子是齐国有名的贤士，他对曾子提出“居必择处，游必择方”的理论，孔子对此大为认同和赞赏，由此可知“游必有方”这一提法可能不是孔子最早提出的。

进一步思考，孔子所认为的“有方”到底包含哪些内容呢？虽然从现有的史料中看不到孔子对此的正面回答，但是通过孔子自身的言行至少可以推出，那些为了求学求仕、建功立业、实现理想抱负的辞亲远游当在“有方”[④]之列。事实上，随从孔子周游列国十四年的弟子中就大有双亲健在者，故孔子反对的只是既无正当缘由又无明确目的地的“远游”。孔子这种“游”的观念多被后世文人从正面理解，并从“父母在，不远游”与“游必有方”这种非常微妙的关系中生发出一种慷慨悲壮的文化精义，如曹植《白马篇》云：“弃身锋刃端，性命安可怀！父母且不顾，何言子与妻！名在壮士籍，不得中顾私。捐躯赴国难，视死忽如归。”[⑤]

孔子在反对毫无目的地荡游的同时，也反对超乎合理程度的“佚游”。

---

① 张诒三：《“游必有方”和“粪土之墙”正解》，《中国文化研究》2007年夏之卷，第93页。

② 赵杏根：《论语新解》，安徽大学出版社1999年版，第71页。

③ 杨朝明注说：《孔子家语·六本》，第180页。

④ 此采张诒三主“方”为“原因”“道理”之说。

⑤ (魏)曹植著、赵幼文校注：《曹植集校注》卷三，人民文学出版社1984年版，第412页。

《论语·季氏》载:“孔子曰:‘益者三乐,损者三乐。乐节礼乐,乐道人之善,乐多贤友益矣。乐骄乐,乐佚游,乐晏乐,损矣。’”王肃注“佚游”为“出入不知节也”[①],那么这里孔子所提到的“佚游”应该指超出个人身心承受能力与社会礼制许可程度的放荡游乐。孔子对此持坚决反对的态度,认为这种快乐最终必然导致“损”己。孔子这种反对“佚游”的观念也同样被后世文人所依循。如谢晋《辛郊花朝偕沈二秀才壁苏校书复游南郊》一诗云:“拂晓出都门,长干日已暾。闻歌桃叶渡,沽酒杏花村。公等文章溢,吾侪道义存。佚游非所乐,风咏总堪论。”[②]明代诗人孙承恩还专门作《戒佚游铭》。另外,孔子对“佚游”的批评也成为后人反对统治者“佚游”误国的有力武器,如白居易《八骏图》诗中“璧台南与盛姬游,明堂不复朝诸侯。《白云》《黄竹》歌声动,一人荒乐万人愁”[③],即对周穆王耽于“佚游”进行暗讽。又如其诗《隋堤柳》批判隋炀帝“佚游”亡国云:“大业末年春暮月,柳色如烟絮如雪。南幸江都恣佚游,应将此柳系龙舟……海内财力此时竭,舟中歌笑何日休?……后王何以鉴前王,请看隋堤亡国树!”[④]

三、“比德”的游历审美观

孔子之“游”必然包括对所到之处自然景物的游览和观赏。春秋时期交通工具远没有今天这么发达和迅捷,因此“游”的过程中花在路途上的时间比较漫长,“游”的人也就有更多的时间面对沿途景物进行沉思,从而引发人与自然之关系的种种联想,这在孔子身上集中表现为“比德”的游历审美观。“比德”说是春秋战国时期出现的关于自然美的美学理论。其基本含义是:自然美之所以为美,在于作为审美客体的自然物象可以与人“比德”,即从其中可以意会到审美主体的某些品德美。[⑤] 关于“比德”一说的最早来源,有人认为起于《诗经》,有人认为起于《论语》,有人认为起于《管子》,学界并没有统一的认识。但不可否认的是,孔子是这一观念的积极倡导者,其不少言论都成为后来人们探讨这一范畴的重要论据。如孔子在川

① (魏)何晏集解、(梁)皇侃义疏:《论语集解义疏》卷八,清同治十二年(1873)刻本。

② (明)谢晋:《兰庭集》卷下,文渊阁《四库全书》本,第1244册,第458页。

③ (唐)白居易著、丁如明等校点:《白居易全集》,上海古籍出版社1999年版,第48页。

④ (唐)白居易著、丁如明等校点:《白居易全集》,第54页。

⑤ 参见钟子翱:《论先秦美学中的“比德”说》,《北京师范大学学报》1982年第2期。

上和弟子观水时发出的感叹：“逝者如斯夫！不舍昼夜。”(《论语・子罕》)孔子从昼夜不息的流水中体悟到时光韶华正如这流水一样一去不复返、一刻不停歇，君子应该珍惜光阴，积极建功立业。不舍昼夜的水引起了孔子对水的欣赏，说明孔子在欣赏自然景物时采用了把自然外物与人的精神特质相结合的审美观照方式，这样一来，本来纯粹的自然美便被赋予了儒家伦理层面的人文意蕴。

何以水能引起孔子观览的兴趣呢？孔子认为：

> 夫水，遍与诸生而无为也，似德。其流也埤下，裾拘必循其理，似义。其洸洸乎不淈尽，似道。若有决行之，其应佚若声响，其赴百仞之谷不惧，似勇。主量必平，似法。盈不求概，似正。淖约微达，似察。以出以入，以就鲜洁，似善化。其万折也必东，似志。是故见大水必观焉。(《荀子・宥坐》)

由此可见，水之所以能够成为孔子的审美对象，是因为它能唤起某种人生体验，激发某种道德的人格力量。水中所蕴含的德、义、道、勇、法、正、意等正是君子所应有的品格。孔子借人的道德品格、情操赋予自然之水以道德意义，欣赏自然美便成了欣赏道德的、人格的美，可见“比德”是孔子游历自然的基本审美视角。

《论语・雍也》载：“子曰：‘知者乐水，仁者乐山。知者动，仁者静。知者乐，仁者寿。’”孔子不仅以水比德，也以山比德。此处孔子不仅明确了智者与水、仁者与山的关系，而且还揭示了它们之间互相对应的审照尺度。知者之所以乐水，是因为水具有川流不息、奔流不止的“动”的特征，而知者敏于思考，捷于行动，也具有“动”的特征，所以“知者乐水”。仁者之所以乐山，是因为山有阔大宽厚、岿然不动的“静”的特征，而仁者厚重沉稳，同样具有“静”的特征，故而“仁者乐山”。宋代理学家朱熹对此段话解释说：“智者达于事理而周流无滞，有似于水，故乐水；仁者安于义理而厚重不迁，有似于山，故乐山。”[①]此语可谓精到地解释了孔子的原意。

《论语・子罕》载：“子曰：‘岁寒，然后知松柏之后凋也。’”据《庄子・让王》《吕氏春秋・孝行览・慎人》等文献可知，孔子这句话是厄于陈蔡时对子路说的，意在以松柏耐寒比喻他抱守仁义之道，临难而不失其德的品格。

---

① (宋)朱熹：《四书章句集注》，第 90 页。

《荀子·大略》云:“君子立志如穷,虽天子三公问正,以是非对。君子隘穷而不失,劳倦而不苟,临患难而不忘细席之言。岁不寒无以知松柏,事不难无以知君子无日不在是。”这可以说是“岁寒,然后知松柏之后凋也”的确切注释。后来的学者论著,如刘安《淮南子·椒真训》、司马迁《史记·伯夷列传》、王符《潜夫论·交际》等,都曾引用和发挥孔子的这一论述,或以岁寒比喻乱世,或以岁寒比喻事难,或以岁寒比喻势衰,无不以松柏来比君子坚贞的品德。

松柏给人以坚毅不屈的审美品格,洁净幽芳的兰草则很容易让人将其与君子的美德相比附,孔子“比德”的游历观念在此也有很好的体现。据《琴操》所记,孔子历聘诸侯,诸侯莫能任。自卫反鲁,过隐谷之中,见芗兰独茂。喟然叹曰:“夫兰当为王者香,今乃独茂,与众草为伍,譬犹贤者不逢时,与鄙夫为伦也。”[①]孔子于是援琴而作《猗兰操》。幽谷独茂的兰草与周游而返的孔子的确有着共同的命运——生不逢时,同时二者身上也有着相通的精神品格——洁身自好。周游不遇的孔子与幽谷而芳的兰草在命运和精神上的这种契合,引发了后世众多文人的创作注意和审美联想,如周巽、朱瞻基、刘嵩、朱右、周瑛、王世贞、胡应麟等都竞相拟作《猗兰操》。

在与自然的接触中,孔子不仅赋予自然山水、松柏兰草等以“德”的品性,同时一些不太为常人所留意的自然景象也常常引起孔子的“德性”观照,体现出孔子内心非常细腻的“比德”联想和审美思考。如孔子在山谷中行走,看见几只野鸡飞向天空,盘旋一阵后,又都停在一处。于是孔子说:“山梁雌雉,时哉时哉!”(《论语·乡党》)山谷里野鸡的飞翔停留,在常人看来是再平常不过的自然景象,但它却引发了孔子对自己所处“无道”时世以及个人“生不逢时”的类比联想。可见,孔子在游历过程中,总是习惯于对外在自然景物进行“比德”的审美观照,而且外在自然景物往往也能引发孔子比一般人更多、更细腻的审美注意和思考,这正是孔子之“游”的重要意义所在。

另外,孔子在“游”的过程中,出于“德”的自我操控意识,有时对一些地名、水名也格外在意。如《尸子》中载:“孔子至于胜母,暮矣而不宿。过于

① 逯钦立辑校:《先秦汉魏晋南北朝诗》,中华书局1983年版,第300～301页。

盗泉[①],渴矣而不饮,恶其名也。”[②]

总之,“比德”是孔子游历活动中最为重要的审美观,体现了人与自然的和谐相通,把自然之美与儒家君子的品格及伦理道德等有机融合,对后世文人的生活方式、审美心态及文艺创作都产生了深远影响。如历代文人都格外讲究居住环境的自然景观美,往往在自己的院落里堆山引水,喜爱种植松、竹、梅、兰、菊、荷等具有坚韧、谦虚、雅洁、纯净、不屈等富有美好意象的树木花卉。同时,这种审美趋向和偏好又充分体现在文人们的诗文、书法、绘画等文艺创作之中,影响极为广泛。

四、以游行“道”,为“道”遁游

《论语・泰伯》载:“子曰:‘笃信好学,守死善道。危邦不入,乱邦不居。天下有道则见,无道则隐。邦有道,贫且贱焉,耻也;邦无道,富且贵焉,耻也。’”本书第一章已经言明孔子“游”文化中所具有的“游道”含义和性质。孔子一向重“道”、重“义”,这种观念和思想充分体现在孔子周游列国的活动历程中。孔子长达十四年的周游列国之行,其根本目的在于“行道”而不是“谋食”,对此本书前面已经有比较详细的分析说明,此不赘述。另外,值得注意的是,与以游行“道”相辅相成,孔子还提倡为“道”遁游。孔子主张“天下有道则见,无道则隐”(《论语・泰伯》),在经历了陈蔡之困后,到达楚地,楚狂接舆、长沮、桀溺、荷蓧丈人等隐士对孔子之“道”一再泼冷水,孔子认识到“道之不行,已知之也”(《论语・微子》),于是对子路说“道不行,乘桴浮于海”(《论语・公冶长》)。虽为一时牢骚之词,但也可以体现出孔子行游的道义观。很显然,孔子认为决定个人政治上进退出处的关键就看“道”是否可行,道可行则入则进,道不行则出则退。

纵览孔子平生几次离邦出游的经历,可以发现孔子的确是以行践言:鲁昭公三十五年,孔子即因鲁乱而适齐;鲁定公十三年,鲁君与季桓子受齐国女乐,三日不听政,又不致郊祭用的膰肉于大夫,孔子感到“道不行”,于是离鲁适卫;同年,卫灵公听信谗言,监视孔子,孔子在卫待了十个月的时间便离开了,至匡遇困,不久后又回到卫国;鲁哀公二年,卫国蒯聩、蒯辄父子争位,朝野一片混乱,孔子再次去卫适陈;哀公六年,吴伐陈,陈国大乱,

---

① (北魏)郦道元《水经注・洙水注》云:“洙水西南流,盗泉水注之。泉出卞城东北卞山之阴。”

② 《尸子》卷下,《百子全书》第3册,浙江人民出版社1984年版。

孔子离陈过蔡地至楚地负函，见楚国贤大夫叶公。如上所示，孔子几次去邦，皆因邦危、邦乱与不被信用，一旦发现所居之邦有危有乱，判定“道不行”，就毅然出游，哪怕长期政治流亡，历尽被围困、断粮等危厄，甚至“累累若丧家之犬”也坦然处之，真可谓“守死善道”“择君而事”，表现出重道义、轻去就的道德判定。但若细检孔子所游历诸国，陈、卫等都是“乱邦”，然而孔子停留的时间都不短，所以孔子所谓的“危邦不入，乱邦不居”并不绝对化，某种程度上他奉行的是一种理想化的“道义至上”的行游观。

五、孔子“游”之“时”观

孔子周游列国，或留或去，或仕或辞，不一而类，似乎缺乏一定的原则性。对此孟子的弟子万章曾问孟子说：“然则孔子之仕也，非事道与？”孟子对弟子解释说：“孔子有见行可之仕，有际可之仕，有公养之仕也。于季桓子，见行可之仕也；于卫灵公，际可之仕也；于卫孝公，公养之仕也。”(《孟子·万章下》)朱熹对之解释曰：“见行可，见其道之可行也。际可，接遇以礼也。公养，国君养贤之礼也。……故于鲁则兆足以行矣而不行然后去，而于卫之事，则又受其交际问馈而不却之一验也。”[①]朱熹此说较为合理。通过孔子的主要经历可以看出，孔子在长期周游生涯中，所到国家不少，究竟是仕还是不仕，并没有明确的遵循原则，以至于孔子的某些举动和打算有时引来弟子们的不满和非议。如孔子在鲁，不与乱臣阳虎合作，但公山弗扰以费畔，召孔子，孔子欲往，这就招来子路的不满，最后也未成行。晋国大夫赵简子叛其君，欲召见孔子，孔子竟也想去，不过没过黄河就折返回来了。按照常理，公山弗扰、赵简子都是叛臣，孔子绝对不应该有要去的想法，但史料却恰恰记载了孔子欲往。又如卫灵公夫人南子有淫声，召孔子，孔子竟也前去拜见。卫灵公并不是什么贤君，但孔子在卫国停留的时间却最长。

到底应该如何解释以上这些看似矛盾的问题？本书以为，这其实反映出孔子行游过程中所坚持的“时”的原则：“孔子，圣之时者也。”(《孟子·万章下》)“可以仕则仕，可以止则止，可以久则久，可以速则速，孔子也。”(《孟子·公孙丑上》)归有光认为：“孟子所谓可者，言孔子因时应变而不滞云耳。圣贤

---

① (宋)朱熹：《四书章句集注》，第320页。

之于天下，非能为一定之迹。遭时之所宜，而亦不容不异。孔子之圣，于春秋之世，亦必有以自处者。”①即孔子往往视具体形势、环境、个人情感等因素对一些诸如仕还是不仕、见还是不见等比较敏感的事件采取灵活变通的方式加以应对。这可以通过孔子平时的行事风格加以推断。如同样处理财务问题，孔子就体现出不同的原则：子华使于齐，冉子为其母请粟，最后冉子与之粟五秉。孔子不满曰：“君子周急不继富。”颜渊死后，其父颜路请求卖掉孔子的车子来给颜渊办外椁，孔子以自己为大夫不能徒行相拒。原思任孔子的总管，孔子与之粟九百，原思辞。孔子却说：“毋！以与尔邻里乡党乎！”可见，在财物的问题上，给还是不给，在孔子看来既要因人而异，也要考虑到自己的承受能力，并没有一个固定的标准。又如《礼记·檀弓》所记孔子不顾子贡的不满，而把自己拉车的马解下来给旧馆主人赙丧，这也表明孔子对“礼”的理解和执行不是一味地固守成规，而往往带有很大的灵活性。同样，在周游过程中对待诸如留还是去、仕还是处等问题，孔子往往采取“时”“权”的灵活态度，但其核心原则却是共同的，即都以实现其最终的“道”，即政治理想为核心目的。

第二节　孔子“游”的文化特征

孔子生活在春秋末期，尽管此时西周的礼乐文明已经式微，然其余绪和影响犹在，加之孔子出生、生活于礼乐之邦，因此，作为中国儒家思想文化的奠基者，孔子不仅鲜明地提出“礼”“乐”“仁”等核心思想，而且以其实际行动，特别是在“游”的实践活动中，很好地贯彻了这些思想，故孔子之“游”无论是外在表现还是内在精神，都与后来蔚然成风的战国游士之“游”有很大的不同，表现出鲜明的文化特征。

一、开士人大范围、长时期“游”之先河

孔子以前的士人之“游”，由于历史文献的缺失或不足，即使有，其具体情形也很难获知。相比之下，孔子之“游”则较早而集中地出现于先秦各类文献

① （明）归有光著、周本淳校点：《震川先生集》卷十五，上海古籍出版社1981年版，第379页。

典籍中，之后的《史记·孔子世家》则对孔子及弟子主要的“游”活动，以时间顺序进行系统编次，尽管其中存在着诸多讹误和富有争议的地方，但这毕竟是较早的对春秋时期士人之“游”明确而系统的记载。种种迹象表明，在士人“游”风渐起的春秋末期，孔子之“游”无论是在游历的空间范围上，还是持续的时间跨度上，以及从游人员的规模上，都具有开先河的划时代意义。

首先，从孔子“游”的空间范围上来看，出于求学、求宦、行道等目的，孔子一生先后到过周、齐、卫、曹、宋、陈、楚等诸多国家，其所经地区跨越了今天山东、河南两省的主要区域，方圆将近 2000 里，所过范围不可谓不广。当然，若与战国以后的士人之游相比，其范围显得略小，但孔子时代的出行条件远没有后来优越，尽管孔子出行有马车可乘，但木轮车行走速度有限，再加上当时道路交通等条件的限制，孔子及弟子们能够到达这么多的地方、这么远的距离，实属难能可贵。

其次，从孔子“游”的持续时间上来看，孔子游周的时间应该不超过一年；孔子游齐的时间存有争议，或主七年，或主三年，或主一两年，不管哪种看法，其“游”的时间都不算短；而从鲁定公十三年到鲁哀公十一年孔子进行的这次周游列国之行，前后历时竟达十四年之久，即使与战国及以后的士人之“游”相比，也毫不逊色。

再次，从“游”规模上来看，孔子之“游”大多情况下都有弟子伴随左右。如孔子游周，不仅有子路[①]等弟子伴随左右，而且这次出游还得到了鲁国国君的赞助，带有一定的官方色彩和正式意味。之后孔子游齐，以及十四年的周游列国之行，如颜渊、子路、子贡、冉求、颜刻、公良孺等诸多弟子更是如影而随。据匡亚明等学者的观点，孔子周游列国期间，从游弟子当不下数十人，这一点较为可信。其一，从《史记·孔子世家》记“弟子有公良孺者，以私车五乘从孔子”的情况可以大致推测，孔子出游的车马规模还是比较壮观的，随从弟子的人数应该较多。其二，孔子主张“有教无类”，其自言“自行束脩以上，吾未尝无诲焉”(《论语·述而》)，故归于孔子门下的学生数量很大。《史记·仲尼弟子列传》所列孔子弟子，单是有姓名的就有 77 人之多。而孔子教育学生，主要不是通过有固定场地的授课形式，更多的是

① 孔子游周时的弟子随从情况，各类文献没有很详细的记载，《史记·孔子世家》言有南宫敬叔一同前往，本书认为其说不太可信。《说苑·敬慎》《韩诗外传》均有孔子于周庙观欹器并让子路注水试验的记载，据此，则此次适周，子路也可能一起前往。

一种实践教学、游历教学，因此，孔子出游，主要的弟子都应跟随左右，以随时学习受教。其三，由于孔子在当时的名声越来越大，孔子所到之处，往往会有新的弟子加入周游的队伍[①]，如此一来，孔子“游”的规模也会越来越壮观。因此，孔子之“游”，是一种典型的“师徒从游”式。这种从游人员的组成模式具有多方面的好处：一方面，在“游”的过程中，孔子可以因地取材，对事而论，灵活生动地进行实践教学；另一方面，这些从游弟子要么为孔子驾车，如冉有、颜刻等，要么充当孔子的侍卫，随时保护孔子的人身安全，如子路等，要么做好经济保障，如善于经商的子贡。总之，在春秋末年这个战争频仍的时代，这种师徒从游的出游方式，既有自我保护、自给自足的现实性考虑，同时也是传播思想、普及文化的有效途径。孔子所开创的这种师徒相从式的出游形式被后来的墨子、孟子、荀子、韩非子等战国士人所沿用，“孔子是一位教师，他被一群弟子簇拥着，徒劳地追求高官，以使他能够改革政府；他开创了一个为此后三个世纪的哲学家所仿效的先例”[②]。

正是孔子这种“游”的开创和示范作用，才促使战国士人以“游”的方式传播文化思想、宣传政治主张、寻找实施政治理想和实现人生价值的机会，战国时期的士人将孔子所开创的“游”文化传统发扬光大，不仅“游”的空间范围更大，频次更高，而且赋予其新的时代内容和特征。如战国初期孔子的学生子夏就西游至西河，到三晋地区设教。战国中期的惠施频繁出入魏、宋、楚等国，南北跨度较大。荀子则东至齐，西至秦，南至楚，北至赵，其纵横跨度都很大，几乎涵盖了大半个中国。其他如苏秦、张仪之辈，则经常往返活跃于秦、齐、楚等国，士人行游的区域空间明显越来越大。当然，这与战国时期社会经济的进一步发展以及交通、宿息等条件的改善也不无关系。同时七国争雄，原来春秋时期的许多小国先后被大国兼并，原来国与国之间的关卡壁垒逐步被打破，再加上此时各国养士之风盛行，这些都大大增强了各国间人员尤其是士人的流动性。此时的士人之“游”，活动空间更广，持续时间更长，同时其“游”更为注重实际的功利性和游说的技巧性，显示出鲜明的时代特征。

---

① 如李启谦在《孔门弟子研究》一书中即认为，子贡应是在孔子 55 岁以后游卫时开始从游于孔子的。

② [英]葛瑞汉著、张海晏译：《论道者：中国古代哲学论辩》，中国社会科学出版社 2003 年版，第 12 页。

二、鲜明的礼乐特征

受时代背景的影响，孔子之“游”带有明显的重礼乐的时代特征。春秋末年虽然是一个“礼崩乐坏”的时期，但整个社会尚处于由礼乐文化向战国的礼法文化过渡的时期，许多诸侯国君包括士大夫还是非常看重礼的。如齐景公问政于孔子，孔子以“君君，臣臣，父父，子子”相对，这一回答得到了景公的认可。又如《孔子家语·冠颂解》载邾隐公即位不久，要举行冠礼，通过孟懿子来向孔子请教等。

孔子“游”的礼乐文化特征突出表现在两个方面：首先，孔子所游之目的主要为推行礼乐。孔子早期出游主要为求学问道，而孔子所问内容不外乎“礼”和“乐”两项内容。如孔子29岁学琴于师襄子；34岁适周，主要文化活动有问礼于老子，访乐于苌弘，到周庙考察周礼；36岁在齐，与齐太师语乐，而且闻《韶》竟“三月不知肉味”；孔子长达十四年的周游历程，其根本目的是想通过恢复周礼来挽救当时各国混乱不堪的局面。其次，孔子在“游”的过程中，其言行始终恪守礼乐规章。孔子在齐国，景公问政，孔子的回答显示出对当时君臣之礼废坏的不满。《孔子家语·六本》载：

> 孔子在齐，舍于外馆，景公造焉。宾主之辞既接，而左右白曰：“周使适至，言先王庙灾。”景公复问：“灾何王之庙也？”孔子曰：“此必釐王之庙。”公曰：“何以知之？”孔子曰：“《诗》云：‘皇皇上天，其命不忒。天之以善，必报其德。’祸亦如之。”……俄顷，左右报曰：“所灾者，釐王庙也。”景公惊起，再拜曰：“善哉！圣人之智，过人远矣。”

孔子对釐王庙灾的分析依据充分体现了其坚持文武礼制的思想主张。又如孔子在卫见南子一事，朱熹认为合于古礼。卫灵公问兵陈，孔子的回答显示出其重礼仪、轻兵战的鲜明主张。再者，孔子离邦出游往往也是由于该国礼乐之不修，让他感到失望。最典型的就是定公十三年春孔子去鲁适卫，其根本原因当然是孔子在鲁国受到排挤，但真正促使孔子动身的却是“膰肉不致”这一细节，正所谓“不知者以为为肉也。其知者以为为无礼也。乃孔子则欲以微罪行，不欲为苟去。君子之所为，众人固不识也”(《孟子·告子下》)。

出游过程中的孔子不仅重礼，而且尚乐，其中除有孔子与高士谈论音乐的活动外，更体现出孔子是一位擅长乐器的师者。很多时候孔子借助击磬、弹琴等音乐形式抒发内心的情绪。如:孔子于卫击磬,借以抒发自己政治上的不遇;在匡弹琴,以消除敌人对自己的误解,解除兵围;困于陈蔡,孔子依然弦歌不辍;如是等等。民间传说中有关孔子弹琴的故事就更多了,此不一一列举。相比而言,战国时期之游士,发论多围绕“王”“霸”之政,尤其是惠施、吴起、苏秦、张仪等辈,为达目的,不惜杀妻灭子,违背孝义,巧练唇舌,极尽心思来揣摩各王公贵族之心理,不择手段地投其所好,往往恣肆捭阖,长篇大论,内容多为如何富国强兵,如何建立政治、军事同盟,以便在各国纷争兼并中占得先机,孔子“游”所散发出来的礼乐气息在战国这个群雄逐鹿的时代几乎消失殆尽。

三、盛德气象与君子风范

孔子尚“德”,这从《论语》书中先后出现 40 次“德”字便可以明显地看出来。如:“子曰:‘德之不修,学之不讲,闻义不能徙,不善不能改,是吾忧也。’”“子曰:‘志于道,据于德,依于仁,游于艺。’”(《论语·述而》)“子曰:‘有德者,必有言。有言者,不必有德……’”(《论语·宪问》)“德”在孔子的政治理念上主要表现为鲜明的“德政”思想。如孔子主张:“道之以政,齐之以刑,民免而无耻;道之以德,齐之以礼,有耻且格。”(《论语·为政》)“子曰:‘君子怀德,小人怀土;君子怀刑,小人怀惠。’”(《论语·里仁》)。在孔子这里,“德”往往和君子品格联系在一起。孔子很早就提出了中国传统文化中“比德”的游历审美观,受这种观念的影响,孔子之“游”带有强烈的君子风范。如《论语·先进》载,子路、曾皙、冉有、公西华侍坐,孔子让其各抒己志,并针对弟子们不同的回答一一予以评论,最后表示愿意和曾点一样。这段文字把孔子的提问,几个弟子回答时伴随的神色、动作以及孔子的反应都作了简要记述。这里孔子的声貌动容如在眼前,给人以亲切感,完全是一位谦和慈祥的君子形象。而且孔子和曾点所向往的“莫春者,春服既成,冠者五六人,童子六七人,浴乎沂,风乎舞雩,咏而归”的情景完全是一幅人与自然相偕相融的优美画卷,充分展现了孔子和弟子们淡泊雅致的君子风范,这种风度和气节在战国游士们身上则很难找到。

不仅如此,孔子游学、游教等文化活动所体现出的君子风范也很突出。如孔子学琴于师襄子的故事,通过对孔子学琴时的耐心细致以及逐层深入,表现出孔子谦虚好学的美好品格,最后孔子对文王形貌的描绘,再次展现了其雅好礼乐及内心虔诚的君子风范。同样，孔子问礼于老子，其言辞颇为谦恭。困厄之中，孔子的君子本色表现得更为鲜明，这方面的例子很多，今只以孔子厄于陈蔡时的言行略加说明。《史记·孔子世家》载：“孔子迁于蔡三岁，吴伐陈。……于是乃相与发徒役，围孔子于野。不得行，绝粮。从者病，莫能兴。孔子讲诵弦歌不衰。子路愠见曰：‘君子亦有穷乎？’”身陷困厄，从者难以忍受，而孔子依然保持乐观镇定的姿态，不仅没有怨天尤人，而是继续弹琴颂诗，这种松柏式的坚毅品格令人动容。《论语·子罕》：“子欲居九夷。或曰：‘陋，如之何！’子曰：‘君子居之，何陋之有？’”这说明孔子坚信，一个真正的“君子”，在其所到之处，必然会以自身的行为示范，在当地起到移风易俗的作用。孔子的实际游踪虽然未及“九夷”，但在其所到之处，确已将其所提倡的君子风范带到各地，这种身体力行的传播方式，对于扩大儒家思想的影响力所产生的效果是持久而深远的。这也是孔子之“游”的重要文化功能之一。

孔子作为儒家学派的开门宗师，在“游仕”的问题上，同样显示出儒家的君子风范。孔子并不反对出游求仕，反而认为“不仕无义”(《论语·微子》)，但在如何获得仕位的问题上，孔子则显得文雅有余而机心不足。笔者觉得用“觊仕”来形容孔子出游求仕的心态要比“游仕”更为允恰。“觊仕”与“游仕”虽然只有一字之差，但其意义却有微妙的差异。具体而言，“觊仕”主要表达一种希望做官的心理和愿望，并不一定为此费尽心机去谋求；而“游仕”的基本意义是外出做官，又有“游说求仕”的含义，即为求得官位，可以信口雌黄，有时还会不顾体面甚至不择手段。事实上，孔子周游列国，从内心来讲，是非常希望获得一个施展政治抱负的机会的，然而他的姿态却始终很高。孔子与诸侯国君的关系更像是“师友”。而且，孔子从来没有主动提出过想要做官，很多时候他更像一位政治顾问、一位“布道者”，对各国国君试图进行道义上的感化。如：“子禽问于子贡曰：‘夫子至于是邦也，必闻其政，求之与？抑与之与？’子贡曰：‘夫子温、良、恭、俭、让以得之。夫子之求之也，其诸异乎人之求之与？’”(《论语·学而》)这里，“温、良、恭、俭、让”五字，描绘出孔子所具有的盛德气象。孔子在周游过程中，与齐景公、卫灵公、陈愍公、卫出公等多次讨论政治问题，按照子贡的看法，应该是孔子的盛德气象让当时的诸侯国国君主动以政情相问于孔子，不像他人尤其是战国游士那样主动求之于国君。由此，我们也可以总结出，孔子在“游”

的过程中，在与各国国君、大夫及师友交往问答的过程中所持有的温和、正直、谦恭等态度，显示出儒家君子的中正、谦和之风。他身上不仅没有战国策士普遍存在的那种不讲原则、不择手段而汲汲于功名的风气，而且国君或士大夫若有稍微出格的越礼行为，孔子往往以迅速离开这种不合作的方式进行无声的抗议。

四、“知其不可而为之”的悲剧精神

综观孔子整个“游”文化活动，其表面目的或最初目的，或为求学，或为问道，或为行教，或为入仕，但从根本上来说，“行道”才是孔子“游”的终极目的。“道”在孔子这里鲜明而集中地体现为“斯文”，即西周礼乐文明所保存的深层文化精神。“文王既没，文不在兹乎？天之将丧斯文也，后死者不得与于斯文也；天之未丧斯文也，匡人其如予何？”(《论语·子罕》)“孔子坚信‘天之未丧斯文’，个人的生死已与‘斯文’的存亡紧密相连，文化生存的悲情已与个体生命的感受合而为一，维持和延续‘斯文’，已成为他生命价值的全部。”[①]西周的礼乐文化是孔子心目中理想的模式，“周监于二代，郁郁乎文哉！吾从周”(《论语·八佾》)。在目睹了春秋末期王道崩坏、礼乐废弛、僭越盛行的社会现实后，延续日渐陵替的“斯文”变成了孔子最大的心愿和使命。孔子之所以离开父母邦国，四处游历，根本目的在于寻求到能真正认可自己、任用自己的当权者，主张“不在其位，不谋其政”的孔子必须在政治舞台上找到自己的正确位置，只有这样，才可能真正实现自己的文化主张，即在国家治理、民治教化上将“礼”“乐”“仁”真正推行开来。可以说，这是延续西周礼乐文明的最理想的方式，同时也能达到最佳的效果。相对而言，通过教育弟子、整理古代文化典籍来延续这种“斯文”，则是政治方式行不通之后，退而求其次的无奈之举。

然而孔子所极力主张、延续的礼乐传统与当时孔子所处的社会现实之间具有不可调和的矛盾：

> 礼乐作为一种政治制度，它的崩溃是现实利益与权力之所导致；而作为一种文化系统，它的崩毁，不仅因利益和权力之争，而且也因其自身内在的矛盾。礼乐文化，本是一种柔和的统治与文化策略，但在

① 徐克谦：《先秦儒学及其现代阐释》，第55页。

严格的秩序下，却缺乏弹性。①

在一个“礼崩乐坏”的时代全力克己复礼，恢复已经丧失威信的“周礼”，而不知道顺应时代发展新趋势而从事新的变革。以这种“知其不可而为之”的精神去履行自己的教育家和政治家的抱负，孔子形象之神可能正在这里。②

这里既道出了孔子的言行主张与其所处时代之间的矛盾，同时也点出了孔子形象的精神之魂。有学者指出：

我个人以为，孔子形象的真正核心在于，他是一位旨在立人并为此身体力行的中国第一教育家，是中国教育事业的开拓者。但是，他个人却常常误以为自己可以充当政治家，力图在政治领域实现毕生抱负。一个本来更适合做教育家却自以为能做政治家的人，孔子一生的悲剧及其形象之魂可能正在这里。③

应该说，这的确从一个方面道出了孔子之所以在政治上处处碰壁的原因，然而这还不是孔子悲剧性格的根本所在，因为这只能说明孔子按照自己“斯文”的方式去寻求政治舞台的做法，带有很强的理想化色彩，而这恰恰是孔子“行道”的具体体现；反过来说，若孔子按照当时许多权谋家的方式去谋政、从政而获得重用，那他就不是我们所理解的道义层面上的孔子了。

孔子的文化生存意识正体现于他绝不以牺牲自己确信的人文理想来迎合任何政治势力，不管是新的还是旧的。恰好相反，他栖栖惶惶周游列国，正是为了劝说各种政治势力来适应其人文理想。这与后来战国游士简练揣摩，练就三寸不烂之舌，怀揣一肚子奇谋诡计去为人主出谋划策，是有本质的区别的。④

孔子的悲剧性格并不体现在其对当时形势及自身能力缺乏清醒的认识上，而是表现为明“知其不可”，却毅然决然地去“为之”的固执做法，这其中蕴含着一种感人心魄的“以身殉道”的悲剧意蕴。对于怎么做能够在政治舞台上如鱼得水，以孔子的聪明才智和丰富阅历不会不清楚，然而孔子

① 张立文主编、陆玉林著：《中国学术通史》(先秦卷)，人民出版社 2004 年版，第 43 页。

② 王一川：《〈孔子〉与中国文化巨人的影像呈现》，《当代电影》2010 年第 3 期。

③ 王一川：《〈孔子〉与中国文化巨人的影像呈现》，《当代电影》2010 年第 3 期。

④ 徐克谦：《先秦儒学及其现代阐释》，第 64 页。

所信奉和推崇的“道”恰恰排斥这种功利地违背“礼”“乐”“仁”原则的谋政，正是因为那个时代太多的人用这种政治家、权谋家的方式实现自我，才会引起孔子的不满和强烈的礼乐危机感。总之，对自己的礼乐实践与现实形势的不合，孔子不是没有清醒的认识，恰恰正因为孔子意识到这种“道”的岌岌可危，才通过自己的身体力行向世人进行道义性的示范和诠释。孔子这样做当然不是为了“作秀”，即使有“作秀”之嫌，其用心也在劝世、警世。因此，孔子在政治现实中的不遇，从一定程度上来说，是由于“直木先伐，甘井先竭”(《庄子·山木》)。东周易代之际，礼崩乐坏，人心不古，社会风气江河日下，而孔子言行必恭，恪守礼乐，这势必被如齐之陈氏、鲁之三桓等心怀不轨的人视作异己，孔子的礼乐主张和高雅的行为风尚势必给他们带来一种无形的却是威力强大的道德、道义重压。因此，从本质上而言，孔子这是以牺牲自己的政治前途甚至整个生命为代价，为了实现对“道”的理想主义的追求，而进行的“以身践道”“以身殉道”的悲壮之举，这才是孔子悲剧性格的意蕴之魂。

正如曾子所言：“士不可以不弘毅，任重而道远。”(《论语·泰伯》)孔子为了自己心中的理想和肩负的神圣使命，虽已过知命之年，但仍不惜远走他乡，率弟子仡仡而行，南到偏僻的楚国，历时十四年，进行了一次为实现心中之“道”而苦苦求索的长途之旅，这一壮举也让我们看到了孔子持之以恒、不达目的誓不罢休的执着精神。孔子周游期间，虽屡遭不遇，频罹困厄，甚至有时还有性命之忧，然而他始终不改其志。在匡被围，孔子坚信“天之未丧斯文也，匡人其如予何”。在陈绝粮，身边弟子不胜其苦的境况下，孔子依然“讲颂弦歌不辍”，可见孔子对自己所坚守的道义是何等的自信和从容！这种对“道”的执着精神令人由衷地敬佩，正所谓“岁寒，然后知松柏之后凋也”(《论语·子罕》)。

总之，“游”不仅使孔子成为中国最早的文化传播者之一，而且也使得孔子身上展现出一位真正知识分子的精神品格。孔子之“游”，表现出孔子身上所具有的强烈的现实忧患意识、文化传承意识以及鲜明的实践精神，用宋代张载的话说，即“为天地立心，为生民立道，为去圣继绝学，为万世开太平”[①]。孔子的伟大之处就在于“他能在‘斯文’与客观环境出现巨大矛盾之际，在政治、经济问题成为人们普遍关心的焦点的时代，仍然坚信‘斯文’不可废弃的价值，怀着带有某种程度的宗教情怀的坚定信念，以‘知其不可而为之’的殉道精神，执著于民族深层文化的承传接续，终身不倦地为‘斯文’的继承、改造和传播而努力奋斗”[②]。

第三节　“方内之游”与“方外之游”

——孔子、庄子之“游”的文化特质比较

孔子，为儒家开门宗师，被后世尊为“至圣先师”；庄子，为道家早期极具影响的代表人物之一，被后世封为“南华真人”。二者一儒一道，皆为中国历史文化中深具影响的代表性人物。孔子立足现实，主张积极入世；庄子立足精神，追求逍遥出世；孔子注重问学，庄子讲求坐忘；孔子注重礼乐，庄子热衷齐物。总之，二者在处世态度、个人修养、理想人格、个性特点等众多方面都呈现出截然不同的文化特质，对整个中国文化都产生了深远入微的影响。不过有一点在二者身上共同存在而且显得格外突出，那就是“游”。孔子周游列国为人所熟知并津津乐道，庄子“逍遥游”更令无数文人所神往。人们习惯于用“风骚”来代指中国文学中的现实主义、浪漫主义两大传统源头，而孔子之“游”与庄子之“游”，则分别开启了古代士人“游”文化活动的现实主义和浪漫主义两大传统。孔子之“游”扎根于现实的土壤，为“方内之游”，处处彰显着现实情怀；庄子之“游”则徜徉于精神的天空，为“方外之游”、心灵之“游”，通体散发着浪漫气质。分析比较二者“游”的内容及特质的差异，有助于深入认识中国古代士人不同的“游”文化活动及其价值取向。

---

① (宋)张载著、张锡琛点校：《张载集·近思录》，中华书局1978年版，第376页。

② 徐克谦：《先秦儒学及其现代阐释》，第64页。

一、孔子、庄子之“游”的表现差异

“游”字在《论语》中共出现14次，其中有9次用于人名“子游”，另外5次皆为动词，其中与孔子有关的有4次：

> 子曰：“父母在，不远游，游必有方。”（《论语·里仁》）
>
> 子曰：“志于道，据于德，依于仁，游于艺。”（《论语·述而》）
>
> 孔子曰：“益者三乐，损者三乐。乐节礼乐，乐道人之善，乐多贤友，益矣。乐骄乐，乐佚游，乐宴乐，损矣。”（《论语·季氏》）

这4次出现的“游”含义不尽相同。“父母在，不远游，游必有方”中的“游”，含义比较明确，主要指外出、出游、游历。“方”却有不同的解释，郑玄注为“常”，大多数《论语》注本都解释为“去处”，也有学者认为“‘有方’义为‘有道理’或‘有原因’”[①]。不论“方”作何解释，都能看出孔子对“游”持较慎重的态度。孔子反对远游，特别是反对漫无目的、毫无缘由的漫游。“志于道，据于德，依于仁，游于艺。”“游于艺”，朱熹注为“玩物适情之谓”[②]。对“游艺”，《汉语大词典》解释为“游憩于六艺之中”，“游”在这里的含义为“悠游”，主要表现为在礼、乐、射、御、书、数六种技艺中的一种适然、雍容的心志状态。“乐骄乐，乐佚游，乐宴乐，损矣。”“佚游”，何晏《论语集解》引王弼曰：“佚游，出入不知节也。”[③]《汉语大词典》解释为“放纵游荡而无节制”，这里的“游”主要指“出游”，同时也带有“游玩”的含义，可见毫无节制地荡游是孔子所极力反对的。《论语》文字简短，对孔子“游”的记载仅有3处，这显然不能完全反映真实的孔子之“游”。而且，与《庄子》一书中频繁出现“游”字不同，对孔子许多属于“游”的文化活动，包括《论语》在内的各类文献，大多情况下并不专门以“游”来指代和进行描述，这也是孔子之“游”与庄子之“游”单从文本上所体现出来的隐与显的差异。

“游”字在《庄子》书中出现的频率很高，共有113次，除4次用于人名，3次用于“游居”，1次用于“交游”外，其余均为动词。“游”在《庄子》书中的使用及分布情况如表3所示：

---

① 张诒三：《“游必有方”和“粪土之墙”正解》，《中国文化研究》2007年夏之卷，第93页。

② （宋）朱熹：《四书章句集注》卷四，第94页。

③ （魏）何晏撰、（梁）皇侃疏：《论语集解义疏》卷八。

表 3

篇名	次数	“游”的主语	状语	谓语	宾语 / 补语
《齐物论》	3	鳅与鱼		游	
		至人		游	四海之外
		圣人		游	尘垢之外
《逍遥游》	3		逍遥	游	
				游	无穷
		神人		游	四海之外
《天道》	1			游	江海
《天运》	5	孔子	西	游	卫
		古之至人		游	逍遥之墟
《天地》	4	黄帝		游	赤水之北
		子贡	南	游	楚
		假修浑沌氏之术者	将	游	世俗之间
		谆芒	将	游	
《马蹄》	2	禽兽	系羁	游	
		民	鼓腹	游	
《在宥》	9	广成子		游	无极之野
		云将	东	游	
		鸿蒙	雀跃	游	
			浮	游	
				游	无端
《骈拇》	3			游	心
		仁义		游	道德之间
		谷	博塞	游	
《天下》	1	庄周	与造物者	游	
《渔父》	1	孔子		游	缁帷之林
《列御寇》	3		敖	游	

续表

篇名	次数	“游”的主语	状语	谓语	宾语／补语
《应帝王》	5	天根		游	殷阳
		无名人		游	无何有之乡
		天根		游	心
		明王		游	无有
				游	无朕
《大宗师》	9	圣人	将	游	
		冯夷		游	大川
				游	雾
		子桑户、孟子反、子琴张		游	方之外
		丘(孔子)		游	方之内
		子桑户、孟子反、子琴张		游	天地之一气
				游	遥荡恣睢转徙之涂
《田子方》	3	老聃		游	心
				游	至乐
《知北游》	5	知北		游	玄水之上
		周、遍、咸		游	无有之宫
				游	太虚
《达生》	7	田开、祝肾		游	
		鼋鼍鱼鳖	不能	游	
		得是而穷之者	将	游	万物之所终始
		吕梁丈夫	被发行歌	游	于塘下
《山木》	9	庄子	浮	游	万物之祖
				游	无人之野
				游	大莫之国
				游	世
		庄周		游	雕陵之樊

续表

篇名	次数	“游”的主语	状语	谓语	宾语／补语
《秋水》	3	孔子		游	匡
		鲦鱼		游	从容
		庄子与惠施		游	濠梁之上
《至乐》	1	鸟		游	坛陆
《让王》	1			游	尧之门
《寓言》	1	老聃	西	游	秦
《外物》	8	我(庄周)	且南	游	吴越之王
		至人	南	游	于世
		心	天	游	
《人间世》	5		乘物	游	心
		南伯子綦		游	商之丘
		楚狂接舆		游	孔子之门
《德充符》	7			游	羿之彀中
				游	心
				游	形骸之内
		圣人		游	
《徐无鬼》	5	小童		游	六合之内
		小童	乘日之车	游	襄城之野
		小童		游	六合之外
		子綦与其子		游	天地
《则阳》	3	则阳		游	楚
				游	心
		柏矩	之天下	游	

说明：此表所列每篇“游”出现的次数已将人名中的“游”去除，对于如“人有能游，且得不游乎？人而不能游，且得游乎”等单称的“游”，以及每篇重复出现的同类情形之“游”，在举例的时候均予以省略。

通过上面的表格可以看出,《庄子》书中出现的这些“游”,其主体既有如“鳅”“鱼”“鸟”等动物,也有如“孔子”“庄子”“老聃”等现实中有影响的人物,但出现最多的则是如“鸿蒙”“天根”“谆芒”“黄帝”“至人”“神人”“圣人”“明王”“知北”等虚设、假托或传说中的人物,而且,“游”之所向大都是如“尘垢之外”“无穷”“逍遥之墟”“无极之野”“六合之外”“太虚”“万物之祖”“无有之宫”“无何有之乡”等不着边际的神想之处,这充分显示了庄子超凡的想象力。庄子似乎有意突出所游之地的超凡脱俗,所以极力营造一种现实世界之外的高人和时空,这些都为庄子之“游”蒙上了一层虚幻色彩。同时,“逍遥”“闲”“浮”“与造物者”等这些表现神情、意态的修饰状语,也使得这些“游”带有逍遥超脱的气质特点。另外,在《庄子》中还先后 6 次出现“游心”一词,更进一步说明庄子注重的是心灵之游、精神之游。

《庄子》书中虽然出现了这么多的“游”字,然而真正属于庄子现实生活中实实在在游览、游历的却不多。《秋水》篇记载庄子与惠施游于濠梁[①]之上并展开“鱼之乐”的辩论,是较为明显的庄子游历。另外,该篇中还有两处属于庄子现实中“游”的记录:一是“庄子钓于濮水”,楚王派使节前往迎聘庄子被婉拒的故事,这可以看作是庄子游濮水[②]的一次经历;二是“惠子相梁,庄子往见之”。联系《山木》中“庄子衣大布而补之,正緳系履而过魏王”可知,庄子应该是到过魏都大梁(今河南开封),去见亦敌亦友的魏相惠施。另外,《田子方》篇有庄子见鲁哀公并与之论儒一事,然而《史记》言庄子“与梁惠王、齐宣王同时”,据钱穆先生的考证,庄子的生卒年大约为公元前 365 年至公元前 290 年,则庄子出生之年上距鲁哀公卒岁亦有一百多年的时间,因此,庄子见鲁哀公一事显然不可信实,而庄子是否到过鲁都曲阜也就不得而知了。还有,《说剑》篇载赵文王好剑,庄子往说之,劝文王当好“天子之剑”。此篇显示庄子到过赵国。但是,林希逸、韩愈、王夫之等都认为本篇是战国策士之游谈,罗根泽也认为:“此篇就思想说,毫无道家的味道……明是纵横家托之庄子而造出故事,编《庄子》书的只见是庄子的故事,遂拉来了。”[③]罗说可信,因此不能据此就断定庄子到过赵国。《至乐》篇

① 成玄英《疏》谓:“濠是水名,在淮南钟离郡,今见有庄子墓,亦有庄、惠遨游之所。”[(清)郭庆藩:《庄子集释》,第 606 页]濠水在今安徽省凤阳县附近。

② 濮水,在山东濮县南,从今河南封丘向东北流入山东。

③ 罗根泽:《诸子考索》,人民出版社 1958 年版,第 309 页。

有庄子之楚，与髑髅相问答的故事，其性质为寓言，同样不可信以为真。总之，据《庄子》一书，我们能较为可信地知道庄子到过的地方只有濮水、濠水、大梁等几处，主要集中在今天河南、山东、安徽的交界地带，这与孔子一生中所游历过的地方比起来要少得多。

另外，《史记》对庄子的生平记载极为简略，只是在《老子韩非列传》中顺便交代其为蒙人、著述篇目及主要风格，具体事例只有庄子辞相一事，从中我们无法判断庄子一生当中究竟到过哪些地方。根据庄子主要的言论及行事风格，像战国游士那样主动接近王公贵族是庄子所不屑的。所以，与孔子周游列国的经历不同，现实中的庄子大多数时候应该是过着一种出世逍遥的生活，其“游”的现实活动空间较为有限。

二、孔子、庄子之“游”的本质及风格差异

从本质上来说，孔子之“游”为“方内之游”，这不仅因为孔子“游”的内容和表现主要侧重于现实生活中的方位、空间之游，更因为孔子这种“游”所带有的游学、游教、游宦等现实目的。在注重“行”的孔子眼里，“游”本身既不是目的也不是重点，“游”的价值和必要性恰恰在于它能给自己带来广泛学习、与人交流、实践教学的机会。更为重要的是，以“斯文”自居的孔子，在礼乐废弛、天下无道的春秋末世，具有一种挽狂澜于既倒的救世心怀，一种以道义为己任的责任担当意识，一种“知其不可而为之”的执着精神，因此，在孔子这里，“游”主要是为实现自己的理想抱负寻求实践的机会，以达到其“行道”的终极目的。因此，孔子之“游”从本质上而言是一种带有极强目的性的现实之游。相对而言，庄子身上的现实之游却体现得很不明显。

与孔子之“游”本质上为一种现实之游刚好相反，庄子之“游”本质上来讲为“方外之游”，其更多地表现为一种内在心境的精神之游。庄子之“游”也有一定的目的性，其目的在于摆脱现实功利性的束缚和各种困扰心志的外在因素，最终达到一种绝对自由的逍遥境界，即要“独与天地精神往来”（《庄子·天下》）。在庄子看来，只有那些“无己”“无功”“无名”的“至人”“神人”“圣人”才能达到这种理想的境界，这就不难理解何以《庄子》一书中许多神奇之“游”都与这些人有关了。而且，要达到这种彻底超脱的“真空”状态，必须完全“无待”才行，即要放弃任何外在的凭借和私心杂念，“乘天地

之正，而御六气之辩，以游无穷”，即按照万物本来的自然之道，用心灵、意识与天地相和合、体悟，最终达到一种绝对忘我的状态。因此，孔子之“游”所具有的游学、游教、游宦等社会文化功能，在庄子这里，恰恰是束缚其心志的各种诱惑，是困扰和阻碍自己达到“逍遥之游”的各种“待”，这就反映出庄子之“游”具有强烈的理想化倾向和浪漫主义色彩。

需要注意的是，孔子之“游”，虽然主要表现为一种外在的现实之游，但其也有内在精神之“游”、心志之“游”的一面，但这种心志之“游”，其风韵与庄子之“游”也有本质的不同。孔子在长期周游过程中，尽管遭受过种种挫折和困厄，然而他能始终保持一种积极乐观的心态。如在陈蔡之间，面临绝粮的险恶困境，“从者病，莫能兴”，而孔子却“讲颂弦歌不衰”，这反映出孔子之“游”所具有的一种“乐游”的精神。具体而言，在心志这一精神层面，孔子之“游”更多地体现为一种以“道”自居的雍容之态，这与庄子之“游”所追求的绝对自由和超脱有着明显的不同。孔子之所以在“游”中能表现出一种有容乃大、从容不迫的气度和胸怀，是因为他始终有一种坚强的理想信念——“行道”，这是孔子四处周游频遭困厄而始终毫不退缩、依然故我的支撑力量。同样，“游艺”是孔子对待六艺所持的理想态度，在很大程度上让我们看到了孔子平和优游的内在心志，但这种适然依旧带有很强的功用性、目的性，只不过在“游”的掩盖下，其程度显得不是那么强烈而已，这与庄子精神层面的“游”还是存有本质上的差异。

总之，孔子、庄子之“游”都既有外在客观的具体之“游”，也都有精神层面上的心志之“游”。只不过孔子之“游”的外在性、功能性更为明显，庄子之“游”的内在性、理想化更为突出。尽管都强调“游”，然而一个是不食人间烟火的虚幻之游、心灵之游；一个是立足现实土壤、脚踏实地、为实现理想而不惜奔走的“布道者”之游，是实践家之游，是文化传播者之游。进一步说，庄子之“游”，主要是一种哲学层面的精神状态，而孔子之“游”则是一种社会文化层面的时空活动。

三、孔子、庄子之“游”的标示性意义

综上所述，孔子、庄子之“游”，性质不同，风格各异，二者一实一虚，难分伯仲，正如中国文学中的“风骚”传统，现实色彩鲜明的孔子之“游”与充满理想化、虚幻性的庄子之“游”，成为中国“游”文化中的现实主义、浪漫主

义两大传统源头，对中国古代文人的个人成长、人格树立、心路历程以及文艺创作等众多方面产生了潜移默化的影响，特别是对中国古代历史悠长的士人的“游”文化活动发挥了重要的示范作用。

具体来说，孔子之“游”，向后世文人树立了一种为丰富学识、完善人格、实现抱负而不息奔走的求取意识，以及学以致用的践行精神，也就是人们常说的“读万卷书，行万里路”。正是孔子这种“游”的开创和示范作用，才促使战国士人以“游”的方式传播文化思想、宣传政治主张、寻找实施政治理想和实现人生价值的机会。战国时期的士人将孔子所开创的“游”文化传统发扬光大，不仅“游”的空间范围更大，频次更高，而且赋予其新的时代内涵和特征。孔子之后，孟子继承并发扬了孔子所开创的“游”文化传统，其“游事齐宣王，宣王不能用；适梁，梁惠王不果所言……”[①]孟子之“游”从目的、遭遇、“师徒从游”的出游方式以及“游”所具有的“行道”色彩等方面都与孔子之“游”非常相似。“自孔孟来，士未有不游。或师友游，或宾客游，或以学问游，或以才艺游，或以辞华游。二千年才贤特达，未有非以游合也。”[②]孟子之后，荀子、司马迁、高适、杜甫、白居易……无数文人骚客，出于游学、游幕、交游等不同的目的，无不以“读万卷书，行万里路”为理想信条，其中很多人如司马迁、杜甫等，在其早年就都有意识地进行专门性的漫游活动。总之，在交通、信息远没有今日发达的古代社会，“游”成为士人们最大限度地获取有效信息、结交朋友、扩大自身影响以及依附显达而安身立命的最有效的途径。应该说，在中国古代漫长的士人“游”文化活动中，是孔子较早地赋予了“游”多样的文化功能、强烈的实用目的性以及内在的积极进取精神和实践品格。

与孔子“游”表现出的积极入世情怀和强烈的现实精神不同，庄子之“游”的重心在“方外”而不在“方内”，更多的是在“无何有之乡”的精神空间中。庄子宁肯“曳尾于涂中”而不愿为有国者所羁，“无待”的逍遥是其“游”的终极境界，其“游”之核心乃是“游心”与“游意”，这种超然与洒脱的精神之“游”反映出庄子内心反政治、反现实的隐逸精神。诚然，中国文化中的隐逸传统可以上推到远比庄子更早的老子出关、伯夷叔齐采薇、许由洗耳等，但由于庄子在中国文人心目中特有的地位与影响，其对中国文人隐逸

① （汉）司马迁：《史记·孟子荀卿列传》，第2343页。

② （元）刘将孙：《送戴玉石序》，《全元文》第20册，江苏古籍出版社2004年版，第202页。

情愫的触动似乎更大，如陶渊明、李白、苏轼等都不约而同地表达过对庄子这种精神之“游”的向往，尽管他们对待“隐”的态度和做法有很大悬殊，但在精神层面上无疑都表现出对超脱现实、追求自适的向往，其处世态度、为人风范、作品风格无不带有庄子这种向往精神之“游”的深刻影响。总之，心游“方外”、追求逍遥的庄子之“游”，一方面开启了中国艺术创作中追求浪漫、超脱的审美传统，另一方面也启迪着古代士人在现实之外开启心灵的大门，寻求精神的自由超脱、安适宁静。

第四章　传说中的孔子之“游”

作为中国古代主流思想的缔造者，孔子在整个中国历史上备受尊崇，从战国时期的孟子、荀子到汉代的董仲舒，从唐代的韩愈再到宋明理学大师程颐、程颢、朱熹，孔子的地位被不断推高。而且，自春秋时期的鲁哀公到汉武帝，直至清代的很多皇帝，祭孔、封孔的步伐更是始终没有停歇，孔子由师而王，由王而圣，从一介布衣最终被封为“至圣先师”，这是孔子其人、其学在官方文化系统中所占的地位及产生深远影响的鲜明体现。同时值得关注的是，在史学、文学等各类文献中，孔子的形象被不断文学化、世俗化，从先秦的《论语》《墨子》《孟子》《庄子》《荀子》等，到汉代的《韩诗外传》《孔丛子》等，再到魏晋时期的《搜神记》《殷芸小说》，以及大量的明清文人笔记、历史演义，直至现代各种传记文学及民间口头文学，都有对孔子传说式甚至神化式的记载，经过长期的传播和加工过程，孔子几乎成了一个传说式的人物。[①] 通过对这些传说的内容、类型大致分析后不难发现，除了表现孔子的奇异身世、降生、博闻类传说外，大部分传说都与其“游”文化活动有关，如孔子好学类的传说、孔子闻《韶》的传说、孔子见南子的传说、孔

---

① 陈金文《孔子传说的文化审美研究》一书对孔子传说已有比较系统的论述，该书主要侧重从民俗学、民间文学的角度，对散布在各地，尤其是现代口头文学和民间故事集中的孔子传说进行分类并展开审美文化层面的分析，是孔子传说研究方面富有代表性的成果。然而，该书意在对孔子传说进行全面的考量，对孔子传说中“游”的文化特质关注甚少，在对孔子传说进行分类的时候，主要是从内容的方面予以考虑，将大量的孔子“游”的传说归入到“日常生活类”。当然作者这样处理有其自身的考虑，具有一定的合理性，然而这样一来就掩盖了孔子传说中的“游”文化特质。正如本书前面所论，“游”是孔子生命活动中的一大关节，同样也是孔子传说中的闪光点，有着多方面的研究价值。因此，本书专就孔子“游”传说进行专门化的类型分析，在此基础上，进一步分析此类传说的特征及其存在价值和意义。需要说明的是，这里选取的孔子传说材料，不包括现代口头文学及现代民间故事集中的传说内容，主要围绕如史书、子书、明清文人笔记等古代文献展开，对汉代谶纬材料中的孔子传说也不予采纳。

子绝粮的传说、孔子遇采桑娘的传说、孔子退齐兵的传说，等等，无不是孔子出游途中或游至异乡时的奇异遭遇；而且，也正是"游"为各种传说、异闻发生在孔子身上提供了因缘契机。正因如此，有关孔子"游"的传说不仅在孔子各种传说中所占的比重最大，而且也是故事意味最强、下层观念最集中、民间化色彩最浓厚的一部分，这也说明当年孔子之"游"在下层文化层面所产生的影响是深远的。

第一节　孔子"游"传说的故事类型

孔子之"游"，主观上是孔子为寻求政治上被用，为实现自己的理想之"道"而不懈求索的历程；客观上，这也是孔子长期活动于民间各地，与下层社会频繁接触的过程。因此，广泛、长期游走于社会生活中的孔子，由于其经历的丰富性、传奇性，于是成为各种传说附会的对象。有关孔子"游"的传说不仅数量众多，而且内容丰富，经过历史长期的发展，已经形成了不同的故事类型。大致来说，可以将其分为以下四类：

一、游历辨物类

在孔子"游"的传说中，有一些是关于孔子在出游过程中为人"辨物"解疑的故事，主要是用来表现孔子博学多识的一面。如孔子在陈，为陈湣公辨矢的故事就带有很强的传说色彩。又如下面两则记载：

楚王渡江，江中有物大如斗，圆而赤，直触王舟，舟人取之，王大怪之，遍问群臣，莫之能识。王使使聘于鲁，问于孔子。子曰："此所谓萍实者也，可剖而食之，吉祥也，唯霸者为能获焉。"使者反，王遂食之，大美。久之，使来，以告鲁大夫，大夫因子游问曰："夫子何以知其然乎？"曰："吾昔之郑，过乎陈之野，闻童谣曰：'楚王渡江得萍实，大如斗，赤如日，剖而食之甜如蜜。'此是楚王之应也。吾是以知之。"①

有鸟九尾，孔子与子夏渡江，见而异之，人莫能名。孔子曰："鸧也。尝闻河上之歌曰：'鸧兮鸹兮，逆毛衰兮，一身九尾长兮。'"②

---

① 杨朝明注说：《孔子家语·致思》，第128页。

② （南朝梁）殷芸编纂、周楞伽辑注：《殷芸小说》卷二，上海古籍出版社1984年版，第49页。

这两个故事应该都源于民间传说，后为文人所收录，都是讲孔子见闻广博，能够认识一些稀奇古怪的东西，比如前者中的萍实，后者中的鸲鸟。有趣的是，两个故事都交代孔子这方面知识的获得，源于其出游时的经历，前者为经过陈之野偶然听闻童谣从而得知，后者同样也是孔子出游河上闻歌谣而得知，这恰如孔子教导弟子们学《诗》可以“多识于鸟兽草木之名”一样。这两个故事淳朴有趣，将孔子之博物与出游及民间歌谣三者有机融合在一起，反映了民间文化中注重猎奇和趣味性的审美心理。这些传说在民间广为流传，也成为后来文人创作小说的绝好素材，如《东周列国志》便把第一个故事吸纳进来并加以改编：

> 此事传闻至楚，楚昭王使人致币于孔子，询以渡江所得之物。孔子答使者曰：“是名萍实，可剖而食也。”使者曰：“夫子何以知之？”孔子曰：“某曾问津于楚，闻小儿谣曰：‘楚王渡江得萍实，大如斗，赤如日，剖而尝之甜如蜜。’是以知之。”使者曰：“可常得乎？”孔子曰：“萍者，浮泛不根之物，乃结而成实，虽千百年不易得也。此乃散而复聚，衰而复兴之兆，可为楚王贺矣。”使者归告昭王，昭王叹服不已。孔子在中都大治，四方皆遣人观其政教，以为法则。鲁定公知其贤，召为司空。[①]

这里较先前《孔子家语》中的记载更为详细且有所修饰，如将“楚王”明确为“楚昭王”，将听闻地点由陈之野换成楚地，并增加了使者问“可常得乎”及孔子将萍实神异化的情节，显得更为连贯，也更符合生活常情。

二、出游路遇类

孔子在游历各地的路上常常会遇到年龄、身份、职业以及性格、气质不同的人，其中既有民间儿童、女子，也有山林隐士、奇人高士，《论语》《庄子》《列子》《韩诗外传》及敦煌变文等文献中都有不少这方面的传说记载，这些传说大都带有较强的民间生活气息，可以笼统地称之为孔子出游路遇类传说。根据孔子所遇这些人的特点，此类传说又可细分如下：

（一）路遇儿童类

孔子出游路遇儿童，在与儿童的论辩中反被难倒，这是孔子“游”传说中较常见的故事类型。《列子·汤问》、桓谭《新论》、张华《博物志》、萧绎

① （明）冯梦龙：《东周列国志》第七十八回，陕西人民出版社1995年版，第686页。

《金楼子》均记孔子出游路遇两小儿辩日的故事，叙述文字基本一致，《博物志》明确指出此事出自《列子》，《新论》则谓“小时闻闾巷言”。大概受了两小儿辩日故事的影响和启迪，隋唐时期出现的变文《孔子项讬相问书》也是讲述孔子路遇小儿并受到穷难的故事。《战国策·秦策》《淮南子·修务训》《新序》《论衡》等都有项橐7岁为孔子师的记载，钱穆认为：“殆古人实有项橐，又云大项橐，其人聪慧不寿如颜回，或年辈亦与颜回相上下，而未及于孔子之门，而孔子必有所称赏之，于是后人遂有项橐七岁为孔子师之说。”[①]故项橐7岁为孔子师本属传说，但是7岁的总角小儿竟能为孔子师，肯定会激发人们的好奇心和广泛兴趣，于是人们便推想能为孔子师的小儿肯定有其过人之处。《列子》书中的两小儿辩日难倒孔子一事恰恰符合这个逻辑，因此这种小儿与孔子论辩，最终难倒孔子的故事便越传越广，越传枝叶越盛，这种滚雪球效应到隋唐时期最终形成了《孔子项讬相问书》这篇两千多字的变文。该变文主要讲孔子出游路遇嬉戏的项讬，于是孔子与项讬围绕自然、地理、生活常识，甚至政治、伦理等方面的问题，展开了一连串类似脑筋急转弯的斗智游戏。在这场智力较量中，孔子反而不敌年幼的项讬，最终不得不甘拜下风。“此故事在敦煌所有俗文中，传本最多，流传亦最广。更从其他有关资料观之，不但流传最广，亦最长。明本《历朝故事统宗》卷九有《小儿论》一篇，文字尚十同八九。明本《东园杂字》也有这一故事。又解放前，北京打磨厂宝文堂同记书铺，还有铅印《新编小儿难孔子》在出售，与敦煌本文字犹十同七八。”[②]另外，1969年新疆吐鲁番阿斯塔那墓区出土的初唐文物中，也有记述孔子与小儿相问的残片《唐写本孔子与子羽对语杂抄》，只是这里的小儿不是项讬，而是子羽。张鸿勋认为：“最初流传的是子羽难孔子，由于子羽不为人们熟习，所以晚唐五代时，就逐渐改为人们所熟知的项讬，这就是敦煌遗书中保存的《孔子项讬相问书》，而其文字却仍与《唐写本孔子与子羽对语杂抄》十之八九相同。”[③]又江苏古籍出版社1991年12月版《中国话本大系》收有明代话本小说《项橐小儿论》，内容和篇幅与变文《孔子项讬相问书》相当。值得注意的是，这个故事一直流传到现在，在20世纪30年代，华北地区流行有《新编小儿难孔子》，与敦煌本

① 钱穆：《先秦诸子系年·项橐考》，第63～64页。

② 王重民等：《敦煌变文集》卷三，人民文学出版社1957年版，第236页。

③ 张鸿勋：《〈唐写本孔子与子羽对语杂抄〉考略》，《敦煌学集刊》1984年第1期。

书字犹十同七八。而且，“台湾地区也流传有七字唱本《孔子项橐论歌》《孔子小儿答歌》等。在域外，日本平安朝时（约当宋仁宗时）的《今昔物语》中也有《臣下孔子道行值一童子问申语第九》，内容亦为孔子与小儿论难的故事，其中有两段与敦煌本同。韩国、越南等国家也有类似的故事”①。由此可见这一传说故事流布时间之长、跨度之广。

（二）路遇民间女子类

在孔子“游”传说中，有不少是写孔子路遇民间女子的故事，这些女子大多以“巧女”形象出现。“在我国丰富多彩的民间文学宝库，有一类传统的民间故事专门表现女主人公的过人才智，许多看来无法解决的难题，一到她们手里顿时迎刃而解，人们因此把这类故事称为‘巧女故事’。”②《殷芸小说》卷二所记孔子路遇采桑女的故事即属此类，原文如次：

> 孔子去卫适陈，途中见二女采桑。子曰：“南枝窈窕北枝长。”答曰：“夫子游陈必绝粮。九曲明珠穿不得，著来向我采桑娘。”夫子至陈，大夫发兵围之，令穿九曲珠，乃释其厄。夫子不能，使回、赐返问之。其家谬言女出外，以一瓜献二子。子贡曰：“瓜，子在内也。”女乃出，语曰：“用蜜涂珠，丝将系蚁，蚁将系丝；如不肯过，用烟熏之。”孔子依其言，乃能穿之。于是绝粮七日。③

民间流行的巧女故事与孔子“游”的传说在此得到有机嫁接，使得故事的趣味性更浓。穿九曲珠的故事“最大的可能是来源于印度”④，套用了佛本生故事的模式，孔子这个故事最早出现在《冲波传》中，后被《殷芸小说》收录。该传说写孔子在陈被困并不是由于什么严肃的政治因素，而是以让孔子穿九曲珠相要挟，相较史书中的描写显得生动有趣。与孔子路遇儿童的传说类似，这类传说中孔子不是主要塑造的对象，而是被用来作为采桑女的陪衬来凸显民间智慧。历史上博闻多识的孔子在该传说中竟被穿九曲明珠一事难住，而孔子的这些遭遇在一开始就被采桑女预言到，让人们不得不佩服采桑女的神异。面对难题，孔子束手无策，只得派颜回、子贡回去向采桑女求教。故事在此并未匆匆作结，而是宕开一笔，写采桑女故意

① 伏俊琏：《〈孔子项讬相问书〉体制探源》，《敦煌学集刊》2005 年第 3 期。

② 屈育德：《略论巧女故事》，上海文艺出版社 1981 年版，第 277 页。

③ （梁）殷芸编纂、周楞伽辑注：《殷芸小说》卷二，第 48 页。

④ 王青：《西域文化影响下的中古小说》，中国社会科学出版社 2006 年版，第 316 页。

谎称外出，但又以一瓜献二子，待子贡道破这个哑谜之后，这位采桑女才出来。这一设置，如同智力闯关游戏，衬托出采桑女的俏皮可爱。后面采桑女提供的“用蜜涂珠，丝将系蚁，蚁将系丝；如不肯过，用烟熏之”的办法，是民间生活智慧的集中体现。在与孔子的对比中，采桑女这一“巧女”形象被塑造得生动传神。该传说的生命力非常旺盛，以后被不同的笔记小说收录改编，如宋人彭乘《墨客挥犀》中的描绘，与《殷芸小说》相比，显得更为丰满生动：

> 载孔子去卫适陈一事。子路子贡从。道逢采桑娘。夫子曰：“南枝窈窕北枝长。”妇曰：“夫子去陈必绝粮。”夫子不答而徐行。妇曰：“九曲明珠穿不过，回来问我采桑娘。”及至陈，果绝粮。陈侯以九曲明珠俾孔子穿之，不得。谓妇有先见，使子贡返而询之，至采桑所，妇无觅矣。但见桑间聚泥一，逾尺许，又聚泥三。子贡曰：“桑者木也，泥者土也，其杜姓也，旁复有三，其三娘耶？”适樵者过。子贡问曰：“前村可有杜三娘乎？”樵者曰：“芦塘荻渚绕华屋，瑶草疏花傍粉墙，行过小桥流水北，此间便是杜家庄。”子贡如其言，获见三娘，具述前事，妇莞尔而笑曰：“此不难，涂丝以脂，系蚁以腰，使徐徐而度，如不肯过，熏之以烟。”子贡得其术，以告夫子。夫子得其言，得穿九曲之珠。[①]

与《殷芸小说》中的记载相较，此处“采桑女”变为“采桑娘”，由原来两人变为一人。情节更为丰富曲折，不仅将原来采桑女的七言诗教拆分为妇人的两次对话，而且后面增加了子贡返回后，用拆字法猜到采桑娘的名字为“杜三娘”，以及樵夫用诗为子路指路等情节，使得故事更为曲折有趣，也更富有诗情画意。有关孔子与采桑娘的传说在民间一直广为流传，可见其在民间文化中的受喜爱程度。

唐人笔记《琱玉集·聪慧篇》中也有一则孔子路遇巧女的传说，其文如下：

> 路妇不知何处人也，孔子游行见之，头戴象牙栉，谓诸弟子曰：“谁能得之？”颜渊曰：“回能得之。”即往至妇人前，跪而曰：“吾有徘徊之山，百草生其上，有枝而无叶，万兽集其里，有饮而无食，故从夫人借罗网而捕之。”妇人即取栉与之。颜渊曰：“夫人不问由委，乃取栉与回，

① 转引自褚人获：《坚瓠七集》卷四，《笔记小说大观》第15册，江苏广陵古籍刻印社1983年版，第241页。

何也?”妇人答曰:“徘徊之山者,是君头也。百草生其上,有枝而无叶者,是君发也。万兽集其里者,是君虱也。借网捕之者,是吾栉也。以故与君,何怪之有?”颜渊嘿然而退。孔子闻之曰:“妇人之智尚而,况于学士者乎?”①

该传说讲孔子出游,让颜回向一位路边的妇女借梳子,颜回没有明讲,而是很隐晦地打了个哑谜,不想妇人很快就明白了颜回的来意,该妇人的智慧让孔子感慨不已。

在孔子路遇民间女子这一类传说中,有一些虽然也表现了女子的聪慧,但更主要的是表现女子的贞淑,如《韩诗外传》中孔子路遇阿谷处子的故事:

孔子南游适楚,至于阿谷之隧,有处子佩瑱而浣者。孔子曰:“彼妇人其可与言矣乎?”抽觞以授子贡,曰:“善为之辞,以观其语。”子贡曰:“吾北鄙之人也,将南之楚。逢天之暑,思心潭潭,愿乞一饮,以表我心。”妇人对曰:“阿谷之隧,隐曲之汜,其水载清载浊,流而趋海,欲饮则饮,何问于婢子!”受子贡觞,迎流而挹之,奂然而弃之,促流而挹之,奂然而溢之,坐置之沙上。曰:“礼固不亲授。”子贡以告。孔子曰:“丘知之矣。”抽琴去其轸,以授子贡曰:“善为之辞,以观其语。”子贡曰:“向子之言,穆如清风,不悖我语,和畅我心。于此有琴而无轸,愿借子以调其音。”妇人对曰:“吾野鄙之人也,僻陋而无心,五音不知,安能调琴?”子贡以告。孔子曰:“丘知之矣。”抽絺纮五两以授子贡,曰:“善为之辞,以观其语。”子贡曰:“吾北鄙之人也,将南之楚。于此有絺纮五两,吾不敢以当子身,敢置之水浦。”妇人对曰:“行客之行,嗟然永久,分其资财,弃之野鄙。吾年甚少,何敢受子?子不早去,今窃有狂夫守之者矣。”诗曰:“南有乔木,不可休思,汉有游女,不可求思。”此之谓也。②

韩婴记录该孔子传说,主要是用来解说《诗经·汉广》,从叙述中心和篇幅比重来看,与《诗经·汉广》主要表现汉女“不可求思”相承,作者这里也是有意刻画一位具有冰霜之操,不可有丝毫冒犯的淑女形象。从其三次回应子贡的方式和对话中,可以看出这位女子不仅有礼有节,而且非常聪

---

① (唐)佚名:《琱玉集》,《续修四库全书》影印版,第1212册,第19～20页。

② (汉)韩婴撰、许维遹校释:《韩诗外传集释》,中华书局1980年版,第2～5页。

慧，如其言“阿谷之隧，隐曲之汜，其水载清载浊，流而趋海，欲饮则饮，何问于婢子”，巧妙委婉地驳斥了子贡“乞饮”的说法，同时也暗示子贡有些“无理取闹”。后面其以自我贬低的方式来回应子贡借轸之请，让子贡又悻悻而返。面对子贡最后直白的财物相赠，其不仅以礼相辞，而且以“今窃有狂夫守之者矣”应对子贡和孔子，可谓不怒而威。正因为作者把这位民间女子塑造得如此光彩照人，既可爱又可敬，后来刘向就把这个故事收入到了《列女传·辩通传》中。

子贡在孔门中以言语擅长，这里选取他为孔子与浣女间来回传话应变之人，作者可谓别具匠心。另外，该传说具有鲜明的民间文学的审美倾向。《诗经·汉广》属于国风，代表着民间生活的文化特征，《韩诗外传》所记录的这个故事，同样也具有强烈的民间文学色彩，圣人孔子与民间浣女这种身份、地位上的悬殊本身就容易引起人们欣赏心理上的新奇感，加之“乞水”“借轸”“赠絺纮”等富有生活气息的情节片段的设置，使得这篇故事的娱乐性、感观性都很强，迎合了通俗文学的审美趣味。

(三)路遇异人高士类

除了《论语》《左传》《史记》对孔子严正的刻画之外，古代文献中还有大量添枝加叶甚至有意杜撰的孔子传说故事，这其中相当一部分是讲孔子出游，路上遇到形形色色的隐士、怪人、奇人。这些人有的是外貌、穿着怪异，更多的则是行事、言论不苟于俗，与常人有异，孔子在和这些人接触谈论的过程中感悟良多，并随时启发、教导身边的弟子。

《孔子家语》《列子》《说苑》都载有孔子出游路遇荣声期的故事。荣声期为春秋时期著名的隐士，在《汉书·古今人表》中位列“中中”品。这里荣声期隐士的形象塑造得生动传神，其“鹿裘带索，鼓瑟而歌”的装束和行为显得随意脱俗，其“三乐”论更是善于在人生的最寻常处发掘、体味出大部分人常常忽视的快乐，令人百般寻味，孔子闻后也大为称赏。这个故事对后来的文人产生了深远的影响，如《淮南子·主术训》谓:“夫荣启期一弹，而孔子三日乐，感于和。”白居易也向往“饱于东方朔，乐于荣启期”[①]的境界。而且，民间俗传春秋时泰山有“丈人峰”，即孔子见荣声期处。

另外，《孔子家语》卷二还有孔子适齐路遇异人丘吾子的故事。这个故

① (唐)白居易著、丁如明等校点:《白居易全集·咏兴五首·解印出公府》，第444页。

事情节性较强，主要通过人物对话塑造了善于识察的孔子和善于自省的丘吾子两个形象。故事背景设置在孔子和弟子们到齐国的路上，丘吾子的哭声引起了孔子的注意，“此哭哀则哀矣，然非丧者之哀矣”，孔子的判断显示出其过人的洞察力，“驱而前”“少进”“下车”“追而问”一连串的动作刻画出孔子的谦恭。接下来丘吾子以“三失”而自悔，然其失亲、失臣、失友的自悔却是对其平生好学、注重臣节和厚交的变相展示，最后，“三失”之悔令其竟然投水而死，多少有些令人难以理解，这显然是虚构出来的人物和情节，借以阐发时不再来，要及时行孝的说教。《说苑》卷十也有该故事，文本稍有不同，如其开始为：“孔子行游中路闻哭者声，其音甚悲，孔子曰：‘驱之！驱之！前有异人音。’”最后丘吾子不是投水而死，而是自刎而死。

《列子·天瑞》有孔子适卫遇林类的故事。林类年近百岁尚能“拾遗穗于故畦”，而且“并歌并进”，后面其与子贡的对话，流露出鲜明的无为不争、辩证、齐生死的思想，显然是道家的人物形象。通篇来看，这个故事的寓言色彩较浓，有些情节经不起推敲，如这次谈话发生在孔子和弟子到卫国的路上，高寿的林类于故畦拾遗穗并且边走边唱的异行让孔子觉得此人可能是位隐士，或有过人之处，所以才对弟子们说：“彼叟可与言者，试往讯之！”可是子贡前去，上来就以责问的语气问：“先生曾不悔乎，而行歌拾穗？”似乎对林类非常了解，而且后面子贡说“先生少不勤行，长不竞时，老无妻子，死期将至”更是毫无来由，因此这则故事中的林类、孔子、子贡不过是一种假托之名，借以讲说道理。

除此以外，孔子路遇吕梁丈人、承蜩者、罗雀者、献鱼者等故事，也属于孔子路遇类的传说。此类传说在表现主题、叙事特点、审美风格上都有着很大的相似之处。首先，孔子所遇之人的身份普遍不高，或为隐士，或为平民，而且都有某些不同于常人的行为或思想特质；其次，所塑造的孔子形象几乎都是正面的，孔子大都被刻画成一位善于观察、善于总结、善于教诲的智者、师者形象；再者，由于故事发生的背景多为出游途中，地点或为山间，或为野外，或为水边，或为林中，加上所遇之人的种种奇言怪行，于是，这类传说故事在审美风格上就彰显出一种奇趣之美。

三、受困罹厄类

孔子自定公十三年去鲁适卫至哀公十一年最终返鲁，经历了长达十四年的列国周游，除在卫国、陈国有过几段时间较长的稳定生活外，大部分时间都处于奔波辗转之中。师生一行栖栖惶惶，期间遭遇到种种困厄和险境，典型事件如匡蒲被困、伐树于宋、陈蔡绝粮等。孔子遭困的前后始末如何？面对这些困厄和险境，孔子和弟子们的具体反应如何，最终又是如何摆脱困境的？这都为后人留下了巨大的想象和臆测空间，于是有关孔子和弟子受困罹厄的种种传说便广泛流传，其中有许多还带有志怪小说的色彩。

如汉末蔡邕所作的《琴操·孔子厄》对孔子匡蒲之困的描述，与《史记》《孔子家语》等相比，更富有传说的色彩：

> 《孔子厄》者，孔子使颜渊执辔，到匡郭外。颜渊举策指匡穿垣，曰：“往者阳虎正从此入。”匡人闻其言——孔子貌似阳虎——告匡君曰：“往者阳虎，今复来至。”乃率众围孔子，数日不解，弟子皆有饥色。于是孔子乃仰天而叹曰：“君子固亦穷乎！”子路闻孔子之言悲感，悖然大怒，张目奋剑，声如钟鼓。顾谓二三子曰：“使吾有此厄也！”孔子曰：“由来，今汝欲斗，名为戮我于天下。为汝悲歌而感之，汝皆和我。”由等唯唯。孔子乃引琴而歌，音曲甚哀。有暴风击拒，军士僵仆。于是匡人乃知孔子圣人，瓦解而去。①

从内容上来看，这段描写广泛吸收了《论语》《孔子家语》《韩诗外传》《史记》等内容，同时又进行了多方面的改易加工：不仅把孔子陈蔡绝粮的有关内容移植了过来，如“弟子皆有饥色”，仰天而叹“君子固亦穷乎”等，还把执辔者也进行了改动，把《史记》中颜刻这一不太为人所知的人物换成了孔子最为得意的弟子颜渊。整个描写注重人物动作、情态的刻画，想象成分居多，如孔子“仰天而叹”，子路“悖然大怒，张目奋剑”等。

在与孔子“游”有关的传说中，陈蔡绝粮是最受世人关注的，先秦两汉的典籍对此记录十分繁多，不少描述都带有强烈的传说色彩。随着孔子困厄传说的不断丰富以及受到两汉谶纬遗风的影响，孔子陈蔡之厄的故事在魏晋南北朝时期的小说作品中带上明显的志怪色彩，孔子也成为神话、传说式的人物。如《搜神记》中载：

> 孔子厄于陈，弦歌于馆。中夜，有一人长九尺余，着皂衣，高冠，大

① (汉)蔡邕撰、(清)严可均校辑：《蔡中郎集》卷十，京都大学人文科学研究所藏抄本。

咤，声动左右。子贡进问：“何人耶？”便提子贡而挟之。子路引出与战于庭，有顷，未胜。孔子察之，见其甲车间时时开如掌，孔子曰：“何不探其甲车，引而奋登？”子路引之，没手仆于地，乃是大鳀鱼也，长九尺余。孔子曰：“此物也，何为来哉？吾闻物老则群精依之，因衰而至此。其来也，岂以吾遇厄绝粮，从者病乎？夫六畜之物，及龟蛇鱼鳖草木之属，久者神皆凭依，能为妖怪，故谓之‘五酉’。‘五酉’者，五行之方，皆有其物。酉者，老也，物老则为怪，杀之则已，夫何患焉。或者天之未丧斯文，以是系予之命乎？不然，何为至于斯也？”弦歌不辍。子路烹之，其味滋。病者兴，明日，遂行。[①]

这篇志怪小说，如对孔子弦歌不辍、孔子感叹“天之未丧斯文”等细节的描写与《史记》所叙有一定的相似性和联系，但大部分内容出自虚构和臆想。而且，小说里的孔子一反“不语怪、力、乱、神”的形象，面对鳀鱼精，从容观战，洞若观火，指点迷津，有勇有谋。孔子后面对鳀鱼精及“五酉”等妖怪来历的讲述再次显示了其知识渊博的一面。历史上，孔子对鬼神多持“敬而远之”的态度，因此，在先秦文献及正史中，很少看到孔子和鬼神间发生的故事。但是到了魏晋时期，受当时风气影响，种种怪异便被附益到孔子身上，孔子陈蔡之厄这一传奇经历本身又提供了可以发挥和幻设的空间，所以这一故事被后人津津乐道，如《东周列国志》第七十九回“归女乐黎弥阻孔子，栖会稽文种通宰嚭”对孔子陈蔡之困的描写即采此事并有所增饰。

四、表现孔子“异能”类

在孔子“游”的传说中，有一类传说表现了孔子具有超凡能力。孔子的“异能”往往表现为孔子具有超强的预知能力。王充《论衡·书虚》载有孔子与颜渊登泰山望吴门一事，颇具神话色彩：

传书或言：颜渊与孔子俱上鲁太山。孔子东南望，吴阊门外有系白马。引颜渊，指以示之，曰：“若见吴昌门乎？”颜渊曰：“见之。”孔子曰：“门外何有？”曰：“有如系练之状。”孔子抚其目而正之，因与俱下。下而颜渊发白齿落，遂以病死。盖以精神不能若孔子，强力自极，精华

① （晋）干宝：《搜神记》，商务印书馆 1957 年版，第 148 页。

竭尽，故早夭死。[①]

此事在《韩诗外传》和《续博物志》中亦有记载。《太平御览》卷八百九十七引《论衡》说：“儒书称孔子与颜渊，俱登东山，望吴阊门。谓曰：‘尔何见？’曰：‘见一匹练，前有生蓝。’孔子曰：‘噫，此白马芦刍。’使人视之，果然。”[②]语言简练而生动，可以作上面引文的补充。此事显然属于野史或好事者凭空杜撰，《论衡》斥之为“书虚”，顾炎武对此也有辩：“来札：‘孔子虽圣，亦人尔，何能泰巅一千八百里外现吴门之马？’……鄙著无此一事，今之曲阜，并无吴门，古之鲁城，亦不载有此，李君何以知之？且此事本出王充《论衡》……今详其文，于泰山则系以‘鲁’，于阊门则系以‘吴’，古人之文不苟如此。”[③]

这种将孔子神化的倾向在此后的魏晋南北朝时期被推向一个新的高度。后魏崔鸿《十六国春秋·北凉录》有北凉主沮渠蒙逊与其臣郎中刘炳谈的一段话：

> 昔鲁人有浮海而失津者，至于亶州，见仲尼及七十二子游于海中。与鲁人木杖，令闭目乘之，使归告鲁侯，筑城以备寇。鲁人出海，投杖水中，乃龙也。具以状告，鲁侯不信。俄而有群燕数万，衔土培城。鲁侯信之，大城曲阜。既讫，而齐寇至，攻鲁不克而还。此所以称圣人也。[④]

这段故事显然是民间传说。孔子虽云“道不行，乘桴浮于海”（《论语·公冶长》），但其并未真的付诸实际，只是发发牢骚而已，这则记载很有可能起源于此。这里的孔子形象，不仅由儒入道，而且由道升仙，孔子及其七十二门徒成了遨游于亶州的仙人。孔子预知鲁国有难，给鲁人一条由龙化作的仙仗，让他闭目乘杖回去告诉鲁侯筑城备寇。鲁侯不信，在看到群燕衔土培城的灵异事件后才最终相信，并“大城曲阜”，乃使齐寇“攻鲁不克而还”。这则神话结构完整，意境优美，虽未着力描写孔子，而孔子优游、飘逸、淡定

---

① （汉）王充著、北京大学历史系《论衡》注释小组：《论衡注释》，中华书局1979年版，第236～237页。

② 《太平御览》卷八百九十七，《四部丛刊》本。

③ （清）顾炎武著、黄汝成集释：《日知录集释》附录《谲觚十事》，上海古籍出版社2006年版，第1858页。

④ （魏）崔鸿：《十六国春秋·北凉录》，光绪十二年（1886）刻本。

的形象隐含其中。

《殷芸小说》卷二有一则出游过程中师徒之间的故事：

> 孔子尝游于山，使子路取水，逢虎于水所，与共战，揽尾得之，内怀中；取水还，问孔子曰："上士杀虎如之何?"子曰："上士杀虎持虎头。"又问曰："中士杀虎如之何?"子曰："中士杀虎持虎耳。"又问："下士杀虎如之何?"子曰："下士杀虎捉虎尾。"子路出尾弃之。因恚孔子曰："夫子知水所有虎，使我取水，是欲死我。"乃怀石盘，欲中孔子。又问："上士杀人如之何?"子曰："上士杀人使笔端。"又问曰："中士杀人如之何?"子曰："中士杀人用舌端。"又问："下士杀人如之何?"子曰："下士杀人怀石盘。"子路出而弃之，于是心服。①

子路、颜回是孔子弟子中与孔子关系最为密切的两位，因此也成为民间传说和小说故事中频繁刻画、虚饰的对象。这里，子路取水遇虎，竟"揽尾得之，内怀中"显得荒诞不稽，后面其与孔子的对话凸显出孔子的智慧超群，孔子不仅巧妙地化解了子路的恚怨，而且具有未卜先知的神通。

第二节 孔子"游"传说的叙事特点

孔子"游"传说产生和传播的空间主要在民间文化阶层，带有强烈的民间文学的叙事特点，如民间文学叙事上经常使用的"三段"原理、"重复"表现法、"哑谜"故事单元的设置等在孔子"游"传说中都得到了很好的运用和体现。

一、"三段"原理

"三段原理是故事事件的发展多按三个阶段，三次经历，三种考验，三次危险，三个难题以及人物上的三兄弟、三姊妹、三女婿等，它构成连锁式结构，在故事学上显示出其独特的意义。"②这种三段式的叙事模式在孔子"游"的传说中体现得非常明显，如大量的孔子路遇类传说，尤其是孔子出游路遇奇人高士的传说，其叙事模式基本上都是：出游——路遇异人——

① (梁)殷芸编纂、周楞伽辑注：《殷芸小说》卷二，第 47 页。

② 张紫晨：《民间文艺学原理》，花山文艺出版社 1991 年版，第 155 页。

与异人交谈——受到启悟——教育弟子。这一模式可以进一步简化为:出游路遇异人——与异人交谈接触——有所启发感悟。其故事情节、场景呈现出鲜明的三个阶段,属于典型的三段式叙事模式。这种叙事模式也显示出此类传说的共性:孔子所遇之人要么为隐士贤者,要么行为怪癖,要么身怀奇技,总之是有可“师”之处的,无非意在表现孔子“三人行,必有我师焉”的一贯主张,同时,有意将这些人的装束、行为、言语奇异化,这恰恰体现了传说所具有的“传奇性”特点。而且,孔子在与这些奇人高士交谈后,往往就机启发、教育身边的弟子,这非常符合孔子“好学不厌,诲人不倦”的行事风格。这样一来,孔子就给人非常真切、生动的印象,这也是传说本身所具有的“拟真实”性的需要和特点决定的。

这种“三段”原理在孔子“游”传说中,有时也鲜明地体现在“三次考验”上,如《韩诗外传》中孔子路遇阿谷处女的故事。该传说的产生自有其渊源和素材依据,韩婴选取该传说,主要是为“南有乔木,不可休思。汉有游女,不可求思”诗句张本。《诗经·汉广》全诗三章,出现“不可”八次,主要写一个青年追求一位在汉水的姑娘而不可得,极言其不可成功。就这首诗来看:江南水乡,妙龄女子,不可求思,一咏三叹,着力表现了这位少女的美丽和贞淑,写得非常美,也为后人留下了无限想象的空间。旧说相传,此诗如曹植《洛神赋》,是写汉水女神,但林义光等许多学者力驳此说,韩婴则敷衍成孔子南游到楚,于阿谷之隧遇到浣女的故事,虽属荒诞,倒不失为一篇文学佳作。

从故事叙述的结构层次来看,除了一开始交代故事背景和主要人物外,后面主体其实也可以分为三部分:先是孔子抽觞让子贡去向浣女索水来试探女子的反应,结果这位女子以“礼固不亲受”为由把水盛好后置于地上;接下来孔子又故意抽掉琴轸,再次让子贡以借轸为名去试探这位女子,结果女子以自己乃野鄙之人,不知五音,不会弹琴,再次不予理会;最后孔子干脆直接让子贡拿絺纮五两去送给这位女子,女子以自己年少不敢相受,再次严正拒绝,并以“子不早去,今窃有狂夫守之者矣”严正相对,明确了自己绝不可轻薄的立场。很明显,子贡的三次前往,是孔子对该女子的三次考验和试探,显然符合故事学上典型的三段原理。

这一叙事原理在有些孔子“游”的传说中表现为三个问题,如《殷芸小说》卷二载子路取水杀虎的故事,小说在叙述的时候,前面是子路连续问孔子三个问题:“上士杀虎如之何?”“中士杀虎如之何?”“下士杀虎如之何?”

孔子分别予以解答，同样，后面叙述子路欲害孔子前，也是不厌其烦地先后问了“上士杀人如之何?”“中士杀人如之何?”“下士杀人如之何?”三个问题，这是典型的三段式叙事模式，符合民众的欣赏和接受心理。

在有些孔子“游”传说中，这一原理还表现为“三弟子”的人物设置，典型的如孔子与子路、子贡、颜渊三弟子游农山的传说。该传说很明显是受到《论语·先进》的影响，在民间传闻的基础上形成的。与《论语》中子路、曾皙、冉有、公西华四位弟子围绕孔子言志论道不同，这里简化为子路、子贡、颜渊三位弟子，是民间叙事常见的“三段”模式，而且这三位弟子是孔子的弟子在“勇武”“言语”“德行”三个方面的最出色的代表。通过这些细微的变化，我们也可以看出孔子“游”传说民间化的渐进过程。

其他如《孔子家语》卷二所载孔子适齐路遇异人丘吾子的故事，丘吾子对孔子回答生平中有失亲、失臣、失友的“三失”之悔；该书卷四载孔子游泰山遇荣声期的传说，针对孔子所问“先生所以为乐者，何也?”的问题，荣声期先后回答了“三乐”……都具有孔子“游”传说所表现出来的“三段”原理和叙事特征。如果再进一步分析不难发现，时间越往后，如《韩诗外传》《孔子家语》《殷芸小说》等书出现的孔子“游”传说的这一叙事特征越突出。

二、“重复”表现法

除了上面所介绍的“三段”原理，孔子“游”传说也具有较为明显的“重复”表现法。“在散文故事的讲述过程中，为了增强表现力，反复加深听众对故事情节的印象，也常常袭用重复表现法。”①先来看《史记·孔子世家》对孔子陈蔡之困的描写：

> 孔子知弟子有愠心，乃召子路而问曰：“《诗》云：‘匪兕匪虎，率彼旷野。’吾道非耶？吾何为于此?”子路曰：“意者吾未仁耶？人之不我信也。意者吾未知耶？人之不我行也。”孔子曰：“有是乎！由，譬使仁者而必信，安有伯夷、叔齐？使智者而必行，安有王子比干?”
>
> 子路出，子贡入见。孔子曰：“赐，《诗》云：‘匪兕匪虎，率彼旷野。’吾道非耶？吾何为于此?”子贡曰：“夫子之道至大也，故天下莫能容夫子。夫子盖少贬焉?”孔子曰：“赐，良农能稼而不能为穑，良工能巧而

① 钟敬文主编：《民间文学概论》，上海文艺出版社1980年版，第45页。

不能为顺。君子能修其道，纲而纪之，统而理之，而不能为容。今尔不修尔道而求为容。赐，而志不远矣！”

子贡出，颜回入见。孔子曰：“回，《诗》云：‘匪兕匪虎，率彼旷野。’吾道非耶？吾何为于此？”颜回曰：“夫子之道至大，故天下莫能容。虽然，夫子推而行之，不容何病？不容然后见君子！夫道之不修也，是吾丑也。夫道既已大修而不用，是有国者之丑也。不容何病？不容然后见君子！”孔子欣然而笑曰：“有是哉！颜氏之子！使尔多财，吾为尔宰。”

从叙事的结构上来看，这里先后出现了三次孔子与子路、子贡、颜回的问答。令人印象深刻的是，孔子的三次问话，除了对弟子的称呼不同外，三次发问的内容竟完全一样：“《诗》云：‘匪兕匪虎，率彼旷野。’吾道非耶？吾何为于此？”这里司马迁显然是借鉴了民间叙事文学中常常使用的“重复”表现法，借助孔子三次对相同问题的发问，反复强调了孔子此时作为一位行道者在“道之不行”时的困惑，很好地刻画了孔子的救世者形象。不仅如此，完全相同的一个问题用来重复询问三位弟子，从民间文学创作的角度上来说，也带有考验三位弟子的巧妙用意。因此，《史记》中的这段文字同时借鉴使用了民间文学叙事上的“三段”原理和“重复”表现法，带有一定的民间传说痕迹。司马迁为了创作《史记》，不仅广泛查阅、搜集史料文献，同时还亲自深入民间，到全国各地进行实地考察游览，所以，很有可能在写作《孔子世家》的时候把从地方上获取的有关孔子受困的各种传说纳入进来，对之进行史学性的再加工，使之呈现出与民间传说不同的雅文化审美特征，但是民间传说的叙事模式和表现手法却保留了下来。

又如在前面提到的《韩诗外传》中，孔子路遇阿谷处女的传说，这种重复表现法也得到了很好的运用。子贡三次前往时，孔子都重复说“善为之辞，以观其语”，子贡在和浣女对话时也重复说“吾北鄙之人也，将南之楚”，等等。这一表现手法的运用，不仅让这则传说的故事性更强，也与《诗经·汉广》一诗三章、重章叠沓的形式特点巧妙地吻合，而且通过这种反复的试探和考验，最终证明这是一位贞淑女子，如此一来，小说的主题就得到了很好的强化。

三、“哑谜”故事单元的设置

哑谜的设置和解答是民间叙事文学，尤其是民间故事中经常出现的故事单元，这既能集中体现民间智慧，同时也能增强故事的悬疑性和趣味性。孔子各种“游”传说在民间文化阶层的传播、流变过程中也相应地受到它的影响，不少孔子“游”的传说也带有这一叙事特点。较早出现的孔子“游”传说要算《论语·微子》篇中孔子路遇隐士的故事，在这些传说中，“接舆”“长沮”“桀溺”“荷蓧丈人”这些人的名字和称谓本身就是一种哑谜，只不过表现得不是那么明显而已，后面这些人的行事态度和说话内容最终将这一谜语揭开，原来这些人都是隐士，难怪名字那么不合常俗。其中荷蓧丈人这一章主要讲述了孔子与弟子出游时子路的一段奇遇。这位老者非常富有传奇色彩，他先是批评子路“四体不勤，五谷不分”，对子路所问“夫子”不屑一顾，表明不同于儒家的生活态度，然后留子路宿，杀鸡为黍招待他，还让两个儿子出来见他，这是以连续的行为构成一个哑谜，即向子路暗示隐居所享受到的自给自足的满足和天伦之乐。当子路见过孔子之后，再去找他的时候，他已是无影无踪了，这样就更加验证了其隐士的身份。

这种哑谜式的情节设置在下面这则变文故事中体现得非常突出：

> 昔孔子游行，见一老人在路，吟歌而行，孔子问曰：“验(脸)有饥色，有何乐哉?”老人答曰：“吾众事已毕，何不乐乎?”孔子曰：“何名众事毕也?”老人报曰：“黄金已藏，五马与绊，滞货已尽，是以毕也。”孔子曰：“请解其语。”老人报曰：“父母生时得供养，死得葬埋，此名黄金已藏。男已娶妇，此名五马与绊。女并嫁尽，此名滞货已尽。”孔子叹曰：“善哉善哉，此皆是也。”①

这则故事显然是孔子路遇荣生期故事在流传过程中的变体，而老人所论内容更加突出百姓日用和人生伦理问题，语词通俗形象，透露出下层民众的人生主题和情感指向，代表了民间化的审美趋向，民间文学色彩非常突出。另外，故事场景同样设置为孔子出游路遇异人。此故事中孔子所遇为一吟歌而行的老者，与荣声期一样，也是善于“知乐”。不同的是，这位老人所提出的“三乐”——“黄金已藏，五马与绊，滞货已尽”，均采用了哑谜的形式，谜底最终由这位老人道出，这比《孔子家语》《列子》等书中让荣生期直接道出“三乐”显得曲折有趣，既能满足民众较强的猎奇心理，也能更好地表现民间智慧的魅力。从叙事模式和特点的前后变化上，我们也能判断出这则

① 潘重规编：《敦煌变文集新书》卷八，文津出版社有限公司 1994 年版，第 1236 页。

变文故事的生成空间当来自民间底层，是劳动人民对孔子“游”传说的通俗化、民间化加工。

另外，这种“哑谜”故事单元的设置，在孔子路遇巧女类型的传说中被反复运用，这类传说通过设置和破解高水平的哑谜，一方面达到了凸显女子智巧的目的，另一方面也起到了巧妙有趣地串联故事的作用。如《殷芸小说》所载孔子路遇采桑女的传说中，采桑女见到孔子后先是道出了三句预言：“夫子游陈必绝粮。九曲明珠穿不得，著来向我采桑娘。”采桑女用诗谜的形式对孔子后面将会面临的遭遇进行了精练而委婉的提醒，这显然是为了突出采桑女具有预知的智慧而进行的虚构，但从叙事的角度而言，却给接下来发生的故事设置了一个悬疑之谜。后面，正如采桑女所预料的那样，孔子只得派颜回、子贡回去向采桑女求教。故事在此并未匆匆作结，而又写采桑女故意谎称外出，但以一瓜献二子，又给子贡出了道哑谜，待子贡道破这个哑谜之后，这位采桑女才出来。这一设置，如同智力闯关游戏，更衬托出采桑女的俏皮可爱和聪慧。

同样，前面提到的《琱玉集·聪慧篇》所记录的孔子遇路妇的传说，也充分利用了这一故事单元，不过与采桑女故事中女子设置哑谜的情形不同，这里出谜的是孔子最得意的弟子颜回。颜回用“吾有徘徊之山，百草生其上，有枝而无叶，万兽集其里，有饮而无食，故从夫人借罗网而捕之”，极其隐晦地表明自己要借梳子的用意，结果这位妇女“即取栉与之”，表明其很快就猜出了颜回所出的哑谜。这里用迅速识破高水平哑谜的方式显示了下层妇女的过人智慧，同时也使得该传说妙趣横生。这种猜谜式的故事情节在变文《孔子项讬相问书》中得到了淋漓尽致的发挥，如作品前半部分孔子问了项讬一长串的问题：“何山无石？何水无鱼？何门无关？何车无轮？何牛无犊？何马无驹？何刀无环？何火无烟？何人无妇？何女无夫？何日不足？何日有余？何雄无雌？何树无枝？何城无吏？何人无字？”与此类似的问题在作品后面的部分还有很多。这一连串的问题其实就是民间各种谜题的汇集，项讬与孔子之间展开的这场斗智游戏，也可以说是民间流行的猜谜、斗智生活习俗的一次文学化反映。传说最终以孔子甘拜下风收场，反映出下层民众有别于上层精英文化的知识认同，以及对民间智慧的一种自我满足心理。

除了以上几种常见的叙事表现方式外，为了迎合下层民众注重趣味性、戏剧性的通俗文学审美心理，同时也为了强化主题意识、增强传说的说理性，在表现方式上，不少孔子“游”传说往往通过故事人物在年龄、性别、职业、装扮、知识修养、脾气性格等方面的强烈对比，以及出人意料的故事结局，极力营造一种欣赏心理上的反差效应，从而达到一种陌生化的效果，给人以新鲜的感受，使故事具有一种奇趣之美。如《孔子项讬相问书》这篇变文作品，从人物形象的对比上就显示出强烈的落差：大宗师与小儿展开辩论，大与小、长与幼、拙与智、诈与直等，无不形成一种颠倒和反差，有着强烈的滑稽和讽刺效果。又如在孔子遇阿谷处女的传说中，主张“非礼勿视，非礼勿听，非礼勿言，非礼勿动”，并认为“唯女子与小人难养也”的圣人孔子，竟然想尽办法去主动试探一位浣衣少女，而且以博物多识闻世的孔子反过来要向一位民间采桑女求教，孔子与浣衣女、采桑女等形象，在人物性别、年龄、出身、文化修养等方面的对比可谓鲜明，这大大满足了民间受众猎奇的欣赏心理以及注重感官性、娱乐性的审美趣味，同时对歌颂下层妇女的美德、表现民间智慧等主题也具有很好的强化效果。

第三节　孔子“游”传说表现的不同的孔子接受观

传说，作为有别于正史、传记的一类文学样式，既是故事的载体，同时也是文化观念的载体。传说大都与一定的历史人物、历史事件相联系。而同一个历史人物或同一历史事件所形成的传说，由于生成空间的不同，往往具有不同的价值观念。总的来说，孔子“游”传说在不同的文化空间，如《论语》《孔子家语》《史记》《韩诗外传》《殷芸小说》《搜神记》等以及民间口头文学中都有着不同程度的表现。各种孔子“游”的传说，特别是大量的民间传说，一方面表现出对下层劳动人民，尤其是民间妇女优秀品德和智慧的赞美，另一方面，与官方话语系统中一贯的尊孔态度不同，这些孔子“游”的传说也反映了不同知识阶层、不同文化群体所持的不同的孔子接受观：有的把孔子作为博学之师、道德之师而不断美化，甚至将其神化；有的把孔子从神坛上拉回到现实中，对孔子进行去圣化的描写，用平民的形象塑造和表现孔子的喜怒哀乐；有的则将孔子作为负面形象不断矮化，甚至丑化。总之，孔子“游”传说是各种孔子接受观念、评价态度的交汇点，对这些观念进行分析和探讨，将有助于我们认识中国文化中不同的孔子形象以及不同的孔子文化接受心理，也可以了解孔子在社会不同文化阶层中的社会传播效应。

一、神化、美化

大多数人都有一种普遍心理倾向，认为如历代帝王、教派领袖、文化宗师等，凡是在历史上有重要影响和地位的人，其出身、相貌、经历都会超乎寻常，甚至具有种种神异，而且这种传奇性和神异性又与这些人的历史地位和影响成正比，当然，也不排除有些统治者或者宗教人士别有用心地对这种神秘色彩进行附会和强化。孔子作为儒家学派的一代宗师，由师而王，由王而圣，其在中国历代政治和文化上的地位和影响罕有人匹，因此，后世有关孔子奇异降生、奇异相貌的神化传说就格外多。而且，汉代的谶纬之士还把孔子附会成能够预卜吉凶的先知式人物。同样，在大量的孔子“游”传说中，有不少是用来神化孔子的。这种叙事观念在本书前面所归纳的“表现孔子异能类”的孔子“游”传说中体现得最为集中。如《论衡·书虚》中孔子与颜渊望吴门的传说，孔子站在泰山之上，竟能看清吴阊门外的白马。在这个近似神话的故事中，孔子被描述成一位精力充沛、眼力超凡，具有神异功能的“超人”形象，而对颜渊的描绘也不无夸张，同样富有强烈的神话色彩。又如《十六国春秋·北凉录》中所载故事，孔子让人转告鲁君筑城备寇，并令“群燕数万，衔土培城”。孔子在这里由凡登仙，变成了神话中的人物形象。而且成了仙人的他，还念念不忘鲁国，这种爱国情怀与仙人气质的有机结合使得孔子形象格外新奇。《殷芸小说》卷二所载的子路杀虎的故事中，孔子不仅巧妙地化解了子路的恚怨，而且具有未卜先知的神通。又如蔡邕所作的《琴操·孔子厄》的传说，孔子一曲悲歌，居然引来“暴风击拒”，使匡人“军士僵仆”，最后“瓦解而去”，孔子身上显然已附着了一定的神性。总之，孔子“游”传说中这种赋予孔子非凡能力、非凡智慧的描写内容，使孔子形象染上了较多的神化色彩。这种现象的出现，应是官方不断尊孔、祭孔、封孔以及民间传说中孔子的影响被不断夸大等多重作用力的结果，这也是民间尊孔观念的一种极致化表现。

与神化孔子的观念和态度有所不同，有些孔子“游”的传说，虽然同样是对孔子持肯定、推崇甚至有所夸大的态度，但并没有将孔子神异化，而是把孔子作为现实的人来对待，只不过对孔子的博物多识、沉着果敢、高尚德行等方面的品质，通过有关传说进行着力突出，总的来说，主要表现出一种美化孔子的叙事观念。这种观念在《论语》《国语》《史记》《孔子家语》《韩诗外传》等文献记载的传说中，表现得格外突出。如孔子在陈辨矢的传说、给楚王辨萍实的传说、辨识九尾鸟的传说等，都突出了孔子博物的一面。下面再看《韩非子·说林》中有关孔子的一条记载：

> 子圉见孔子于商太宰。孔子出，子圉入，请问客。太宰曰：“吾已见孔子，则视子犹蚤虱之细者也。吾今见之于君。”子圉恐孔子贵于君也，因谓太宰曰：“君已见孔子，亦将视子犹蚤虱也。”太宰因弗复见也。①

该事不见于他书，传说的可能性较大。较为有趣的是，这里并没有对孔子的直接描写，而是通过太宰见过孔子之后，将子圉视作蚤虱的印象落差，以及唯恐自己也被商君视作蚤虱，而不将孔子引见给商君的微妙心理的描写，间接地将孔子的形象气质美化到极致。

又如，在孔子“游学问道类”传说中，《孔子家语》有对孔子观周问礼于老子、访乐于苌弘、观周庙等具体细节的描写，这些内容大多属于传说性质，但都突出了孔子好学多问的优秀品质。值得注意的是，孔子问礼于老子的传说。《史记》记载孔子见过老子之后，把老子比作龙，主要还是刻画了一个虚心好学、谦恭待上的孔子形象。《庄子》一书主要为道家立言，其中所保留的孔子问礼于老子的传说，主要是突出和美化老子，而把孔子作为平常之人来对待；但这种情况也不绝对，也有些传说是突出和美化孔子的，如保留在《太平御览》中的一段《庄子》佚文：

> 老子见孔子，从弟子五人。问曰：“前为谁？”对曰：“子路，勇且多力；其次子贡为智，曾子为孝，颜回为仁，子张为武。”老子叹曰：“吾闻南方有鸟，名为凤，所居积石千里。天为生食，其树名琼枝，高百切，以谬琳琅歼为实。天又为生离珠，一人三头，（递卧）递起，以伺琅歼。凤鸟之文，戴圣婴仁，左智右贤……”②

这段佚文，其真实出处已很难考定，这里所叙述的“子见老子”的传说明显是以孔子为中心人物。首先，不是孔子见老子，而是老子见孔子。其次，叙述孔子身边有五位贤弟子，而且老子将孔子比作凤，并言三头离珠为

---

① （清）王先慎撰：《韩非子集解·说林上》，中华书局1998年版，第171页。

② 《太平御览》卷九百一十五所引《庄子》文，今本《庄子》无。

凤伺食，犹如将孔子置身于神话般的氛围之中，通过老子之口将孔子形象一步步美化。

再就是一些孔子游历“受困罹厄类”的传说，不少意在歌颂、美化孔子。正所谓“疾风识劲草”，越是困厄境况下越能显示出孔子作为道德之师的光辉品质。如《韩诗外传》所记孔子在匡被围的传说，面对围困，孔子沉着以对，子路想要出战，孔子却将他劝止，并说：“由！何仁义之寡裕也。夫《诗》《书》之不习，礼乐之不讲，是丘之罪也。若我非阳虎而以我为阳虎，则非丘之罪也。命也夫！歌，予和若。”[①]通过简洁传神的话语，突出了孔子注重仁义的形象。有意思的是，孔子通过与子路和歌这种和平、礼乐的方式最终化解了误解，解除了危机，这与孔子一贯尚礼厌战的思想正好吻合，也显示了其过人的应急智慧，对孔子形象无疑具有美化作用。

二、去圣化、平民化

上面我们主要分析了孔子“游”传说中对孔子神化、美化的叙事观念，应该说，这些传说中的孔子形象要么被有意夸大、虚构，要么被着意增饰美化，总之，与现实生活中真实的孔子形象具有不同程度的差距。孔子作为“至圣先师”也好，作为“通天教主”也好，他毕竟是活生生的人，和所有常人一样，有着普通人的相貌（甚至还不如常人），也有着常人的喜怒哀乐、爱欲情仇。然而随着历代统治者对孔子地位的不断抬升和追封，人们通过官方话语系统所了解到的孔子，是被正统化的、政治化的、圣人化的孔子。孔子在中国文化中的传播及流变还有另外一个话语系统，即民间文化的传播渠道，与官方文化系统中一味神圣化孔子不同，民间文化尤其是民间传说往往对孔子进行去圣化的描绘，在不少民间传说中，孔子都被赋予了平民化的色彩，这也让我们看到了一位有血有肉的孔子形象。

儒家经典《论语》对待孔子并非一味地推崇，有时也表现孔子常人的一面，这集中表现在《论语·微子》篇孔子路遇隐士的几则传说中。与该书其他篇主要颂扬尊崇孔子不同，该篇有几章不约而同地都描写孔子受到一些隐者的奚落。如楚狂接舆章所写：隐士接舆在路上边走边歌，以歌谕孔子，孔子下车要与他交谈，他却又不顾而去。透过“孔子下，欲与之言。趋而辟

---

① （汉）韩婴撰、许维遹校释：《韩诗外传集释》卷六，第227页。

之”的描写，我们也可以想象出孔子受到奚落时的尴尬情态。又如长沮、桀溺章，孔子问津，长沮指着孔子说“是知津矣”，不无挖苦奚落之意，这是孔子在春秋末期真实处境的反映。

又比如《韩诗外传》中所描写的孔子遇阿谷处女的传说，孔子形象虽着墨不多，却被刻画得生动有趣，展示了圣人孔子生活化、平民化的一面。传说写孔子出游到了一个山谷，看到一位佩璜而浣的妙龄女子，孔子顿生好感，不仅没遵循所谓的“非礼勿视，非礼勿听，非礼勿言，非礼勿动”(《论语·颜渊》)的道德伦理规范，反而是不遗余力地想出抽觞、抽轸、送絺纮等主意去主动“搭讪”这位女子。古人多从维护孔子圣人形象的角度出发，力辩此事不可信：“观此章，乃谓孔子见处女而教子贡以微词三挑之，以是说《诗》，可乎？其谬戾甚矣，他亦无足言。”[①]也有人认为孔子之所以这么做，并不是为了要挑逗这位女子，而是为了试探、验证其美好的贞德品质，笔者认为这样解释过于牵强。首先，若按照正统礼学的层面解释孔子的举动，于逻辑和情理不合，萍水相逢，恪守“非礼勿视”的孔子不可能无端花费心思反复去试探一位并无值得怀疑之迹象的女子。其次，联系韩婴所引“南有乔木，不可休思。汉有游女，不可求思”的诗句，正如《诗经·关雎》中所吟咏的“窈窕淑女，君子好逑”，传说本意就是把孔子描述成一位追求者的君子形象，而不是试探女子品行的圣人形象。可能也正是出于这种考虑，何新在其《圣孔子年谱》一书中将这个故事归到“孔子的爱情”中，虽不无戏说的成分，但若从还原孔子为普通人的角度来看待这个问题，也不无道理。毕竟《韩诗外传》的性质为“外传”，其传说的性质较浓，我们不应拿道德标签去审视故事中的孔子形象。如是来看，这个故事中的孔子真实可爱，这样描写和理解孔子并不是对孔子的诋毁和污蔑，反而是把孔子从官方的圣坛、道德的制高点上拉回到现实人间，从常人的标准来塑造孔子形象。

在一些孔子“路遇巧女类”的传说中，孔子的这种平民化色彩体现得较为明显，如《殷芸小说》《墨客挥犀》中孔子路遇采桑女的传说。该传说中的孔子不仅不像采桑女那样能够预见自己接下来的遭遇，而且以自己的智慧竟然穿不了九曲明珠，反而还要回来向采桑女求助，这与《国语》《论衡》《十六国春秋》等书中所描绘的博物多识、具有先知能力的孔子真有天壤之别。

---

① (宋)洪迈：《容斋续笔》卷八，上海古籍出版社 1978 年版，第 310 页。

这里出现的孔子,只不过是采桑女的陪衬而已,"这种饱读诗书,满腹韬略的书生不如一位民间巧女的说法是典型的民间传说套数"①。这则传说主要是想通过这种套数来表现读书人有时反而不如劳动者有智慧的观念,对孔子并没有恶意贬低的意思,只是把孔子描写为一位普通人,或者说一位饱读诗书的儒者形象。

三、矮化、丑化

儒家经典及史传文学中的孔子形象多被抬升和美化,其不仅被奉为道德楷模和礼乐宗师,而且还是博物多识的智者化身,好像无所不知、无所不晓,有时甚至被神圣化。与这种尊孔观念不同,不少孔子"游"的传说,尤其是《墨子》《庄子》及一些通俗文学中的孔子形象往往不是作为正面形象出现的,表现出较强的矮化甚至丑化孔子的叙事观念。

这种矮化孔子的观念主要体现在对孔子知识权威的否定上。不少孔子"游"的传说,内容都是表现孔子与博物多识的形象不符,孔子不仅不能解答别人提出的问题,有时反而会被别人的问题所难倒。这方面的例子除了被人们熟知的孔子遇两小儿辩日的传说外,《孔子项讬相问书》则是一篇非常典型的儿童难倒孔圣人的趣味传说。与以往主流意识主导下的大部分作品不同,这篇长达两千多字的变文塑造了一位智拙、狭隘、狡诈甚至残忍的孔子形象,与之形成鲜明对照的是,项讬这一形象惹人喜爱,令人敬佩,其不仅聪慧机敏、能言善辩,而且孝顺明理、端正好学。这篇变文主要采用对话体,讲孔子东游,路遇三小儿,"不作戏"的小儿项讬引起了孔子的注意,于是孔子问之,孰料 7 岁的小儿却说出了"大戏相杀,小戏相伤,戏而无功,衣破里空。相随掷石,不如归舂。上至父母,下及兄弟,只欲不报,恐受无礼"的一番大道理,他回答孔子"何不避车"的质问,更是让孔子无言以对。至此,孔子明白了此小儿的与众不同,于是好为人师的孔子对项讬作出"汝年虽少,知事甚大"的评判,谁知,项讬不仅不高兴,反而以"天生自然,何言大小"相驳,这倒激发了孔子试探项讬学识乃至与其一较高下的兴趣。孔子一口气问了十六个类似脑筋急转弯的问题,内容非常驳杂,涉及天文地理、自然现象乃至人生家庭、伦理道德等许多方面,可谓费尽心思,

① 董晓萍:《〈三国演义〉的传说》,南海出版公司 1990 年版,第 324 页。

而项讬反应敏捷，回答得滔滔不绝，且言简意赅，无懈可击，引得孔子连称“善哉”。于是孔子试图将其收归门下，先是邀其共游天下，后又用博戏来引诱，但都被项讬一一得体地拒绝，在这里我们可以看出孔子狡诈的一面。在知悉项讬有着不同于寻常小儿的高超洞察力后，孔子又试图用“平却天下”这样的高远抱负来感召项讬，结果再次被项讬以“天下不可平”驳倒。而后面孔子对项讬的反问则回答得期期艾艾，言不及义，又遭到项讬的反辩和讥讽。面对项讬的反唇相讥，孔子却连一个字也回答不出来，闹了个大红脸，只好说了句“后生可畏”。一代宗师费尽心机，不仅没能难倒一个7岁小儿，还被小儿轻易难倒。在这里，故事的讽刺效果已十分明显。作品对孔子形象的塑造并未就此结束，恼羞成怒的孔子竟然起了杀机。他先是利用项讬父母的年老昏聩，设计寄草，然后索草胁迫，从而探知项讬入山躲避之处，接下来写孔子：“心中欢喜倍胜常。夫子乘马入山去……夫子拔刀撩乱斫，其人两两不相伤；化作石人总不语，铁刀割截血汪汪。”如果说前面辩论部分孔子表现得有些智穷、狡诈，那这里孔子的狭隘和残忍则表现得一览无余，以君子自称的孔子竟要费尽机心除掉一个7岁的小儿，实在是匪夷所思，大大颠覆了人们心目中的孔子形象！

在变文这种通俗文学中，孔子不再是高高在上供人膜拜的道德楷模和知识权威，而是可以被人拿来随意调笑戏弄，甚至讥讽的反面形象。在这里，孔子从经传文学中的圣王宝座上走下来，还原为了一个有血有肉的人。他和常人一样，不仅有无知、误知的一面，甚至还有比常人更多的性格缺陷和人性阴暗面。究其原因，这实际上反映出民间思想文化与正统思想文化尊孔相异的文化特质，体现出特定时期民众对权威的鄙视、对秩序的冲击和对平等的向往。根据李江峰的研究，“《孔子项讬相问书》的最后写定，极有可能在公元848～公元936年这一段大约八十来年的时间内；最少，也在公元781～公元936年这一段一百五十来年的时间之内”[①]。如是看来，这则变文产生的时间恰好处于晚唐五代这一国运衰竭、政局动荡、民生潦乱的末世，面对上流统治阶层的腐败和无能，身负重艰的下层百姓和底层知识分子对贵族阶层的道貌岸然和政治标语往往会滋生一种强烈的抵触情绪，将以封建秩序维护者面目出现的孔子形象进行矮化和丑化，的确不失

① 李江峰：《敦煌本〈孔子项讬相问书〉成书时代浅探》，《河西学院学报》2004年第1期。

为一种行之有效的表达不满和要求平等的心理诉求方式。

通过上面的分析不难看出，在各种孔子“游”的传说中，孔子已不是历史意义上的孔子，社会各个阶层的人们往往根据自己的生活体验、审美心理等，对孔子有关的史实进行取舍、剪裁、嫁接、变异、夸张甚至是虚构等文学性、艺术性的加工，赋予了孔子更多的文化阐释意义。在这一过程中，人们对孔子所持的毁誉态度和接受观念呈现出较大的分歧，孔子形象也呈现出多样性的特点。这反映出孔子本人在中国整个文化史上所享有的独特地位，正因为其无可替代的身份特点，孔子才成为中国各个文化阶层不断进行文化解读和形象嫁接的对象。总体上来看，先秦历史文献中，《论语》《孟子》等儒家典籍中的孔子“游”传说对孔子的态度较为客观，既有美化孔子的一面，也有表现孔子常人的一面；而《墨子》《庄子》等文献中的孔子“游”传说，往往将孔子作为自己学说的对立面，对孔子多持诘难、嘲讽、戏弄的态度，具有明显的矮化孔子形象的倾向。由于自汉代起，儒家文化在中国意识形态领域中的地位不断提高，因此，出现在《史记》《孔子家语》《韩诗外传》《论衡》中的孔子“游”传说，对孔子基本上都是颂扬、美化甚至神化，体现出与官方一致的尊孔观念。而《搜神记》《殷芸小说》以及唐人笔记、变文等主要表现社会中下层生活内容和文化观念的文本系统中出现的孔子“游”传说，故事内容上更接近社会下层的民生百态，孔子形象也往往与民间文学中的巧女、儿童形象相嫁接，性质上更接近小说，虚构、想象、夸张等表现手法的广泛运用使得其文学色彩尤为突出，而且这些传说主要凝结了下层民众的文化心理和审美情趣，所表现出的孔子接受观念也较为多样化，平民化、矮化甚至是俗化、丑化孔子的观念较为明显。这反映出民间文化群体注重世俗性、愉悦性、趣味性的审美趣味以及一定的反传统、反权威的文化接受心理。

第四节　孔子之“游”与地方文化

孔子之“游”与地方文化有着密切的关系：一方面，孔子通过“游”的文化活动促进了各地方文化的发展，丰富了地方文化的内涵；另一方面，丰富的地方文化资源也对孔子自身的提高和完善大有裨益，而且“游”的文化活动也扩大了孔子自身的影响，同时保留在民间各地的各种孔子"游"文化遗迹，对孔子思想学术的持续传播及孔子文化影响的扩大又有着巨大的推动作用。因此，孔子之"游"与地方文化之间的关系是双向互动的。

首先，孔子之"游"对地方文化的丰富和发展具有积极促进作用。孔子在"游"的过程中，通过收徒讲学以及切身实践等方式给当地民众普及礼乐知识，宣扬仁爱思想，因此，孔子之"游"对普及各地文教、繁荣学术、启迪人们的心智、培养人才以及改良社会风气等均有着积极的推动作用。不仅如此，孔子丰富的"游"文化活动，也使孔子在许多地方留下了大量的传说故事，这些传说在长期的流传过程中又逐步地被地方化、民间化，与流传地的山川亭台等风物相融合、嫁接，赋予这些山川风物深厚的人文内涵，产生了如孔子登临处、孔子崖、弦歌台等大量的孔子"游"文化遗迹。而孔子"游"的各类传说也就起到了对这些文化遗迹的解释性作用，从这个方面来说，孔子之"游"对于唤起传说流传地民众对当地自然景观的审美注意、丰富地方文化内涵、增强地方文化影响力等，无疑具有积极意义。如孔子游泰山，不仅为泰山当地留下了孔子与弟子们登临泰山的各种美丽传说，同时也为泰山留下了"孔子登临处""孔子小天下处"[①]、"猛虎沟""老虎窝"[②]、"孔子崖"[③]等文化遗迹。又如传说孔子曾经到郯国向郯子问古官名，路上还曾与当时有名的贤大夫程子倾盖而语。受到这些传说的影响，郯城县历史上很

---

① 曾国藩曾登游泰山，并记叙沿途所见，其中就有"孔子登临处坊"和"孔子小天下处"两处重要文化遗迹。[参见(清)曾国藩著、林世田等点校:《曾国藩日记·同治五年四月十六日》，宗教文化出版社 1999 年版，第 554～555 页]曾氏所见"孔子登临处坊"为明嘉靖三十九年(1560)山东地方都察院右副都御史朱衡等创建，状元罗洪先题额并联"素王独步传千古，圣主遥临庆万年"。坊的东侧有明嘉靖年间济南府同知翟涛题"登高必自"，西侧还有巡抚山东监察御史李复初题书"第一山"大字碑。

② 俞樾《茶香室丛钞》云:"国朝俞正燮《癸巳存稿》云:《礼记·檀弓》'孔子过泰山侧'。今泰山西桃峪上源有老虎窝、猛虎沟，云是当日遗迹。"[(清)俞樾:《茶香室丛钞》卷十二，中华书局 1995 年版，第 175 页]

③ 《山东通志》卷十一载:"望吴圣迹，在孔子崖侧，即孔子共颜回、子贡望见吴门白马处，今建有孔子祠。"[(清)岳濬等监修:《山东通志》卷十一之六，文渊阁《四库全书》本，第 539 册，第 648 页]孔子崖或称"望吴峰"，位于天街东首路北山岗上，崖上有"泰山乔岳""高山仰止"等石刻。

早就有孔子“游”文化遗迹“倾盖亭”[①]，海州也有孔子“游”文化遗迹“孔望山”[②]。又如有关孔子欲适晋临河而返的传说，在山西一带产生了很大的文化影响，甚至太行山上都有“孔子回车处”“孔子回车辙”“孔子回车庙”[③]等文化遗迹。再比如，陈蔡绝粮是孔子出游受困类传说中最引人注目的部分，当地有不少与此有关的文化遗迹，其中最有名的莫过于“弦歌台”[④]。

这些孔子“游”文化遗迹尽管有些与真实的孔子之“游”并无关系，但它们至少是在孔子“游”传说的基础上衍生出来的物化成果，因而带有深厚的文化寓意和审美意蕴，这对丰富地方文化内涵、扩大地方文化影响力具有积极影响。如“孔子登临处”“孔子小天下处”等孔子“游”文化遗迹在很大程度上为泰山赋予了一种“登高而思”的文化象征意义，因此，孔子登临泰山的足迹为后人所大加追思和敬仰，以至于“登泰山而小天下”积淀为深厚的文化心理，很多文人之所以梦寐以求要登临泰山之巅，追寻圣人登山足迹，体会孔子登山感受是其中最主要的文化情愫。又如，由于“倾盖亭”与孔子“倾盖而语”的传说相关联，因此成为历史上文人们吟诗作赋的重要素材和情感寄托。清代诗人施闰章有两首以《倾盖亭》为题的七言绝句，其一：“行经河甸复江津，望古长思共语人。多少高车空接轸，昔人倾盖已千春。”其二：“旧迹茫茫古道隅，交欢脱赠道难孤。如何永日高谈处，传记当年片语无。”[⑤]陈维崧也有《郯城倾盖亭下作》诗一首。由于孔子闻窦鸣犊、舜华见杀而折返的故事带有极强的政治象征意义，因此，“孔子回车处”“孔子回车辙”等孔子“游”文化遗迹也被文人们所广泛关注，明代陈棐《回车庙

① 《大清一统志》载：“倾盖亭，在郯城县北十里。刘向《说苑》云孔子之郯，遭程子于途，倾盖而语终日。《县志》：后人因建亭于此。”[（清）和珅等撰：《大清一统志》卷一百四十，文渊阁《四库全书》本，第476册，第774页]

② 《山堂肆考》载：“孔望山在淮安海州城东，孔子问官于郯子，尝登此山，以望东海。”[（明）彭大翼撰：《山堂肆考》卷十八，上海古籍出版社1992年版，第293页]

③ 《山西通志》载：“（太行山）上有‘孔子回车辙’，王世贞《适晋纪行》：初九日黎明，冒雨发道，有古祠，刻石崖，表曰‘孔子回车处’。”[（清）觉罗石麟等监修：《山西通志》，文渊阁《四库全书》本，第542册，第721页]

④ “弦歌台”原名为“厄台”，明嘉靖巡按御史赵继本改为“弦歌台”。历史上，此台屡修屡废，到清康熙年间，此台又被方苞等人重新修葺，方苞代作《弦歌台记》。今天的弦歌台位于淮阳城外西南隅湖中半岛上，是淮阳市著名的“七台八景”之一。现有门两座，大门上有康熙五十年（1711）“弦歌台”三字石匾。正门两侧石柱镌刻一副对联：“堂上弦歌七日不能容大道，庭前俎豆千年犹自仰高山。”

⑤ （清）施闰章著、吴家驹点校：《施闰章诗》，广陵书社2006年版，第1171页。

解经》、王心一《上太行》、王世贞《适晋纪行》等对之均有记载和考辨。太行山的“回车庙”“孔子回车处”与真实的孔子之“游”无关，应该是《史记·孔子世家》《孔子家语·困誓》等对孔子适晋临河而返的记载在民间长期传播过程中被一步步传说化、民间化的结果，也可能正如郦道元《水经注》中所推测的那样，孔子后裔为了追思远祖而在此建庙①，这是民间祭祀孔子之风对孔子适晋临河而返故事的变异和迁移。尽管孔子不曾到此，然而人们却乐于相信孔子于此回车的传说并在此建庙、立碑、刻崖，这些现象反映出民间文化阶层对孔子回车传说的接受和认可。可以说，“回车庙”“孔子回车处”等文化遗迹是经过变异的孔子临河而返传说的物质化、具象化结果，一方面体现了孔子临河而返的传说具有鲜明的政治象征意义，反映了下层民众对圣贤和贼臣泾渭分明的情感倾向，其中也蕴含着民间尊孔、祀孔的文化情感和心理寄托。又如“弦歌台”，由于与孔子陈蔡之困的传说紧密相关，曾吸引历史上许多著名文人前来光顾，有不少人于此题诗作文以纪胜，如宋代王禹偁曾作《厄台铭》，曾巩作有《厄台记》。“厄台”在当地具有很大的文化影响力，与此有关的还有以“厄台”命名的寺院建筑②，明嘉靖巡按御史赵继本还将“厄台”改为“弦歌台”，反映出当时人们对孔子陈蔡之困不同的情感倾向和文化寓意。“厄台”很容易让人联想到一位穷困落魄而失意的孔子形象，而“弦歌台”则突出了孔子虽身陷危厄，但仍然“弦歌不辍”的从容、淡定气质。明代诗人佘翔曾到此游览并赋诗《游弦歌台是尼父绝粮处》：“栖栖陈蔡道何穷？此地今留俎豆宫。日暮平林天籁发，弦歌疑是鲁人风。”③

其次，孔子“游”传说反过来又因这些文化遗迹、人文景观而获得更加顽强的艺术生命。这些保留在各地的孔子“游”文化遗迹，作为长期客观存在的实体性文化坐标，不仅对于孔子“游”传说的普及和传播起到很好的推动作用，而且对于孔子思想文化在民间各地的广泛传播，对于增强孔子的

---

① 北魏郦道元《水经注·沁水》：“碑云：‘鲁国孔氏，官于洛阳，因居庙下以奉蒸尝’，斯言是矣。盖孔因迁山下，追思圣祖，故立庙存飨耳，其犹刘累迁鲁，立尧祠于山矣，非谓回辕于此也。”

② 《鸡肋编》有对厄台寺的记载：“陈州城外有厄台寺，乃夫子绝粮之地。今其中有一字王，佛云是孔子像旧榜‘文宣王’，因风雨洗剥，但存一‘宣王’，而释子附会为一字王也。其侍者冠服，犹是颜渊之状，如杜甫之作杜十姨。天下如是者，盖不可胜数。”[（宋）庄绰：《鸡肋编》卷一，上海书店1990年版]

③ （明）佘翔：《薜荔园诗集》卷三，清抄本。

社会影响力，以及对孔子形象的民间宗教化进程都具有促进作用。不仅如此，通过这些分布在各地的孔子“游”文化遗迹，也可以看出孔子及其思想在民间的巨大影响力。可以说，孔子“游”文化中的孔子行事已被后人赋予了某种仪式化、宗教化的色彩，人们所在乎的是这些文化遗迹、历史传说中所蕴含的文化意味，至于其历史的真实性并不被过多看重。因此，从这个层面上来说，正是孔子的“游”，才使得孔子本人及其思想在社会上下，尤其是民间各地，落叶生根，孔子遂成为中国整个文化史上最具影响力的历史人物之一。

第五章　诗曲歌赋中的孔子之“游”

孔子作为中国封建社会主流思想的开创者和代表者，其言行受到历代文人的格外关注，其中又以孔子“游”文化所附着的事件信息为关注的热点。文章方面，围绕如“问礼于老子”“晏婴沮封”“灵公问兵陈”“子见南子”等富有争议性的话题，韩愈、王安石、苏轼、苏辙、曾巩、朱熹、姚鼐、曾国藩等名家学者都有不少议论性文章，一些游记作品中也常涉及和孔子“游”文化有关的历史旧迹，考虑到这些文章整体上偏于阐发义理，文学性不甚突出，故本书对之不作具体分析。诗赋方面，从楚辞到乐府歌谣再到律诗，都有以孔子“游”文化信息为表现题材或作为典故的作品，不仅数量可观，而且多出自名家之手。孔子在中国古代诗歌领域受到如此多的关注和表现，是其他先秦诸子所不能匹及的。这一方面缘于孔子在中国历史上的特殊地位和重要影响力，另一方面也因为孔子所具有的丰富人生经历，尤其是其失意者的游者形象，为诗歌提供了绝好的表现素材和意象类型。

第一节　孔子之“游”与琴曲歌谣

在一些孔子“游”的传说故事中，如楚昭王问萍实、孔子辨九尾鸟等，孔子多引歌谣言事。在《论语》中，亦有楚狂接舆过孔子而歌等。这些歌谣多为别人所唱，那么孔子本人究竟有没有创作过歌谣呢？

一、相传孔子所作的古歌谣

《史记·孔子世家》载：

孔子相鲁，齐人遗女乐。季桓子受之，三日不听政。郊，又不致膰

> 俎于大夫。孔子遂行,宿乎屯。而师己送,曰:“夫子则非罪。”孔子曰:“吾歌可夫?”歌曰:“彼妇之口,可以出走;彼妇之谒,可以死败。盖优哉游哉,维以卒岁!”师己反,桓子曰:“孔子亦何言?”师己以实告。桓子喟然叹曰:“夫子罪我以群婢故也夫!”

上面加点部分被《诗纪》收录,冠之以“去鲁歌”,又作“师乙歌”。这应该是孔子所作歌谣之一,但其于《史记》之前文献中不见记载,故又可能为太史公采自民间传说或其揣摩语境代孔子设辞之作。不管是哪种情况,这首共二十五字的四言诗歌生动而富有韵致,成功地描绘了孔子当时的心情,引人深思。

另外,《礼记·檀弓上》载:

> 孔子蚤作,负手曳杖,消摇于门。歌曰:“泰山其颓乎?梁木其坏乎?哲人其萎乎?”既歌而入,当户而坐。子贡闻之曰:“泰山其颓,则吾将安仰?梁木其坏,哲人其萎,则吾将安放?夫子殆将病也。”遂趋而入。

引文加点部分在《诗纪》中题为“曳杖歌”,一作“梦奠歌”,又见《孔子家语》。王引之《经义述闻》认为,此段两处“哲人其萎”都是后人根据《孔子家语》而增入的。《孔子家语》《礼记》所载此歌当为后人所作,《孔子家语》一书意在颂扬、尊崇孔子,这里借孔子自歌,试图用“言兆”的方式为孔子临终之事增加神秘化的色彩。一方面,“孔子蚤作,负手曳杖,消摇于门”,把孔子歌咏时的姿态、情绪描绘得非常洒脱。另一方面,歌辞采用三个连问句的形式,意味幽深。二者有机相连,颇具深意。

二、《琴操》中题为孔子所作琴曲歌辞

孔子一生,学习和推行礼乐为其最重要的文化活动之一。孔子本人精通音乐,在弹琴方面有着极为精深的造诣。孔子 29 岁时曾经专门向师襄子学习琴艺,并从“得其数”到“得其意”,再到“得其人”,不断追求更高境界。34 岁时适周,孔子曾访乐于苌弘。36 岁时,孔子在齐与齐太师语乐,闻《韶》三月不知肉味。此后,孔子于卫击磬,困于陈蔡之间,抚琴弦歌不辍,如是之类,尚有许多。可见,孔子与琴、乐有着不解之缘。琴作为中原地区早期的主要乐器,往往和文人骚客、名流雅士的文化生活相伴随。而且,所谓“高山流水遇知音”,琴音也成了文人内心情绪、志向意趣抽象而高

雅的表现形式。“诗言志，歌咏言”，抚琴吟咏，也就成了孔子吐露心迹、抒发志向的主要方式之一。

相传为孔子所作的一些琴曲歌辞主要见于东汉末年蔡邕所编《琴操》一书。蔡邕把搜集到的琴曲歌辞定名为《琴操》，在很大程度上反映了其对琴曲审美特征的理解。何谓“操”？裴骃《史记集解》引应劭《风俗通》曰：“其道闭塞忧愁而作者，命其曲曰操。操者，言遇菑遭害，困厄穷迫，虽怨恨失意，犹守礼义，不惧不慑，乐道而不改其操也。”[①]桓谭《新论·琴道》曰：“古者圣贤，玩琴以养心。夫遭遇异时，穷则独善其身而不失其操，故谓之‘操’。”[②]概而言之，“所谓‘操’是指当人遭厄遇困，穷迫失意之时，犹守道德，不违礼义，乐道而不失其操之作”[③]。《琴操》所收录的歌辞也确实以哀伤者居多，细审《琴操》之十二支操，《将归操》《猗兰操》《龟山操》《拘幽操》《岐山操》等皆为圣王贤士困厄失意之作，其中传为孔子所作的有《将归操》《猗兰操》《龟山操》三首。这些琴曲歌辞是孔子本人所作，还是蔡邕的托名创作，历来存有争议。[④] 且不论其是否为孔子所作，皆与孔子之“游”密切相关，至少是对孔子“游”的文学化表现，对于认识孔子以“游”行道的救世者形象，体会孔子矢志不渝的进取精神和忧国忧民的兼济情怀等，都具有宝贵的参考价值。

将归操

> 《将归操》，孔子之所作也。赵简子循执玉帛以聘孔子，孔子将往。未至，渡狄水，闻赵杀其贤大夫窦鸣犊。喟然而叹之曰：“夫赵之所以治者，鸣犊之力也。杀鸣犊而聘余，何丘之往也？夫燔林而田，则麒麟不至；覆巢破卵，则凤皇不翔。鸟兽尚恶伤类，而况君子哉。”于是援琴而鼓之云：

狄之水兮风扬波，船楫颠倒更相加。归来归来胡为斯！

---

① （汉）司马迁：《史记·宋微子世家》，第1610页。

② （汉）桓谭：《新论·琴道》，上海人民出版社1967年版，第64页。

③ 赵德波：《繁弦既抑，雅韵复扬——论〈琴操〉的文学价值和艺术成就》，《绥化学院学报》2009年第2期。

④ 关于《琴操》的作者有不同说法，但大部分学者都认为《琴操》所录歌曲属于汉以前人所作。逯钦立认为《琴操》为蔡邕撰集，谓其中所录多为先秦两汉歌辞，间有后人所增。（逯钦立辑校：《先秦汉魏晋南北朝诗》，第299页）

猗兰操

《猗兰操》者，孔子所作也。孔子历聘诸侯，诸侯莫能任。自卫反鲁，过隐谷之中，见芗兰独茂。喟然叹曰：“夫兰当为王者香，今乃独茂，与众草为伍，譬犹贤者不逢时，与鄙夫为伦也。”乃止车援琴鼓之云云。自伤不逢时，托辞于芗兰云：

习习谷风，以阴以雨。之子于归，远送于野。何彼苍天，不得其所。逍遥九州岛，无有定处。世人暗蔽，不知贤者。年纪迈逝，一身将老。

龟山操

《龟山操》者，孔子所作也。齐人馈女乐，季桓子受之，鲁君闭门不听朝。当此之时，季氏专政，上僭天子，下畔大夫；贤圣斥逐，谗邪满朝。孔子欲谏不得，退而望鲁。鲁有龟山蔽之，譬季氏于龟山。托势位于斧柯，季氏专政犹龟山之蔽鲁也。伤政道之陵迟，闵百姓不得其所，欲诛季氏而力不能，于是援琴而歌云：

予欲望鲁兮，龟山蔽之。手无斧柯，奈龟山何？[①]

陬操(附)

《史记·孔子世家》曰：孔子闻窦鸣犊、舜华之死也，临河而叹，乃还息乎陬乡，作为陬操以哀之。《孔丛子》曰：赵简子使聘，夫子将至焉。及河，闻鸣犊与窦犨之见杀也，回舆而旋之卫。使陬，遂为操曰：

周道衰微，礼乐陵迟。文武既坠，吾将焉归？周游天下，靡邦可依。凤鸟不识，珍宝枭鸱。眷然顾之，惨然心悲。巾车命驾，将适唐都。黄河洋洋，攸攸之鱼。临津不济，还辕息鄹。伤予道穷，哀彼无辜。翱翔于卫，复我旧庐。从我所好，其乐只且。[②]

---

① 逯钦立辑校：《先秦汉魏晋南北朝诗》，第299～301页。

② 逯钦立有按：“《史记》之前，《陬操》一曲，盖有弦无辞，《孔丛子》乃托为此歌。《乐府诗集》以末尾四句当《将归操》，是郭茂倩所见《琴操》，又与北朝传本不同。又《孔子家语》称孔子临河不济，还息于邹。作《槃操》云云，然尚无歌辞。”（逯钦立辑校：《先秦汉魏晋南北朝诗》，第300页。按：部分文字重新标点）

除此之外，逯钦立《先秦汉魏晋南北朝诗》还有《琴操》补遗数首，相传为孔子所作者有以下两首：

获麟歌

鲁哀公十四年西狩，薪者获麟。击之，伤其左足，将示孔子。孔子道与相逢。见，俛而泣。抱麟曰：“尔孰为来哉？孰为来哉？”反袂拭面，乃歌曰云云。仰视其人，龙颜日角。夫子奉麟之口，须臾吐三卷图。一为赤符，刘季兴为王；二为周灭，夫子将终；三为汉制造，作《孝经》。夫子还谓子夏曰：“新主将起，其人如得麟者。”〇逯案：此篇原无题目。附在《琴操》卷后。今据《诗纪》题为《获麟歌》。

唐虞世兮麟凤游，今非其时来何求？麟兮麟兮我心忧。

失　题

孔子游于隅山，见取薪而哭。长梓上有孤鹈，乃承而歌之云云：

彼鸣鹈，在严山之喹。[①]

《琴操》每首琴曲都有一段介绍歌辞背景的解题，这些解题之文的叙事性、故事性较强，材料多取自于《韩诗外传》《列女传》《孔丛子》《史记》等书。这些歌辞，从表现主题上来看，不约而同地都以孔子之“游”这一文化事项为中心，或表现孔子怀才不遇，抒发空怀报国之志而不得重用的悲伤与无奈，如《猗兰操》；或表现孔子对政治昏庸，贤者不得其用的哀叹和愤懑，如《将归操》《陬操》《龟山操》。应该说，这些歌辞，汉代文人托名孔子所作的可能性很大，因此，诗歌的主题也是汉代文人士大夫生活境遇的一种反映，表现了其对现实政治的关怀以及政治失意时的忧愤之情。如《猗兰操》，“假托孔子故事，却反映了汉代文人士子的遭遇以及他们的共同心理。他们自视甚高，也有很高的理想抱负，但是现实生活却往往并不如意，因而借琴曲来抒写自己的怀才不遇之情，表达对现实政治的不满，批评权奸当道，怨恨帝王昏庸”[②]。

从诗歌形式上来看，《将归操》《猗兰操》《陬操》为四言体，《龟山操》《获麟歌》为楚歌体，皆与汉代乐府盛行之五言不同，反映出这些歌辞产生的时

① 逯钦立辑校：《先秦汉魏晋南北朝诗》，第 316～318 页。

② 赵敏俐：《先秦两汉琴曲歌辞研究》，《文学遗产》2010 年第 2 期。

间要早于东汉。这些琴曲生成的时候，或值四言诗鼎盛期，或值骚体成熟期。表现手法上，这些歌辞多用比拟，如《猗兰操》以幽谷之兰自比，抒发自己虽遭不遇，仍洁身自好，自我欣赏。《龟山操》则以龟山蔽鲁暗喻季氏专政误国，以“手无斧柯”喻自己不得其位，对季氏专权不满，但却有心无力。同时，还有一些歌辞通过外在环境的描写来衬托人物当时的情绪，如《将归操》通对狄水、河风的描绘渲染出一种悲怆气氛，突出了孔子当时的失落和无奈情绪。审美风格上，这些歌辞以抒情为主，主要渲染一种悲剧化的审美意味。孔子是中国古代文化史上富有悲剧色彩的人物形象，一生遭遇种种困顿挫折，这些歌辞恰恰表现了孔子不得意时的心绪。于是，怀才不遇、困顿落寞、悲世悯人等孔子身上这些由“游”所散发出来的形象特质与琴曲歌辞相融合后，便产生出漫歌行吟式的诗意之美。

三、后世文人拟《琴操》的歌辞

“琴操”这种特殊的音乐文学样式，被文人士大夫渐渐融入到诗赋创作之中，唐代韩愈，宋代曹勋，元代王逢、周巽，明代朱右、周瑛、魏偁、胡应麟、王世贞，清代陈廷敬等，都有拟作。韩愈在被贬潮州以后所作的诗歌中，就有一组以《琴操》为题的古诗，共十首，用古风流韵表达了遭到贬谪的悲愤幽怨之情。其中三首为《将归操》《猗兰操》《龟山操》，其文如次：

将归操

孔子之赵闻杀鸣犊作

狄之水兮，其色幽幽。我将济兮，不得其由。涉其浅兮，石啮我足。乘其深兮，龙入我舟。我济而悔兮，将安归尤？归兮归兮！无与石斗兮，无应龙求。

猗兰操

孔子伤不逢时作

兰之猗猗，扬扬其香。不采而佩，于兰何伤？今天之旋，其曷为然？我行四方，以日以年。雪霜贸贸，荠麦之茂。子如不伤，我不尔觏。荠麦之茂，荠麦之有。君子之伤，君子之守。

龟山操

孔子以季桓子受齐女乐，谏不从，望龟山而作

龟之氛兮，不能云雨。龟之枿兮，不中梁柱。龟之大兮，只以奄鲁。知将隳兮，哀莫余伍。周公有鬼兮，嗟余归辅。[①]

这三首古诗，作于韩愈被贬潮州以后不久。韩愈以骚体诗的形式，借用原有题旨，抒发了自己当时的思想感情。第一首《将归操》的原题解为孔子受聘前往赵国，而赵国却要处死作出巨大贡献的窦鸣犊，孔子有感而作，表达哀叹。韩愈此诗，以隐喻象征的手法，间接表达了其对孔子不入赵的认同，并借此抒发自己忠而被谤的郁郁不平。

《猗兰操》原题解为“孔子伤不逢时作”，韩愈此诗表达了对孔子“不逢时”的同情，同样以幽谷而芳的兰草自比，却又比孔子豁达旷逸：“不采而佩，于兰何伤?”诗人力劝自己不能因此而有所感伤，显得坚强刚毅。最后“君子之伤，君子之守”一句直接点明自己要如兰一样，毫不动摇地坚持自己的品格。此诗主要反映了韩愈身处逆境时的自我心理调节，显示出诗人甘处逆境，坚持自我立场、操守的高尚境界。

《龟山操》全诗大量用比，以龟山喻季氏。此诗开始两句写龟山之气不能出落云雨，比喻季氏不能泽及下民。“龟之枿兮，不中梁柱”两句比喻季氏有若龟山之树，历经砍伐，重生之枝条，根本不堪任为梁柱。接下来两句则以龟山奄鲁喻季氏擅权蔽鲁。“知将隳兮，哀莫余伍”写鲁国即将颓败，最伤心的莫过于我。最后两句结语谓周公地下有知，必使我归辅鲁君，语气沉痛，很好地表现了孔子的忧患意识和报国为民之忠心。表面上来看，该诗以孔子口吻表达了孔子对季大夫专权误国的幽怨，以及希望自己早日归鲁辅政的希望，深层里却暗含着韩愈对唐德宗、宪宗朝权臣当道的不满和规劝之意，也包含着希望自己有朝一日被重新重用的希冀之情。

韩愈之后，仍有不少文人继续依题拟作。如宋代曹勋也作有《琴操》十首，其序云：

唐韩愈依古述《琴操》十篇，词存而义不复概见。又声谱仅可传其仿佛，而莫知其由，是故悲思怨刺、抑扬折中皆不切其旨。夫所谓操

① （唐）韩愈：《韩昌黎全集》，北京燕山出版社 1996 年版，第 24～26 页。

者，言其志节之不可以变，而众人之莫吾知而一归于时命，将感激以自伤，寄之于音声者也。大抵皆贤圣愤懑之所为作也。[①]

其作，诗题及顺序悉依韩愈。所不同的是，与韩愈善用四言不同，曹勋更喜欢用楚辞体，《将归操》《猗兰操》《龟山操》皆是此类，大量运用语助词“兮”。如其《猗兰操》：

猗嗟兰兮，其叶萋萋兮。猗嗟兰兮，其香披披兮。胡为乎生兹幽谷兮，不同云雨之施。纷霜雪之委集兮，其茂茂而自持。猗嗟兰兮！

短短一诗竟用七个“兮”字，抒情意味十分强烈。

北宋诗人黄庭坚也有一首“琴操”体的诗歌——《郰操》，其序曰：

晋人以币交孔子而召之，礼际甚善。孔子将渡河，闻赵简子杀鸣犊、舜华。临河而不进曰：“洋洋乎！丘之不济，此命也夫？”学者常以事不经见，相与献疑。以为鲁哀、季桓不足与有为也，公山、佛肸不足与有为也，卫以家听南子，齐以国听田常，阳货乱人，原壤之不肖，与之酬酢，雍容礼貌而弗绝也，简子杀大夫何得罪之深欤？彼盖不知亡国之祥莫大乎杀贤大夫。无罪而戮一民士可以舍禄；无罪而杀一士大夫可以命车；无罪而杀贤大夫锄国之干也；锄国之干而不得罪于国人，国非君之有也。推此以行，其孰不翦刈？故君子见微，归在郰，作《郰操》。

其文曰：

归欤怀哉，此邦不可以游眷。吾车而有柅，非河浒之无舟。政何君而莫与，君何国而莫求。岁荏荏而老至，慨时运之不逑。洋洋乎水哉，丘之不得济也。昊天不吊，仁者此无罪也。揽国辟而家擅，几何而不殆也。心病不可药，手足未有害也。鸟覆巢于主人，凤摩天而逝也。求所用生丧其生，吾不忍幪此蛋也。岂曰如之何，然后求诸蔡也。已乎已乎！鸟兽山林，则以食也。天下有道，丘不与易也！归我休矣！奉帝则也。大同至公，天地德也；小物自私，智之贼也。国无知兮，我非伤悲兮。骀御委辔，四牡驰兮。心不慊于前驱，又欲下而走兮。中园有林，斧所相兮。大厦峨峨，不谋匠兮。往者不可及，来者吾犹望兮。[②]

---

① （宋）曹勋：《松隐集》卷一，民国九年（1920）刻本。

② （宋）黄庭坚：《黄庭坚全集》，四川大学出版社 2001 年版，第 1357～1358 页。

山谷此诗，体属骚赋。黄庭坚喜欢并擅长作拟骚赋，其在《与秦少章观书》中尝言：“庭坚心醉于诗与楚辞，似若有得，然终在古人后。”[1]与《孔丛子》中四言体之《邹操》相比，山谷此赋不仅内容更为丰实，篇幅上超出一倍之多，而且风格上议论、抒情兼具，如“政何君而莫与，君何国而莫求”，“心病不可药，手足未有害也”，“大同至公，天地德也；小物自私，智之贼也”。该诗序中有论“亡国之祥莫大乎杀贤大夫”，肯定了孔子的“见微而归”，意在让读者从道义上明了孔子为何要临河而返，而不是单纯地摹写孔子当时的失望和感慨。此诗大量采用类比手法，语气词丰富，如“欤”“哉”“也”“乎”“矣”“兮”等，通篇声气连贯，抒情意味浓厚，成功刻画了面对浩浩荡荡黄河之水而百感交集的孔子形象，表现了诗人对时政的关怀和忧患意识。黄庭坚自从政之初就面临党争的激烈旋涡，此后不断地受到牵连。此诗便是“借古讽今，表达了对朋党之争贻误国家的不满和忧虑”[2]。

此后，元代王逢撰《梧溪集》中亦有《孔子琴操》四首，分别为《去鲁作》《过匡作》《去卫作》《厄陈作》，均采用楚辞体，篇幅简短，直切题旨。到了明代，拟作数量大增，如朱右撰《广琴操》十首，其题目及解题与韩愈同；周瑛亦撰《琴操》三首，中有《猗兰操》《龟山操》。

值得注意的是，《猗兰操》为历代文人竞相拟作的对象，仅有明一朝，作者就有周巽、朱瞻基、刘嵩、朱右、周瑛、王世贞、胡应麟、魏偁、范谦等人，不仅篇幅普遍较长，而且表现手法多样，其中不乏思想、艺术兼善的佳作。历代文人之所以大量拟作《猗兰操》，与兰草在中国传统文化中形成的文化品格密切相关。“兰生幽谷，不为莫服而不芳”，兰草幽独而芬的特点与洁身自好的君子品格互为比拟，自孔子对其审美观照后，已积淀为特定的文化意象，之后这一意象又被不断加强并为历代文人所接受，形成了中国文人心中独特的兰文化情结。同时，兰草虽高洁却在幽谷，“生不逢时”，这也会激起很多人的共鸣，当这种情愫在现实生活中遇到某种契合点时便会喷薄而出，于是文人多以《猗兰操》为名，借孔子之事浇自己胸中之块垒，并师范孔子，用兰之高洁雅致自励，从而获得精神上的慰藉。

---

① (宋)黄庭坚：《黄庭坚全集》，第 483 页。

② 王以宪：《黄庭坚辞赋平议》，《江西师范大学学报》2005 年第 6 期。

第二节　孔子之“游”与古代诗赋

孔子之“游”，不仅内容丰富，而且蕴含着深厚的政治、伦理、道德、哲学等思想主题，为古代文人进行诗赋创作提供了很好的表现素材。同时，孔子之“游”也带有丰厚的审美意蕴，该文化事项所流露出来的文人气质及精神品格常会引起古代文人们的情感共鸣，他们不约而同地以孔子“游”的文化信息为诗赋创作的典故，以此来增强作品的凝聚力和表现力。

一、孔子之“游”为诗赋抒发之对象

古代诗歌中，不乏对孔子周游经历进行“评述”类的诗歌，或揭示孔子去鲁之原因，或条述孔子在各国之遭遇，或描述孔子周游之特征。如王安石《惜日》诗云：

> 白日照四方，当在中天留。春风地上行，当与时周游。和气所披拂，槁干却湿柔。爱欲传万物，势难停一州。栖栖孔子者，惜日此之由。不能使此邦，利泽施诸侯。岂若驾以行，使我遇者稠。当时三千人，齐宋楚陈周。小者传吾粗，大能传奥幽。道散学以圣，众源乃常流。吾初如匏瓜，彼亦孰知丘。唯士欲自达，穷通非外求。岂必相天子，乃能经九畴。行虽耻强勉，闭户非良谋。[①]

清代学者魏源说：“志士惜年，贤人惜日，圣人惜时。”[②]本诗开篇从自然景物入手，以日光、春风、和气的周流不息引出“惜日”的主题。子在川上曰：“逝者如斯夫，不舍昼夜。”孔子本身就是“惜日”的倡导者，其一生周游各地，汲汲以求，讲学问道，试图实践自己的政治主张的人生价值，让其又成为“惜日”的践行者和突出代表。接下来诗歌以孔子栖栖遑遑周游列国的遭遇发论，在概述孔子行迹遭遇的基础上，揭示出孔子周游的目的，对孔子周游予以理解和颂赞，对孔子不被人知、道之不行既感慨又释然，正所谓“唯士欲自达，穷通非外求”。最后两句，指出孔子虽然遭遇坎坷困顿，有时甚至蒙耻，但他依然勉励而为，体现出一种“天行健，君子以自强不息”的进

① (宋)王安石：《王文公文集》，上海人民出版社1974年版，第571～572页。

② (清)魏源：《魏源集》，中华书局1976年版，第9页。

取精神。诗人最后点明“闭户非良谋”，指出不管外在形势如何，闭户自封、消极厌世并非上策，而是应像孔子那样积极行走、积极入世，这刚好应和“惜日”的诗题。

表现这类题材的诗作，还有苏洵《答陈公美四首》中的三首：

其　二

仲尼鲁司寇，官职亦已优。从祭肉不及，戴冕奔诸侯。当时不之知，为肉诚可羞。君子意有在，众人但怨尤。置之待后世，皎皎无足忧。

其　三

仲尼为群婢，一走十四年。荀卿老不出，五十干诸田。顾彼二夫子，岂其陷狂颠？出处固无定，不失称圣贤。彼亦诚自信，谁能恤多言。

其　四

公孙昔放逐，牧羊沧海滨。勉强听乡里，垂老西游秦。自固未为壮，徒为久辛勤。君子岂必隐？孔子皆旅人。[①]

第一首诗对孔子去鲁缘起进行评析。前面几句主要是交代史实，指鲁定公十三年郊祭，膰肉不至，孔子遂行事。后面以议论为主，指出当时还有人误解孔子，以为他只是为了祭肉之事奔走，其实“君子意有在”，不管时人如何评价，也抹杀不了孔子高洁的品质。第二首诗也提及孔子于定公十三年去鲁之由，上诗言膰肉，此诗言婢女，指齐馈鲁女乐一事。该诗将孔子与荀子并提，言二人“出处固无定”。荀子壮年游历三秦、齐楚等地，积极入世，晚年主要安居兰陵著述行教，而孔子 55 岁时才开始周游列国，两人选择处世的方式不同，但都不失为圣贤。他们的选择有各自的理由，各为其“道”。第三首诗，同样强调了孔子“旅人”的游者形象，点出“君子岂必隐”，即隐与仕没有唯一的标准，并以孔子周游事勉励好友。

孔子曾曰：“道不行，乘桴浮于海。”孔子并未践行此言，但却给人们留

① (宋)苏洵著，曾枣庄、金成礼笺注：《嘉佑集笺注》卷十六，上海古籍出版社 1993 年版，第 465 页。

下了丰富的想象空间，很容易让人们将此与孔子之“游”相联系，本书前一章也曾列举后世人们以此为素材发挥出来的神话、传说故事。同样，在诗歌中，也不乏以此入诗的例子，如南宋诗人郭印之《乘桴亭》一诗：

孔子道不行，时君目腐儒。乱邦难置足，遂欲九夷居。更作乘桴语，与此意何殊。一木异舟楫，波涛宁可逾。愤世有激尔，盖用警聋愚。季路犹未达，而况他人与？我生亦不辰，兵戈溷中区。两脚倦远涉，局蹐西南隅。临深每慨叹，长江良起予。兴发撑小艇，郁堙聊一舒。①

该诗史论结合，以古刺今。前面以孔子与子路事入诗，孔子发出愤世之言，甚至连自己的弟子都未能理解，何谈他人？此诗后半部分转到诗人自己所处时代之境，“我生亦不辰，兵戈溷中区”，宋室南迁，偏安西南一隅，诗人不由感叹自己的命运与孔丘是何等相似。“临深每慨叹，长江良起予。”面对长江之水，诗人“兴发撑小艇，郁堙聊一舒”。其或许也想如孔子所向往的那样乘桴而游，不过只能借小船聊以自慰而已，其悲愤怅惘之情可想而知。

南宋诗人于石有《感兴》诗，亦以孔子事入诗：

晋人杀鸣犊，孔子不渡河。河之水洋洋，临流一长歌。岂无舟乃楫，所惧蛟与鼍。蛟鼍任险怪，不度如我何。黄鹄一远举，奚忧婴网罗。②

据历史记载，于石貌古气刚，自负甚高，宋亡后，隐居不出，其诗多哀厉之音。此诗以孔子欲西行如晋见赵简子，行至黄河边，闻晋杀舜华、鸣犊，感伤其类，遂回车而返的故事为抒发议论对象。本诗前面先点出史实，承以“河之水洋洋，临流一长歌”两句，水之浩淼与人之悲叹物我交融，不由令人心生悲悯之情。接下来转入议论，世事艰险，难以预测，既然难免会有“蛟”“鼍”之类的险怪，我不渡又如何？孔子都临流而返，我又何妨黄鹄远举，逃离尘世？自古圣人都难以摆脱人生的各种困境，诗人索性就彻底放弃，不再入世，亦不失为明智之举。全诗史论结合，立意高远，用比新奇，由孔子临河而返之事，伤已悼世，深沉悲怆。

孔子周游列国时的言论，尤其是孔子去留某国时的言论，多能集中体现孔子对礼乐及君子处世的原则和态度，往往被后世文人格外关注，时常

① （宋）郭印：《云溪集》卷三，文渊阁《四库全书》本，第1134册，第23页。

② （宋）于石撰、（元）吴师道编：《紫岩诗选》卷一，光绪十五年（1889）刻本。

在一些诗歌中加以表现。如元代李孝光就有题《择木》一诗：

> 孔子居卫叹曰：“鸟能择木，木岂能择鸟予?”将去楚而适吴越，窃有感于斯言作择木诗。
>
> 提提兮，飞鸟翔而集兮于木。场有委粟兮而予之不欲樊。则有棘兮，非予之乐。鸷则不仁兮，曾莫予毒。提提兮，飞鸟又集于陵。毋堕于矰，岂不知兮有命，嗟！今之人兮不仁。[①]

《左传》《史记·孔子世家》等载：哀公十一年，孔子于卫，孔文子要攻打另一大夫太叔疾，问策于孔子，孔子以甲兵之事未之闻相对，出来后曰：“鸟则择木，木岂能择鸟?”显示出孔子“择主而事”的君臣观和处世原则。从诗前小序可知，该诗即感于此而作，本诗采用楚辞体，以飞鸟托喻君子贤士，以荆棘、鸷鸟及矰暗喻那些残害士人的种种社会力量和因素，借以抒发了“今之人兮不仁”的感慨。

元代著名诗人吴澄有专门吟咏孔子的《宣尼吟》一诗：

> 劝王一语尝非孟，孰识宣尼更远谋。才说在邦兼四代，有能用我即东周。楚惟令尹终难及，卫有封人见最优。适赐与由俱鲜此，惜哉吾道竟悠悠。[②]

该诗对孔子其人其遇进行了整体性的勾勒和表现，前面肯定孔子之才学与志向，“有能用我即东周”一句化用《论语·阳货》中“如有用我者，吾其为东周乎”之语。接下来两句用传说中楚国令尹子西沮封孔子，及卫封人拜见孔子言孔子为天下木铎二事，“惜哉吾道竟悠悠”，诗人借孔子之口发出幽叹，表达了对“道之不行”的惋惜之情。

明代诗人李攀龙在其《广齐讴行》一诗中有对孔子游聘列国的一段描述：

> 不劳歌楚艳，请为罢吴趋。上客但安坐，听我奏齐讴。……晏婴以当路，结交鲁孔丘。其人聘列国，终日无停辀。及闻《箭》《韶》音，若与唐虞游。三月忘寝食，栖栖此淹留。……[③]

此诗主要描述了孔子适齐，在齐与晏婴交游以及闻《韶》，竟三月不知肉味的佳话。其中“其人聘列国，终日无停辀”两句，形象生动地描绘了游走奔

---

① （元）李孝光：《五峰集》卷二，文渊阁《四库全书》本，第1215册，第107页。

② （元）吴澄：《吴文正集》卷九十四，乾隆二十一年(1756)刻本。

③ （明）李攀龙著、包敬第标校：《沧溟先生集》卷二，上海古籍出版社1992年版，第48页。

波的孔子形象，虽不无夸张，但却很好地突出了孔子身上“游”的文化气息。

古代历史上，有关孔子的画像种类、数量繁多，不少都是与孔子“游”有关的，由于受时间和精力所限，对这些绘画类作品与孔子“游”文化的关系，本书暂不作具体分析，留作今后进一步研究。这里仅就某些题画诗所反映的孔子“游”文化略作分析。与孔子“游”有关的题画诗主要有：金代杨云翼《闻韶图》，元代程钜夫《题龙眠孔访苌弘》、陆仁《夫子去鲁图》、王恽《子路问津图》，明代陈颢《夫子听琴师襄图》、姚纶《夫子学师襄琴图》等。《礼记·乐记》：“君子听琴瑟之声，则思志义之臣。”琴是中国古代最有代表性的民族乐器之一，是雅文化的代表，孔子与其有着密切的文化渊源。学琴于师襄子是孔子早年重要的游学经历，后人有不少以此为题材的绘画作品，同时也出现了不少题画诗，这里略举两例：

夫子听琴师襄图[①]

陈　颢

苍姬尚文治，叔世生宣尼。立教以垂宪，天纵圣哲姿。师襄何许人，冠裳肃威仪。援琴得高趣，挥手调朱丝。悠悠太古音，不藉言与辞。松阴白日永，萧瑟生凉飔。一弹万虑息，再弹心旷怡。乐与二三子，听之忘神疲。世远不可作，此音知者稀。抚图三叹息，长吟寄遐思。

夫子学师襄琴图[②]

姚　纶

周衰乐废缺，正声几湮沈。苟无独识者，世远将焉寻。所以孔夫子，俛学师襄琴。初弹猗兰操，再鼓文王音。至和格鸟兽，跄舞娱人心。此图写遗意，高山流水深。披玩发长慨，视古犹视今。

这两首题画诗现在有诗无画，我们只能从诗歌的字里行间去推想画作的内容和风貌。相对而言，第一首诗所表现的画作更为直观，更富画面感，如通过“冠裳肃威仪”“挥手调朱丝”“不藉言与辞”可以想见：师襄子作为孔

① (清)陈邦彦等编：《历代题画诗·御定历代题画诗类》卷三十三，人民美术出版社1994年版，第1158页。

② (清)陈邦彦等编：《历代题画诗·御定历代题画诗类》卷三十三，第1158页。

子的琴艺老师，穿着威仪，表情沉静平和，与孔子并无多少言谈，只借琴音传情达意。苍松之阴，一老一少，相坐抚琴，超况闲逸。“一弹万虑息，再弹心旷怡。”弹者，琴艺高超；听者，心领神会。高山流水，知音相遇。抚看此图，让人心生感慨，不由仰慕其人其事。第二首诗以议论见长，开始几句论说孔子学琴是由于“周衰乐废缺，正声几湮沈”。即孔子学琴是为了担负延续“正声”的历史使命；中间几句设想了孔子学琴的过程及情景；最后几句，由古及今，对孔子师琴这一雅事所散发的高山流水之情韵感慨不已。总的来说，两首诗都突出了孔子学琴于师襄时师徒之间默契和谐的主调，表现了孔子“游”学时的情态。

除诗歌外，古代文人还用赋这一文体对孔子“游”文化事项进行表现。如北宋刘敞有《在陈赋》一文，其序曰：

> 予读《孔子世家》，盖三至陈皆困焉，及他传说，亦往往言孔子在陈事。窃以谓贤者辟地，翔而后集。危邦不入，乱邦不居。以彼其明圣，则宜有以先知，无颠沛之忧矣。然而动离厄难，至于门人加疏，喟然思归，遂终不寤，何哉？予甚惑焉，作赋以辩之。（陈州作）

其赋文如次：

> 循太昊之故墟兮，抚上古之遗风。世超绝而莫纪兮，窃独悲夫孔公。在天纵之将圣兮，亦何所其不容。周四海而历聘兮，汔栖迟于此邦。似先迷而后得兮，反过涉而为凶方。从者之告病兮，门人愠而加疏。虽藜羹有不具兮，死与生而杂居。麟伤足于鉏商兮，龟见縻于豫且。处陷阱而不知避兮，谓圣智其焉如。其身之不皇恤兮，庸后世之能图。游中国莫我信兮，在蛮貊而行乎？吾诚疑此二三兮，亦君子之病诸。惟微服以过宋兮，又接淅而去齐。诡蒲盟而信迈兮，临晋渊而思归。狂狡无所售其谋兮，奸邪不得以遂非。亦何先觉之昭昭兮，至于今而忽迷。信天命之固然兮，亦人事之未尽。非骄气与矜色兮，谬伯阳之所徇。傥修身以饰智兮，惑任公之幽训。不捐尽而绝学兮，伤莱子之深吝。时滑稽而倨傲兮，自晏婴而患进。夫大白必污兮，大直必曲。赍章甫而适越兮，谅求荣而愈辱。天下多大国兮，何必安此陋俗。谓舜后为庶几兮，曰不知《韶》之已亡。明楛矢之远集兮，既惊愚而骇狂。不德我以刺讥兮，反仇予以甲兵。鹳鸲之智不给处兮，千古之愚而知来。孰有诚明之全德兮，顾临几而惑哉！信天命之固然兮，迨

无妄而为灾。所贵松柏之特操兮,非以其在春夏而青青。必将历岁寒而后凋兮,斯可以见天地之炳灵。且夫水激则旱,矢激则远,孰知夫桑落之下兮,乃《春秋》以终显。感吾党而怀归兮,聊舒忧以淫衍。躬木铎而周流兮,岂戚嗟而思反?[①]

从赋序中"陈州作"可知,此赋作于陈地,当时作者身临其地,有感而发。此赋洋洋五百余言,意在辨析孔子在陈之厄不可实信。作者至陈,"循太昊之故墟","抚上古之遗风",发出"窃独悲夫孔公"的感慨。此后追述了孔子在陈的困厄遭遇:"从者之告病兮,门人愠而加疏。虽藜羹有不具兮,死与生而杂居。"进而对"圣人之智"提出质疑。接下来,作者历数孔子接淅去齐、微服过宋、诡定蒲盟、临河不济等经历,对于这些危险经历,孔子要么事前有所预料,要么巧妙化解,因此作者认为"亦何先觉之昭昭兮,至于今而忽迷",对孔子在陈之厄提出怀疑。后面又进一步以孔子在陈辨楛矢,陈人无故不德反仇等加以辩驳,最终将孔子遭厄的传闻归之为人事所为,盖如松柏必将历岁寒而后凋,只有如此,才能显示出圣人之操。其实,孔子陈蔡之困,于《论语》《孟子》《墨子》《庄子》《史记》等文献均有记载,其真实性毋庸置疑。抛开其文的观点正确与否不论,该赋详细历数了孔子闻《韶》乐、去齐接淅而行、过宋、过蒲、适晋不果、陈廷辨楛及访老聃等"游"文化事项,喻孔子为松柏,对孔子"躬木铎而周流"的行游特质进行了集中而抒情式的表现,虽意在说理,整篇赋文却如行云流水,字里行间散发着对孔子的尊崇及哀悲之情。

二、孔子"游"文化事项积淀为诗词典故

孔子"游"文化在中国古代诗歌中,有时不是抒发表现的主要对象,其周游或"游"文化中的典型事件常被作为文学典故来增加诗歌的概括力和表现力。根据这些典故的所属内容和类型,大致可以从以下几个方面进行认识。

(一)孔子困厄类

孔子在从定公十三年到哀公十一年长达十四年的出游生活中,遭受了如匡蒲之困、伐树于宋、陈蔡绝粮等诸多困厄。"怀才不遇"这一文学主题,

① (宋)刘敞:《公是集》卷一,商务印书馆1937年版,第4～5页。

一直都为时人所关注，孔子遭厄之事除在小说等叙事文学中被不断增饰外，诗歌也多以此为题材，往往用来表现人们对命运穷通的感怀。如王安石《孔子》：“桓魋武叔不量力，欲挠一草摇蟠桃。”[1]王若虚《摅愤》：“孔子自知明，桓魋非所惧。”[2]明诗人叶春及《赠别谭见日山人》其三：“宋桓亦何为，挥斤伐我树。”[3]……均用孔子于宋遭桓魋伐树之厄作为典故，表现了孔子的自信不惧和桓魋的自不量力。

在历代体现孔子困厄的诗歌中，以孔子陈蔡之厄作为典故的诗作最多。如曹植《豫章行》：“穷达难豫图，祸福信亦然。……不见鲁孔子，穷困陈蔡间。”[4]张咏《解嘲》：“又不闻，宣尼孜孜救乱治，厄宋围陈亦何已。”[5]贡师泰《杂诗四首》其一：“宣尼陈蔡间，伯夷首阳巅。斯人虽已矣，清风万古传。”[6]曹文晦《行路难》：“宣尼欲历聘，竟厄陈蔡间。”[7]袁桷《韵宋诚夫二首》：“少年览历真奇绝，侣胜宣尼厄在陈。”[8]王应鹏《和渊明杂诗》：“忾昔宣尼子，栖栖亦绝粮。”[9]……均用孔子陈蔡之厄、陈蔡绝粮的故事作典故，这些诗作或表现穷达难预，或为自我解嘲，或表现行路难、游说难，或表达向往归隐之情，总之，往往都意在表达人生失意的文学主题。

(二)孔子遇隐士类

孔子出游历程中，遇到不少隐士甚至高士，如本书前面所述，这些隐士对孔子的态度普遍较为冷淡，要么不予理睬，要么冷言相讥，孔子多无言以对，或者只能以“道之不行，已知之矣”“道不同”等语自我调节。当然，孔子遭受的这些冷遇甚至奚落，并未损害孔子的形象，因为如楚狂接舆、荷蓧丈人、长沮、桀溺等的确是与孔子“道不同”。

孔子遇隐士的故事多为后世诗人提及，诗词典故如唐代诗人吴筠作有《高士咏》组诗，其中如《荣启期》：“三乐通至道，一言醉孔丘。”《长沮桀溺》：

---

① 北京大学古文献研究所编：《全宋诗》卷五百四十六，北京大学出版社 1992 年版，第 6534 页。

② (金)王若虚：《滹南集·续编滹南王先生诗集》，商务印书馆 1937 年版。

③ (明)叶春及：《石洞集》卷十七，文渊阁《四库全书》本，第 1286 册，第 728 页。

④ (魏)曹植著、赵幼文校注：《曹植集校注》卷三，人民文学出版社 1984 年版，第 414 页。

⑤ (宋)张咏著、张其凡整理：《乖崖集》卷二，中华书局 2000 年版，第 11 页。

⑥ (明)孙原理辑：《元音》卷十，文渊阁《四库全书》本，第 1370 册，第 547 页。

⑦ (清)顾嗣立编：《元诗选》二集下，民国八年(1919)刻本。

⑧ (元)袁桷：《清容居士集》卷十二，《四部丛刊初编》影印元刊本。

⑨ (清)朱彝尊选编：《明诗综》卷三十三，中华书局 2007 年版，第 1634 页。

“孔父栖栖者，征途方问津。行藏既异迹，语默岂同伦。耦耕长林下，甘与鸟雀群。”《楚狂接舆夫妻》：“凤歌诫文宣，龙德遂隐密。”《荷蓧晨门》：“混迹是非域，纵怀天地间。同讥孔宣父，匿景杳不还。”等等。[①] 又比如王维《偶然作》：“楚国有狂夫，茫然无心想。散发不冠带，行歌南陌上。孔丘与之言，仁义莫能奖。”[②]李白《庐山谣寄卢侍御虚舟》：“我本楚狂人，凤歌笑孔丘。”[③]姜特立《中古》：“中古风俗醇，田野多贤人。沮溺识孔丘，渔父辞伍员。”[④]田锡《自勉》：“北叟何曾悲失马，宣尼犹自问迷津。”[⑤]这些诗句均以孔子与隐士交接的故事为掌故，孔子的形象多为受教者、受诫者和受讥者。

（三）孔子遇采桑女类

孔子“游”文化中的一个重要母题，即路遇民间巧女的故事，如遇阿谷处女、采桑女等，这些故事作为典故常出现在诗歌创作之中。如孔子路遇采桑女的故事早在汉代东方朔的楚辞作品《七谏·沈江》中即已出现：“路室女之方桑兮，孔子过之以自侍。”王逸注：“言孔子出游，过于客舍，其女方采桑，一心不视，喜其贞信，故以自侍。”[⑥]其说较接近《韩诗外传》《列女传·辩通》所载孔子遇阿谷处女的故事，与《殷芸小说》载孔子遇采桑女事件略异。《韩诗外传》表现的是女子的坚贞守礼，而《殷芸小说》中孔子路遇采桑女的故事所着力表现的则是女子的聪慧。

孔子向采桑女请教穿九曲明珠的情节带有较强的民间思想观念和审美情趣，该故事也被后来文人作为典故入诗，如苏轼《祥符寺九曲观灯》：“金鼎转丹光吐夜，宝珠穿蚁闹连朝。”[⑦]陈与义《次韵家弟碧线泉》：“九孔穿针可得过，冰蚕映日吐寒波。”[⑧]皆用此事。

除以上几个方面外，还有其他一些以孔子“游”文化事项为着眼点的诗词典故，如王安石《自讼》：“孔子见南子，子路为不怡。欲从公山氏，勃郁见

---

① （唐）吴筠：《宗玄集》卷下，文渊阁《四库全书》本，第1071册，第753～754页。
② （唐）王维著、（清）赵松谷注：《王摩诘全集笺注》，北京图书馆出版社1999年版，第56页。
③ 瞿蜕园、朱金城校注：《李白集校注》，上海古籍出版社1980年版，第863页。
④ （宋）姜特立：《梅山续藁》卷十七，文渊阁《四库全书》本，第1170册，第113页。
⑤ （宋）田锡撰、罗国威校点：《咸平集》卷十五，巴蜀书社2008年版，第134页。
⑥ （汉）王泗原：《楚辞校释》，人民教育出版社1990年版，第337页。
⑦ （宋）苏轼：《苏轼全集》，上海古籍出版社2000年版，第95页。
⑧ （清）吴之振等选、（清）管庭芬等补：《宋诗钞·简斋诗钞》，中华书局1986年版，第1289页。

色辞。”[①]即用孔子见南子和孔子欲见公山弗扰事。高吉《读渊明传》:“谁为栖栖鲁孔丘？辙环天下果何求。”[②]把“栖栖鲁孔丘”这一“游”文化的代表形象作为典故来用,可谓言约义丰。

第三节　孔子之“游”与戏剧

一、孔子“游”的戏剧表现

如前所论,孔子之“游”在传说、诗赋及散文中都有着广泛而深入的表现,与这种情形形成很大反差的是,作为古代重要文学样式之一的戏剧却少有以孔子之“游”,甚至是以孔子为表现题材的作品。笔者查阅了多种戏曲总集和辞典,仅仅找到一部专门以孔子为表现内容的戏曲作品,即署名“寰宇显圣公”所作的明传奇《麒麟记》,全名《孔夫子周游列国大成麒麟记》。该剧今存北京图书馆藏明万历刊本,《古本戏曲丛刊二集》影印,缺第三十二出,三十九出以下有缺页。

剧本以孔子为生角,敷陈其一生主要事迹:天生至圣,问礼老子,杏坛化育,齐景问政,仕鲁行道,夹谷宴会,周游列国,厄于陈蔡,孔子泣麟,删述六经,直到大封圣典为止。剧名《麒麟记》,是因第三出《麒麟呈祥》,孔纥论述麒麟之祥,颜氏怀孕孔子。同时,第三十七出又有《夫子泣麟》,写西狩获麟,孔子见大道不行而悲伤,以麒麟代指孔子,又隐喻孔子不遇。书前绘有二十幅插图,署“素明刻像”。该剧第一出《开场序事》便旗帜鲜明地交代“此记大显乎圣道,有关于世教”[③],开场诗云:“海内文邦属兖城,笃生夫子淑斯民。杏坛化日成先哲,洙泗恩波泽后人。道冠百王昭日月,德高千古并乾坤。周游列国大成记,万古如亲见圣真。”可见,该剧的创作意图是要宣扬和歌颂孔子的道德世教,而且单从作者“寰宇显圣公”的署名也不难看出其维护孔子圣人形象的创作立场。

该剧第二出《祷祭尼丘》至第六出《委吏乘田》,主要是关于孔子奇异降

① 北京大学古文献研究所编:《全宋诗》卷五百四十七,北京大学出版社1992年版,第6548页。
② (宋)陈起:《江湖后集》卷十五,嘉庆六年(1801)刻本。
③ 本书凡引用《麒麟记》原文,均出自《古本戏曲丛刊二集》,后文中不再标注出处。

生及早期做委吏、乘田的事迹，这些内容是在《史记·孔子世家》的基础上，采纳种种传说甚至谶纬之说，进行重新组织和编排而成，着力表现了孔子身世的与众不同。第十出《设教洙泗》至第二十二出《女乐夜宴》，写孔子55岁以前在鲁从政及齐馈女乐一事，主要依据《论语》及《史记·孔子世家》《孔子家语》的描写，叙述比较平实，没有太多虚构的成分。第三十三出《喜诞贤孙》至第三十九出《大封圣典》为孔子晚年在鲁所历哀公问政、西狩获麟及泣麟、删述六经等事迹。

该剧全名《孔夫子周游列国大成麒麟记》，显然是将孔子之“游”作为着力表现的方面，在内容上也突出了孔子之“游”。此剧第七出至第九出为《适周感古》《问礼老子》《问乐问琴》，敷陈孔子游周的内容；第二十三出至第三十三出为《过匡宋郑》《史鱼直谏》《伯玉下车》《适卫主玉》《子见南子》《天启圣衷》《厄于陈蔡》《凤歌鸡黍》《昭王聘问》《子路问津》，连续十出内容集中表现了孔子周游列国的事迹。

客观来说，该剧三十九出，基本上是按照孔子的生平轨迹进行历史事件的条述，除了表现孔子“游”的部分内容戏剧性、趣味性较强以外，其他部分还是过于平淡，尤其是不时跳出来《论语》《史记》中的原文原句，让其戏剧效果大打折扣。祁彪佳评此剧“搬尽一部《论语》”，又言“乃益其恶俗鄙俚。侮圣者非法，此真词坛之罪人也”①。此评过于严苛，本剧虽太过平实，但远非一无是处。如该剧对孔子“游”的表现较为丰满，用了不少心思，吸收了大量孔子“游”的传说，以增强剧情的曲折性、趣味性，并有意对这些传说进行再加工创造，使之呈现出富有传奇性的审美特征，为该剧平添了一抹亮色。如第七出《适周感古》，主要材料来自《史记·孔子世家》及《孔子家语·观周》。不同的是，该剧增加了孔子至成周之后看到的景象：宗庙倾颓，茂草横生，从而有意渲染了“周道迢迢阻且长，古都禾黍可忧伤”的感伤情景。第八出《问礼老子》，虽然对孔子与老子相问答的内容不外乎“吾说夏礼，杞不足征。吾说殷礼，宋不足征。吾学周礼，当今用之”，以及“良贾深藏若虚，君子盛德貌若愚，吾闻富者送人以财，仁者赠人以言”之类的熟见内容，依然是对《论语》《史记》等内容的摘录，但该出虚构了老子的两个弟子道真、道玄，通过这两个弟子的对话将老子描绘成可以念咒、书符的神

① （明）祁彪佳著、黄裳校录：《远山堂明曲品剧品校录》，上海出版社公司1955年版，第136页。

仙式人物，还虚构了道玄窃得老子道符遣下两名天将却无符可退的情节，增强了该剧的神幻色彩，迎合了民间将老子神仙化的观念，增强了戏剧效果。另外，《天启圣衷》一出巧妙虚构了玉皇大帝命金童玉女前往孔子处施降天启的虚幻情节：

> (外末)：“吾乃玉皇大帝是也，今日孔子周游列国行道济时，楚昭王聘之，道经陈蔡，孔子虽曰生知物理，固难通晓，可命金童玉女前去歌谣以指示之。”……(外)：“孔子往楚，道经陈蔡，陈蔡大夫发兵围之，有七日之厄。金童可前往大道之中歌《萍实》之谣，以备楚昭之问。玉女可往桑林之下告穿九曲明珠之法，以解陈蔡之围。孔子难，不得行道，当时盖将垂教万世，务承敕旨，不可有违。”

这里作者糅合了各种传说并进行了合理的加工，将传说中孔子遇厄这一偶然事件演化为必然，设定为圣人之厄原来是天生命定，不可回避。这种虚幻的“合理化”的设置，其实是民众较为普遍的宿命思想的反映，可以使受众的欣赏心理得到一定程度的抚慰。并且，故事又进一步演化为玉帝在预知孔子会遇到困境时，提前予以安排，助其渡过难关，情节安排巧妙轻松。作者对孔子陈蔡之围的各种材料的组织，合理而生动，很好地结合了历史史实与神话传说，一定程度上弥补了该剧通篇连缀材料的弊病。

尽管古代戏剧中专门表现孔子的剧目极少，但孔子在游历时的遭遇常会引起文人的共鸣，从而将其写入曲文唱词当中。如郑光祖《醉思乡王粲登楼》中的一段对白：

> (许达云)仲宣，想昔日孔子投于齐景公，景公不能用，复投鲁哀公，封孔子为鲁司寇。三日而诛少正卯。齐景公故将美女数十人，习成女乐，献与哀公。哀公受了女乐，三日不朝。孔子弃职而归，投于卫灵公，与之言治国之道。卫灵公仰视飞雁，孔子知其不能用，投于陈国。其时陈国被吴国征伐，孔子遂困于陈、蔡之间，粮食都绝，从者皆病不能起。圣人尚然如此，何况今日乎！老兄，(诗云)诗酒当前且尽情，功名休问几时成。天公自有安排处，莫为忧愁白发生。①

这里许达对王粲说的一番话，列举了孔子仕鲁、去鲁、适卫、适陈及陈蔡之困等游历遭遇。圣人尚有不遇时，你我且尽情饮酒，事由天定，“莫为忧愁

---

① 徐征、张月中等：《全元曲》，河北教育出版社1998年版，第3454页。

白发生”,作者对孔子的遭遇既感慨又无奈,并借以慰藉友人。

又如狄君厚《晋文公火烧介子推》杂剧中介子推的对白:

(正末云)孩儿,你说的言语有擎王保驾之意,安邦定国之心。岂不知孔子击磬于卫,有荷蒉者曰:“有心哉,击磬乎!”子贡曰:“有美玉于厮,韫椟而藏诸?求善价而沽诸?”子曰:“沽之哉,沽之哉,我待价者也。”你今未入于室,焉知就里?权然后知轻重,度然后知长短。我受过的辛苦,缘何不知?便凭才艺,夺国家大柄,贵者只除是出朝将入朝相矣。[①]

介子推用孔子不遇之遭际及与弟子的对话来告诫儿子政途险恶难测,应该慎重从事。

从以上所举两例可以看出,孔子出游过程中的困厄遭遇,以及困厄中孔子的态度和言语,往往会引起文人的兴感。这里孔子虽未作为主要表现的对象,但其中蕴含着孔子为救世弊而辗转奔波、百折不挠的“游”文化特质。

二、孔子之“游”戏剧表现薄弱的深层原因

中国古代大量的戏剧作品中,历史人物剧是其中的一大分支,先秦的老莱子、周武王、伍子胥、屈原、庄周、苏秦,汉代的汉高祖、汉元帝、韩信、王昭君,三国时期的关羽、诸葛亮,唐代的李隆基、杨玉环、杜甫、白居易,宋代的赵太祖、苏轼……都是戏剧作家热衷表现的人物题材。然而孔子作为中国历史上影响巨大的人物,却鲜有以其为题材的戏曲作品,与历史上大量出现的帝王妃子戏、英雄人物戏、风流文人戏以及三国人物戏、水浒人物戏等相较,孔子戏显得格外冷落。究竟是什么原因造成了这一局面呢?总的来看,这主要是由于孔子身份的特殊性与戏曲本身的性质特点具有某种不可调和的矛盾造成的。

孔子作为被历代帝王不断祭祀和追封的“圣人”,其形象和威严不容亵渎。《旧唐书》中有:“己丑,寒食节,上宴群臣于麟德殿。是日,杂戏人弄孔子,帝曰:‘孔子,古今之师,安得侮渎。’亟命驱出。”[②]可知,唐代就有人以杂戏表演孔子,但遭到了皇帝的严厉训斥,原因在于:“孔子为中国古今以来

---

① 徐征、张月中等:《全元曲》,第 3794 页。

② (后晋)刘昫等撰:《旧唐书·文宗本纪》,中华书局 1975 年版,第 544 页。

第一个偶像，自从汉高帝杀牛祭孔，汉武帝提倡孔教以来，孔子隐然为一国之教主，所谓‘大成至圣’，‘万世师表’，‘德配天地，道贯古今，’国人崇拜之诚，殆有过于基督教徒之于耶稣基督，回回教徒之于默罕默德，佛教徒之于释迦穆尼。偶像是只许人家崇拜顶礼的；最大的偶像须用最大的尊敬；倘有超于尊敬崇拜以外之举动，便是‘大不敬’。何况把他扮戏，最足以损失他的尊严呢！”[①]戏剧演出中，公然对孔子戏谑、调侃与历代统治者和儒学推崇者一贯神圣化、偶像化孔子的意愿背道而驰，因此，我们很难看到古代有关孔子的戏剧，也就不足为奇了。不仅古代如此，即使在近现代，用戏剧的形式来表现孔子也是一件敏感的事情。如 20 世纪 20 年代，山东省立师范学校学生排演《子见南子》，不久便引起孔氏六十户族联名控告，将该校校长宋还吾告到教育部，当时引起不小的波澜。

既然在戏剧中不能把孔子作为调侃的对象，那么把他作为美化的对象应该没有什么不妥，但为什么历来对孔子美化的戏剧也很少呢？这要从戏剧本身的特点来分析了。戏剧作为一种舞台表演艺术，娱乐性和趣味性是其赢得观众的魅力所在，所以戏剧中的历史人物多是被艺术加工过的，有很大的戏说和演义成分，而孔子作为历朝历代知识与道德的化身，其“大成至圣先师”的特殊身份决定了其不适合作为戏剧表现的人物。如果戏剧只对其采用歌功颂德式的正面渲染，不免流于说教，必然会使剧本缺乏生活气息，难以达到精彩的戏剧效果。

可以说，孔子题材在戏剧中是一个禁地，不仅上层统治者，即使一些戏曲家，都极力维护孔子的圣人形象。用戏剧这种在古代被认为是不入大雅之堂的艺术形式来演绎孔子故事，本身似乎就是一种亵渎，一种不尊重，因此，在中国传统文化艺术形式中，鲜见以孔子入“戏”。当然，任何事情都并非绝对，在政治、文化约束力相对松弛的时代和地域也会有孔子戏产生，“据说，直到清光绪年间，安徽、河南、山东等地仍有孔子戏《陈蔡绝粮》上演，演唱时，孔子子路都是花脸登场”[②]。这种孔子戏多是迎合民众猎奇、娱乐的欣赏心理而产生的。

可以说，尽管孔子身上，尤其是其“游”的活动，富有戏剧性的表现空间，但是孔子在中国传统文化中身份的特殊性，决定了其在戏剧表现上的

---

① 陈子展：《孔子与戏剧》，上海太平洋书店 1929 年版，第 47 页。

② 刘振佳：《孔子·民俗》，远方出版社 2001 年版，第 102 页。

两难和悖论，因此，我们很难看到在内容和艺术上都比较有代表性的孔子戏剧作品。

综上所述，孔子作为中国古代影响最大的文化名人之一，其“游”可以视作典型的文化事项，这种文化事项的价值不仅体现在学术思想的领域，还充分表现在文学层面。孔子“游”的文学表现除史传作品、诸子散文、变文、小说等所记录的神话、传说类作品外，还广泛渗透在诗赋作品之中。由于孔子“游”的文化特质与琴曲的结合，能够生发出一种独特的文学意象和审美趣味，因此《琴操》成为后世文人争相拟作的对象。这一现象反映出孔子“游”文化所折射出来的中国古代文人较为普遍的命运主题和审美心态。另外，孔子之“游”不仅类型丰富，而且意蕴深厚，作为一个独特的文化事项，在中国长期的文学发展过程中，已经形成了文人创作的一大母题，其中如“问礼于老子”“匡蒲之困”“子见南子”“临河兴叹”“伐树于宋”“陈蔡绝粮”等典型“游”文化事件已然形成了文人反复创作和书写的母题，既有以此为表现、抒发对象的诗作，也有将之作为文学典故和意象的作品。相对于神话、传说、诗赋等而言，孔子“游”文化在古代戏剧中的表现较少，这主要是由孔子身份的特殊性与戏剧本身的特点和性质所决定的。另外，孔子之“游”对中国古代文学的影响还表现为，这种“游”的活动范式以及孔子的游历审美观等，对后世文人的文学创作传统也有着深层次的影响。总之，不论在表现的数量上，还是在渗透的范围和深度上，乃至对中国古代文学创作和发展所产生的影响上，孔子之“游”在中国文学领域都有着巨大的光环效应和强大的文化辐射力。

结 语

本书前面分五章内容，对孔子“游”这一重要文化事项进行了较为系统的整体研究。通过研究发现，孔子之“游”是一个较为综合性的命题，其内涵极为丰富。外在客观上表现为具象之“游”，主要指空间上的游历。这种外在的空间之“游”与孔子的文化活动相结合后，又分别具有了游学、游教、游宦等不同含义和文化功能。同时，孔子之“游”还有精神层面、心志层面的“游”，主要体现为孔子的“游艺”思想及“乐道”精神。孔子“游”的这些含义和表现，均有拓荒性的开辟意义和极强的示范作用，对后来中国士人不同的“游”文化活动产生了深远影响。对孔子“游”的具体表现、文化功能、社会背景、物质条件和具体史实，以及其“游”的文化意义、文学表现等内容，文中已有较为详细的论述，这里不再赘述，下面只就孔子“游”的文化史意义再作些补充，以此为本书作结。

儒、道是长期深刻影响中国文化的两大思想源流，二者一柔一刚，既对立又互补，对中国士人的政治态度、人格建构、气质修养、文化品格等产生了不同的影响。其实，儒、道两大思想文化传统的差异及对中国文化造成的影响，在孔子、庄子不同风格的“游”文化活动中得到了很好的体现。本书通过研究发现，正如中国古代文学中存在“风骚”传统一样，在漫长的中国士人“游”文化中也存在现实主义、浪漫主义两大传统，即孔子之“游”与庄子之“游”。以“逍遥游”为代表的庄子之“游”，是天马行空，立足于无，志在逍遥、自由、超脱的“游”，主要为一种精神之“游”、心灵之“游”，是道家思想特征的集中体现，同时也开启了古代士人“游”的浪漫主义传统。孔子之“游”是一种立足现实理想，带有丰富文化功能和实践品格的现实之“游”，它开辟了中国古代数量、规模都占据绝对优势的士人“游”的现实主义传统，对重实际、轻玄想的中国文化品格的确立意义尤大。因此，切实认清孔子“游”的文化特征和意义，也就真正认识和把握了孔子所代表的儒家精神之魂。

孔子“游”的文化价值和意义还不止于此。孔子通过“游”的实践方式，为后世文人确立了知识分子应有的文化品格，这是孔子“游”所具有的深层文化意义。“中国古代知识分子直接承三代礼乐的传统而起。春秋战国是一个‘礼崩乐坏’的时代；礼乐已不再出自天子，而出自诸侯，故孔子斥之为‘天下无道’。统治阶级既不能承担‘道’，‘道’的担子便落到了真正了解‘礼仪’的‘士’的身上。在这个意义上，孔子可以说是中国史上最先出现的第一位知识分子。”[①]“以道自任”是孔子为中国后来的知识分子所确立的人格规范。“道”在孔子这里主要发展为一种以“仁”为内核的礼乐文化传统。然而这种“道”毕竟是一个比较抽象的概念，既不像人格化的上帝，也不表现为教会性的组织，不具备客观具体的外在形式，正如孔子所说的，“人能弘道，非道弘人”，它必须通过具有一定责任感、道义感的人把它外化出来。这样一来，要更好地体现、推行、传播自己理想的“道”，就要求“持道者”“行道者”“布道者”自身具有强大的人格魅力，并要通过自身的一言一行来彰显这种“道”，因此，“道”的主体实践活动对于“道”而言，就具有无比重要的示范和表现意义。

认识了这一点，我们再来分析孔子“游”的内在价值。本书前面已经论述，“道”是孔子“游”的终极目的，围绕“道”，孔子行游问“道”，四处布“道”，以身行“道”，而且，孔子四处周游的根本意图在于寻求在更大范围、更大平台行“道”的机会和可能。从孔子“游”的前后过程、种种遭遇，尤其是周游过程中所表现出来的“以道自任”的雍容自信，以及“明知不可而为之”的执着精神和悲剧意蕴中，我们看到了孔子作为一位“知识分子”所具有的伟大品格和精神特质。在他身上，有着知识分子应有的现实忧患意识，“以天下为己任”的责任担当意识，以及为实现理想而不懈进取并持之以恒的实践精神。这些优秀品质和精神，将孔子所肩负的“斯文”之“道”以最好的形式展现在世人面前，从这一意义上来说，孔子丝毫无愧于“至圣先师”的封号。孔子以“游”的实践方式为后来的知识分子树立了光辉的榜样，这也是为什么中国历代的知识分子都格外注重自我人格的完善，都不约而同地以“修

---

① 余英时：《士与中国文化》，第106页。

身、齐家、治国、平天下”为现实理想，同时普遍具有一种“先天下之忧而忧”的忧患意识和“后天下之乐而乐”的社会责任感。这种“以道自任”的品格，在那些“天下无道”的动荡年代，在知识分子身上体现得就更为明显。

总之，“游”充分展示了孔子身上的伟大人格和知识分子本色。“游”作为孔子生平中的一大关节，为孔子的思想哲学注入了活的灵魂，使其以更为真切的方式对中国文化的各个方面产生影响。应该说，在中国哲学、宗教、文学、教育、绘画、旅游、民俗等众多方面都渗透着孔子“游”的影响因子，“游”是孔子对中国文化产生影响的一个交汇点。应该承认，孔子“游”的文化精神以及与中国文化的交融关系还远不止本书所论及的这些内容。虽然以笔者目前的学力很难娴熟地驾驭这个题目，然而孔子“游”的丰厚文化内涵和内在精神，又吸引着笔者对之不断进行尝试和研究，并最终形成了本书的内容。本书虽然有不少发现和创新，但也留有一些缺憾。如对孔子“游”的文化考察，缺乏对绘画、碑刻等艺术领域的观照；在考察孔子“游”的时候，对从游弟子的分析不够；孔子之“游”与地域文化间的关系也有待深入分析，等等。对这些不足，笔者力求在以后的时间里加以弥补和完善。

附　录

孔子游历方位事迹编年表

时间（以鲁国纪年）	孔子年岁	方位路线	主要事迹	备注
昭公十七年（前525）	27岁	鲁	郯子来朝，孔子问古官名于郯子	
昭公十九年（前523）	29岁	鲁	学琴于师襄子	
昭公二十四年（前518）	34岁	鲁↓周	孔子适周，问礼于老子；访乐于苌弘；到周郊社之所、明堂、周庙进行实地游览考察	孔子适周时间有多说，钱穆认为约在孔子34岁与44岁之间，今从昭公二十四年说
昭公二十五年（前517）	35岁	鲁↓齐	去鲁之齐。过泰山侧，有“苛政猛于虎”之叹；遇荣声期、丘吾子；路遇两小儿辩日；到齐国后，曾做高昭子家臣	孔子沿途所遇，传说色彩较浓，或有其事，细节不可详考
昭公二十六年（前516）	36岁	齐	在齐语乐于齐太师；语政于齐景公	

续表

时间 (以鲁国纪年)	孔子年岁	方位路线	主要事迹	备注
昭公二十七年 (前 515)	37 岁	齐 ↓ 鲁	孔子去齐返鲁;孔子往嬴、博间观吴公子季札葬礼	
定公十三年 (前 497)	55 岁	鲁 ↓ 卫	齐馈女乐,季桓子受之,君臣殆政,郊祀不致膰肉于大夫,孔子去鲁适卫。到卫国后,主颜雠由家,卫灵公禄孔子如鲁	
		卫 ↓ 匡 ↓ 蒲 ↓ 卫	孔子在卫待了十个月左右,灵公听信谗言,孔子恐获罪,去卫。经历匡蒲之困,大约一个月后又返回到卫国,改主蘧伯玉家	
定公十四年 (前 496)	56 岁	卫 ↓ 鲁	孔子拜见卫灵公夫人南子;灵公与夫人同车,孔子为次乘,招摇过市;孔子去卫返鲁	
定公十五年 (前 495)	57 岁	鲁	邾隐公来朝,子贡观礼,认为两位国君都失礼,断言都不会长久,果然如子贡所言,此年定公、隐公皆卒,孔子责怪子贡多言	

续表

时间（以鲁国纪年）	孔子年岁	方位路线	主要事迹	备注
哀公元年（前494）	58岁	鲁	吴子派人来鲁向孔子问大骨，孔子以“防风氏之骨”详细回答	此事当作传闻来看
哀公二年（前493）	59岁	鲁 ↓ 卫 ↓ 曹 ↓ 宋	孔子欲西见赵简子，中途闻窦鸣犊、舜华被杀，临河而返，再次来到卫国。孔子哀叹：“苟有用我者，期月而已，三年有成。”孔子于卫击磬，与荷蒉者交谈；灵公问兵陈于孔子，孔子以“俎豆之事则尝闻之，军旅之事未之学也”相对；卫灵公卒后，此年秋孔子去卫；离开卫国的途中仪封人请见孔子；过曹，过宋遭司马桓魋之难	
哀公三年至五年（前492～前490）	60～62岁	陈	主司城贞子，为陈侯周臣；孔子在陈廷辨楛矢	“陈廷辨矢”事的真实性值得怀疑，但又不能完全否定，存疑。其具体年岁不可详考，故列在孔子在陈期间

续表

时间 （以鲁国纪年）	孔子年岁	方位 路线	主要事迹	备注
哀公六年 （前 489）	63 岁	陈 ↓ 蔡 （负函） ↓ 陈 ↓ 卫	吴伐陈，孔子去陈；孔子在从陈国到蔡国的路上遇到困境，一度绝粮。孔子到负函，一路遇到接舆、长沮、桀溺、荷蓧丈人等隐士。在负函，叶公问政，孔子对以“近者悦，远者来”，叶公与孔子讨论“直躬”的问题，向子路询问孔子到底是怎样的人；孔子称赞楚昭王“知大道”。孔子在负函停留不久，返陈，在陈有“归与”之叹，不久后又由陈返回卫国	蔡为楚附庸国，孔子所到之蔡为负函（今河南信阳）之蔡，为楚大夫叶公诸梁采邑，孔子“之蔡”也可称为“之楚”
哀公七年 （前 488）	64 岁	卫	在卫论“正名”；遇旧馆主人之丧，孔子脱骖赙丧	
哀公八年 至十年 （前 487～前 485）	65～68 岁	卫	在卫作“公养之仕”，主要时间和精力用来教学和治学	
哀公十一年 （前 484）	68 岁	卫 ↓ 鲁	孔文子将攻大叔，问策于孔子，孔子以“胡簋之事……”以对，季康子派人来迎聘孔子，孔子归鲁，结束周游生活	

参考文献

一、著作类(按责任者音序排列)

1.《笔记小说大观》,扬州:江苏广陵古籍刻印社1983年版。

2.白居易著、丁如明等校点:《白居易全集》,上海:上海古籍出版社1999年版。

3.(汉)班固:《汉书》,北京:中华书局2007年版。

4.北京大学古文献研究所编:《全宋诗》,北京:北京大学出版社1992年版。

5.北京图书馆出版社编:《先秦诸子年谱》,北京:北京图书馆出版社2005年版。

6.[日]本田成之著、孙俍工译:《中国经学史》,上海:上海书店2001年版。

7.(汉)蔡邕撰、(清)严可均校辑:《蔡中郎集》,京都大学人文科学研究所藏本。

8.(宋)曹勋:《松隐集》,民国九年(1920)刻本。

9.(魏)曹植著、赵幼文校注:《曹植集校注》,北京:人民文学出版社1984年版。

10.(清)曾国藩:《曾国藩日记》,北京:宗教文化出版社1999年版。

11.(清)陈邦彦等编:《历代题画诗》,北京:人民美术出版社1994年版。

12.陈崇一:《东鲁杂记》,北京:线装书局2003年影印本。

13.(明)陈镐纂修:《阙里志》,济南:山东友谊书社1989年影印本。

14.陈鼓应:《老子今注今译》,北京:商务印书馆2003年版。

15. 陈鼓应:《老子评传》,南京:南京大学出版社 2001 年版。

16. 陈金文:《孔子传说的文化审美研究》,济南:齐鲁书社 2004 年版。

17. 陈奇猷:《韩非子集释》,上海:上海人民出版社 1974 年版。

18.(宋)陈起:《江湖后集》,嘉庆六年(1801)刻本。

19.(明)陈士元:《论语类考》,《丛书集成新编》本。

20. 陈书禄主编:《中国文化通论》,南京:南京师范大学出版社 2000 年版。

21. 陈柱:《诸子概论》,上海:商务印书馆 1930 年版。

22. 陈子展:《孔子与戏剧》,上海:上海太平洋书店 1929 年版。

23.(元)程复心编:《孔子论语年谱》,民国九年(1920)影印本。

24.(魏)崔鸿:《十六国春秋》,光绪十二年(1886)刻本。

25.(清)崔述撰、顾颉刚编:《崔东壁遗书》,上海:上海古籍出版社 1981 年版。

26.(清)邓廷桢:《双砚斋笔记》,北京:中华书局 1987 年版。

27.(清)狄子奇:《孔子编年》,光绪十三年(1887)刻本。

28. [美]杜维明:《儒家传统的现代转化》,北京:中国广播电视出版社 1992 年版。

29. 杜预等注:《春秋三传》,上海:上海古籍出版社 1987 年版。

30.(晋)范宁注、(唐)杨士勋疏:《春秋穀梁传注疏》,上海:上海古籍出版社 1990 年版。

31. 范文澜:《中国通史简编》,北京:人民出版社 1954 年版。

32.(宋)范晔:《后汉书》,北京:中华书局 2007 年版。

33.(清)方苞著、刘季高校点:《方苞集》,上海:上海古籍出版社 2008 年版。

34. 冯友兰:《三松堂全集》,郑州:河南人民出版社 2001 年版。

35.(晋)干宝:《搜神记》,北京:商务印书馆 1931 年版。

36. 高明:《帛书老子校注》,北京:中华书局 1996 年版。

37. [日]高园乘辑:《孔子行状图解》,北京:线装书局 2003 年影印本。

38. [英]葛瑞汉著、张海晏译:《论道者:中国古代哲学论辩》,北京:中国社会科学出版社 2003 年版。

39. 葛兆光:《中国思想史》,上海:复旦大学出版社 1998 年版。

40.(清)龚景瀚:《孔志》,北京:线装书局 2003 年影印本。

41.勾承益:《先秦礼学》,成都:巴蜀书社 2002 年版。

42.(清)顾栋高辑:《春秋大事表》,北京:中华书局 1993 年版。

43.顾颉刚编:《古史辨》(二),上海:上海古籍出版社 1982 年版。

44.[美]顾立雅著、高专诚译:《孔子与中国之道》,郑州:大象出版社 2000 年版。

45.(清)顾嗣立编:《元诗选》,北京:中华书局 1987 年版。

46.(清)顾炎武著、黄汝成集释:《日知录集释》,上海:上海古籍出版社 2006 年版。

47.(明)归有光著、周本淳校点:《震川先生集》,上海:上海古籍出版社 1981 年版。

48.郭沫若:《十批判书》,北京:人民出版社 1954 年版。

49.郭齐家:《中国教育思想史》,北京:教育科学出版社 1987 年版。

50.郭庆藩辑:《庄子集释》,北京:中华书局 2004 年版。

51.郭沂:《郭店楚简与先秦学术思想》,上海:上海教育出版社 2001 年版。

52.(宋)郭印:《云溪集》,文渊阁《四库全书》本。

53.国学整理社:《诸子集成》,北京:中华书局 2006 年版。

54.(汉)韩婴撰、许维遹校释:《韩诗外传集释》,北京:中华书局 1980 年版。

55.(唐)韩愈:《韩昌黎全集》,北京:北京燕山出版社 1996 年版。

56.[美]郝大维、安乐哲著,蒋弋为等译:《孔子哲学思微》,南京:江苏人民出版社 1996 年版。

57.何新:《圣·孔子年谱》,北京:中国民主法制出版社 2008 年版。

58.(魏)何晏撰、(梁)皇侃疏:《论语集解义疏》,同治十二年(1873)刻本。

59.(清)和珅等:《大清一统志》,文渊阁《四库全书》本。

60.(宋)洪迈:《容斋随笔》,上海:上海古籍出版社 1978 年版。

61.侯外庐等:《中国思想通史》,北京:人民出版社 1957 年版。

62.胡适:《中国哲学史大纲》,北京:商务印书馆 1987 年版。

63.(宋)胡仔编、(清)胡培翚校注:《孔子编年》,同治九年(1870)刻本。

64.(汉)桓宽:《盐铁论》,上海:上海古籍出版社 1990 年版。

65.(汉)桓谭:《新论》,上海:上海人民出版社 1967 年版。

66.(明)寰宇显圣公:《孔夫子周游列国大成麒麟记》,《古本戏曲丛刊二集》影印北图本。

67.(宋)黄庭坚:《黄庭坚全集》,成都:四川大学出版社 2001 年版。

68.(清)黄位清编:《先圣年谱考》,道光二十七年(1847)刻本。

69.翦伯赞主编:《中国史纲要》,北京:北京大学出版社 2006 年版。

70.(清)江永:《乡党图考》,北京:学苑出版社 1993 年版。

71.(清)江永编、黄定宜辑注:《孔子年谱辑注》,道光二十七年(1847)刻本。

72.(宋)姜特立:《梅山续藁》,文渊阁《四库全书》本。

73.蒋伯潜:《诸子通考》,杭州:浙江古籍出版社 1985 年版。

74.焦循:《孟子正义》,北京:中华书局 1987 年版。

75.(清)觉罗石麟等监修:《山西通志》,文渊阁《四库全书》本。

76.(明)孔对寰绘:《圣迹图》,北京:线装书局 2003 年影印本。

77.孔繁:《荀子评传》,南京:南京大学出版社 1997 年版。

78.(汉)孔鲋:《孔丛子》,《百子全书》本,杭州:浙江人民出版社 1984 年版。

79.(清)孔继汾述:《阙里文献考》,济南:山东友谊书社 1989 年影印本。

80.(金)孔元措辑:《孔氏祖庭广记》,济南:山东友谊书社 1989 年影印本。

81.(清)寇宗编:《孔子年谱》,光绪八年(1882)刻本。

82.匡亚明:《孔子评传》,南京:南京大学出版社 1990 年版。

83.(清)黎翔凤撰、梁运华整理:《管子校注》,北京:中华书局 2004 年版。

84.(宋)李昉等:《太平御览》,石家庄:河北教育出版社 1994 年版。

85.李衡眉:《先秦史论集》,济南:齐鲁书社 1999 年版。

86.(唐)李吉甫:《元和郡县志》,乾隆三十九年(1774)刻本。

87.李敬一:《中国传播史:先秦两汉卷》,武汉:武汉大学出版社 1996 年版。

88.(明)李攀龙著、包敬第标校:《沧溟先生集》,上海:上海古籍出版社1992年版。

89.李启谦:《孔门弟子研究》,济南:齐鲁书社1987年版。

90.(明)李贤等:《明一统志》,文渊阁《四库全书》本。

91.(元)李孝光:《五峰集》,文渊阁《四库全书》本。

92.李玉洁:《楚史稿》,郑州:河南大学出版社1988年版。

93.李泽厚:《美学三书》,合肥:安徽文艺出版社1999年版。

94.李泽厚:《中国古代思想史论》,北京:人民出版社1985年版。

95.李镇藩:《孔子大事类编》,民国十一年(1922)石印本。

96.(清)李灼、黄晟辑:《至圣编年世纪》,《四库全书存目丛书》本。

97.(北魏)郦道元著、王国维校:《水经注校》,上海:上海人民出版社1984年版。

98.梁启超:《先秦政治思想史》,北京:中华书局1936年版。

99.梁启超:《中国近三百年学术史》,上海:上海三联书店2006年版。

100.梁启雄:《荀子简释》,北京:中华书局1983年版。

101.梁涛、刘保才:《中国学术思想编年》,西安:陕西师范大学出版社2005年版。

102.(清)梁玉绳:《史记志疑》,北京:中华书局1981年版。

103.(清)林春溥:《孔门师弟年表后说》,嘉庆二十一年(1816)刻本。

104.(清)林春溥:《孔子世家补订》,道光十四年(1834)刻本。

105.(汉)刘安:《淮南子》,上海:上海古籍出版社1989年版。

106.(清)刘宝楠:《论语正义》,北京:中华书局1998年版。

107.(宋)刘敞:《公是集》,上海:商务印书馆1937年版。

108.刘大钧主编:《简帛考论》,上海:上海古籍出版社2007年版。

109.(清)刘光蕡:《烟霞草堂文集》,民国七年(1918)刻本。

110.刘建国:《先秦伪书辨正》,西安:陕西人民出版社2004年版。

111.刘汝霖:《周秦诸子考》,北平:文化学社1929年版。

112.(汉)刘向:《列女传》,道光十七年(1837)刻本。

113.(汉)刘向辑录、范祥雍笺注:《战国策笺证》,上海:上海古籍出版2006年版。

114.(汉)刘向撰、赵善诒疏证:《说苑疏证》,上海:华东师范大学出版社 1985 年版。

115.(后晋)刘昫等撰:《旧唐书》,北京:中华书局 1975 年版。

116.刘毓璜:《先秦诸子初探》,南京:江苏人民出版社 1984 年版。

117.刘泽华主编:《士人与社会》(先秦卷),天津:天津人民出版社 1988 年版。

118.柳诒徵:《中国文化史》,上海:上海古籍出版社 2001 年版。

119.(唐)陆德明著、黄焯断句:《经典释文》,北京:中华书局 1983 年版。

120.(汉)陆贾:《新语》,上海:上海古籍出版社 1990 年版。

121.逯钦立辑校:《先秦汉魏晋南北朝诗》,北京:中华书局 1983 年版。

122.罗根泽:《诸子考索》,北京:人民出版社 1958 年版。

123.罗永麟:《先秦诸子与民间文化》,哈尔滨:黑龙江人民出版社 2003 年版。

124.吕思勉:《经子解题》,上海:华东师范大学出版社 1995 年版。

125.吕思勉:《先秦史》,上海:上海古籍出版社 2005 年版。

126.吕思勉:《先秦学术概论》,昆明:云南人民出版社 2005 年版。

127.(清)马骕撰、王利器整理:《绎史》,北京:中华书局 2002 年版。

128.梅新林:《中国古代文学地理形态与演变》,上海:复旦大学出版社 2006 年版。

129.宁可主编:《中华文化通志·地域文化典》,上海:上海人民出版社 1998 年版。

130.(唐)欧阳询:《艺文类聚》,上海:上海古籍出版社 1982 年版。

131.潘重规编:《敦煌变文集新书》,台北:文津出版社有限公司 1994 年版。

132.(明)彭大翼:《山堂肆考》,上海:上海古籍出版社 1992 年版。

133.(明)祁彪佳著、黄裳校录:《远山堂明曲品剧品校录》,上海:上海出版社公司 1955 年版。

134.钱穆:《国学概论》,北京:商务印书馆 1997 年版。

135.钱穆:《孔子传》,北京:三联书店 2002 年版。

136.钱穆:《先秦诸子系年》,北京:商务印书馆 2001 年版。

137.钱穆:《中国文化史导论》,北京:商务印书馆 1994 年版。

138. 钱玄等注译:《礼记》,长沙:岳麓书社 2001 年版。

139. 邱文山等:《齐文化与先秦地域文化》,济南:齐鲁书社 2003 年版。

140. 屈育德:《略论巧女故事》,上海:上海文艺出版社 1981 年版。

141. 瞿蜕园、朱金城校注:《李白集校注》,上海:上海古籍出版社 1980 年版。

142. 曲进贤主编:《泰山通鉴》,济南:齐鲁书社 2005 年版。

143. (清)全祖望:《全谢山先生经史问答》,《续修四库全书》影印清乾隆三十年(1765)刻本。

144. 饶龙隼:《先秦诸子与中国文学》,南昌:百花洲文艺出版社 2001 年版。

145. (清)阮元校刻:《十三经注疏》,北京:中华书局 1980 年版。

146. 上海师范大学古籍整理研究所校点:《国语》,上海:上海古籍出版社 1998 年版。

147. (明)佘翔:《薜荔园诗集》,清抄本。

148. (清)施闰章著、吴家驹点校:《施闰章诗》,扬州广陵书社 2006 年版。

149. 石荣暲编:《孔子年谱》,民国十七年(1928)铅印本。

150. (汉)司马迁:《史记》,北京:中华书局 1982 年版。

151. (清)宋际等撰:《阙里广志》,《四库全书存目丛书》影印本。

152. (清)宋翔凤:《过庭录》,北京:中华书局 1986 年版。

153. (宋)苏轼:《东坡志林》,北京:中华书局 1981 年版。

154. (宋)苏轼:《苏轼全集》,上海:上海古籍出版社 2000 年版。

155. (宋)苏洵著、曾枣庄等笺注:《嘉佑集笺注》,上海:上海古籍出版社 1993 年版。

156. 孙其敏:《中国学术思想史》,上海:世界书局 1932 年版。

157. (清)孙希旦:《礼记集解》,北京:中华书局 1989 年版。

158. (清)孙星衍:《孔子集语》,济南:山东友谊出版社 1989 年版。

159. 孙以楷、甄长松:《庄子通论》,北京:东方出版社 1995 年版。

160. (明)孙原理辑:《元音》,民国八年(1919)刻本。

161. 谭戒甫:《墨辩发微》,北京:中华书局 1964 年版。

162. 谭其骧:《中国历史地图集》,北京:中国地图出版社 1982～1988

年版。

163.(宋)田锡撰、罗国威校点:《咸平集》,成都:巴蜀书社 2008 年版。

164.(宋)王安石:《临川先生文集》,文渊阁《四库全书》本。

165.(宋)王安石著、唐武标校:《王文公文集》,上海:上海人民出版社 1974 年版。

166.(汉)王充著、北京大学历史系注释:《论衡注释》,北京:中华书局 1979 年版。

167.(汉)王充著、黄晖校释:《论衡校释》,北京:中华书局 1990 年版。

168. 王范之:《吕氏春秋研究》,呼和浩特:内蒙古大学出版社 1993 年版。

169. 王国维:《王国维文集》,北京:中国文史出版社 1997 年版。

170. 王青:《西域文化影响下的中古小说》,北京:中国社会科学出版社 2006 年版。

171. 王青:《先唐神话、宗教与文学论考》,北京:中华书局 2007 年版。

172.(金)王若虚:《滹南集》,上海:商务印书馆 1937 年版。

173. 王泗原:《楚辞校释》,北京:人民教育出版社 1990 年版。

174.(唐)王维著、(清)赵松谷注:《王摩诘全集笺注》,北京:北京图书馆出版社 1999 年版。

175.(清)王先谦:《荀子集解》,北京:中华书局 1988 年版。

176. 王先慎:《韩非子集解》,北京:中华书局 1998 年版。

177. 王长华:《春秋战国士人与政治》,上海:上海人民出版社 1997 年版。

178. 王重民等编:《敦煌变文集》,北京:人民文学出版社 1957 年版。

179. 王宗石编:《诗经分类诠释》,长沙:湖南教育出版社 1993 年版。

180.(元)吴澄:《吴文正集》,乾隆二十一年(1756)刻本。

181.(唐)吴筠:《宗玄集》,文渊阁《四库全书》本。

182. 吴毓江:《墨子校注》,北京:中华书局 1993 年版。

183.(清)吴之振等选、(清)管庭芬等补:《宋诗钞》,北京:中华书局 1986 年版。

184.(明)夏洪基编:《孔子年谱纲目》,清同治刻本。

185.(明)谢晋:《兰庭集》,文渊阁《四库全书》本。

186. 邢兆良:《墨子评传》,南京:南京大学出版社 1993 年版。

187. 徐克谦:《先秦儒学及其现代阐释》,南京:南京师范大学出版社 1999 年版。

188. 徐克谦:《先秦思想文化论札》,北京:中华书局 2007 年版。

189. 徐克谦:《轴心时代的中国思想》,合肥:安徽文艺出版社 2000 年版。

190. 徐克谦:《庄子哲学新探:道·言·自由与美》,北京:中华书局 2005 年版。

191. 徐克谦主编:《中国传统思想与文化》,桂林:广西师范大学出版社 2007 年版。

192.(清)徐慎安编:《至圣谱考》,光绪三年(1877)木活字本。

193. 徐征、张月中等:《全元曲》,石家庄:河北教育出版社 1998 年版。

194. 宣兆琦:《齐文化发展史》,兰州:兰州大学出版社 2000 年版。

195.(清)阎若璩:《四书释地》,嘉庆二十一年(1816)刻本。

196. 颜世安:《庄子评传》,南京:南京大学出版社 1999 年版。

197. 杨伯峻:《春秋左传注》,北京:中华书局 1990 年版。

198. 杨伯峻:《列子集释》,北京:中华书局 1979 年版。

199. 杨伯峻:《论语译注》,北京:中华书局 1980 年版。

200. 杨伯峻:《孟子译注》,北京:中华书局 1984 年版。

201. 杨朝明、修建军主编:《孔子与孔门弟子研究》,济南:齐鲁书社 2004 年版。

202. 杨朝明注说:《孔子家语》,开封:河南大学出版社 2008 年版。

203.(清)杨方晃编:《至圣先师孔子年谱》,乾隆二年(1737)刻本。

204. 杨俊光:《惠施、公孙龙评传》,南京:南京大学出版社 1992 年版。

205. 杨宽:《西周史》,上海:上海人民出版社 1999 年版。

206. 杨宽:《战国史》,上海:上海人民出版社 1980 年版。

207. 杨柳:《先秦游士》,北京:当代中国出版社 1996 年版。

208. 杨柳桥:《荀子诂译》,济南:齐鲁书社 1985 年版。

209.(清)杨庆:《大成通志》,《四库全书存目丛书》影印清康熙理斋刻本。

210. 杨天宇:《仪礼译注》,上海:上海古籍出版社 2004 年版。

211. 杨泽波:《孟子评传》,南京:南京大学出版社 1998 年版。

212.(清)姚际恒著、顾颉刚点校:《古今伪书考》,北京:朴社 1933 年版。

213.(清)姚鼐:《惜抱轩全集》,北京:中国书店出版社 1991 年版。

214.(宋)姚铉编:《唐文粹》,《四部丛刊初编》影印明嘉靖刻本。

215.(明)叶春及:《石洞集》,文渊阁《四库全书》本。

216.(唐)佚名:《琱玉集》,《续修四库全书》影印本。

217.(明)佚名绘:《圣迹图》,北京:线装书局 2003 年影印本。

218.(梁)殷芸编纂、周楞伽辑注:《殷芸小说》,上海:上海古籍出版社 1984 年版。

219.(汉)应劭:《风俗通义》,上海:上海古籍出版社 1990 年版。

220.(宋)于石撰、(元)吴师道编:《紫岩诗选》,光绪十五年(1889)刻本。

221. 余英时:《士与中国文化》,上海:上海人民出版社 2003 年版。

222.(清)俞樾:《茶香室丛钞》,北京:中华书局 1995 年版。

223.(清)俞樾:《九九消夏录》,北京:中华书局 1995 年版。

224.(清)俞樾:《诸子平议》,北京:中华书局 1954 年版。

225. 俞兆鹏:《中国伪书大观》,南昌:江西教育出版社 1998 年版。

226.[朝]元泳义辑:《孔子实纪》,北京:线装书局 2003 年影印本。

227.(元)袁桷:《清容居士集》,《四部丛刊初编》影印元刊本。

228.(明)查志隆辑:《岱史》,明万历刻本。

229.(清)岳濬等监修:《山东通志》,文渊阁《四库全书》本。

230. 张岱年、方克立主编:《中国文化概论》,北京:北京师范大学出版社 2004 年版。

231. 张岱年:《中国哲学大纲》,北京:中国社会科学出版社 1982 年版。

232. 张舜徽:《汉书艺文志通释》,武汉:湖北教育出版社 1990 年版。

233. 张心征:《伪书通考》,上海:商务印书馆 1957 年版。

234.(宋)张咏著、张其凡整理:《乖崖集》,北京:中华书局 2000 年版。

235.(宋)张载著、张锡琛点校:《张载集》,北京:中华书局 1978 年版。

236. 张宗舜、李景明:《孔子大传》,济南:山东友谊出版社 2003 年版。

237.(明)章潢编:《图书编》,台北:成文出版社影印明万历四十一年

(1613)刻本。

238. 章培恒、骆玉明主编:《中国文学史》,上海:复旦大学出版社 2007 年版。

239. 章太炎讲、王乘刘等记:《诸子略说》,苏州:章氏国学讲习会 1935 年版。

240.(清)赵宏恩等监修:《江南通志》,文渊阁《四库全书》本。

241. 赵吉惠等主编:《中国儒学史》,郑州:中州古籍出版社 1991 年版。

242.(明)赵时雍辑:《仲志》,北京:线装书局 2003 年影印本。

243. 赵世瑜、周尚意:《中国文化地理概说》,太原:山西教育出版社 1991 年版。

244. 赵杏根:《论语新解》,合肥:安徽大学出版社 1999 年版。

245.(清)郑环:《孔子世家考》,嘉庆八年(1803)刻本。

246.(清)郑环编:《孔子年谱》,嘉庆八年(1803)刻本。

247.(清)郑晓如述:《阙里述闻》,济南:山东友谊书社 1989 年影印本。

248. 钟敬文主编:《民间文学概论》,上海:上海文艺出版社 1980 年版。

249.(清)周广业:《孟子四考》,乾隆六十年(1795)刻本。

250. 周生春:《吴越春秋辑校汇考》,上海:上海古籍出版社 1987 年版。

251. 周振甫:《周易译注》,北京:中华书局 1991 年版。

252. 周振甫注:《文心雕龙注释》,北京:人民文学出版社 1981 年版。

253. 朱伯昆:《先秦伦理学概论》,北京:北京大学出版社 1984 年版。

254.(宋)朱熹:《朱子语类》,北京:中华书局 1986 年版。

255.(宋)朱熹著、徐德明校点:《四书章句集注》,北京:中华书局 1983 年版。

256.(清)朱彝尊编:《明诗综》,北京:中华书局 2007 年版。

257.(宋)庄绰:《鸡肋编》,上海:上海书店 1990 年版。

二、期刊论文类(按刊出年月排序)

1. 梅贻琦:《大学一解》,《清华学报》13 卷 1 号,1941 年。

2. 程千帆:《先唐文学源流论略》,《湖北大学学报》1981 年第 1～4 期。

3. 钟子翱:《论先秦美学中的“比德”说》,《北京师范大学学报》1982 年第 2 期。

4. 张鸿勋:《〈唐写本孔子与子羽对语杂抄〉考略》,《敦煌学集刊》1984 年第 1 期。

5. 乐涛:《舞雩坛》,《孔子研究》1986 年第 2 期。

6. 刘德谦:《先秦旅游活动初探》,《旅游论坛》1986 年第 3 期。

7. 范能船:《先秦旅游文化散论》,《社会科学》1991 年 12 期。

8. 张利群:《庄子之"游"及其审美意义》,《晋阳学刊》1992 年第 2 期。

9. 李如密、王玉殉:《孔子的游历教学》,《上海教育科研》1993 年第 3 期。

10. 袁珂:《孔子与神话及民间传说塑造的孔子形象》,《文学遗产》1995 年第 1 期。

11. 张采民、李东怀:《先秦时期的旅游》,《文教资料》1995 年第 2 期。

12. 周少川:《春秋战国的学术迁移与典籍初兴》,《古籍整理研究学刊》1995 年第 3 期。

13. 刘德谦:《群书中先秦旅游活动绎释》,《北京联合大学学报》1995 年第 3 期。

14. 许宗元:《孔子思想与旅游文化》,《山东大学学报》1995 年第 4 期。

15. 颜世安:《论庄子的游世思想》,《南京大学学报》1999 年第 2 期。

16. 孙维城:《论"登高望远"意象的生命内涵》,《中国韵文学刊》1999 年第 2 期。

17. 刘凤泉:《论战国游说故事中的小说因素》,《济南教育学院学报》2000 年第 3 期。

18. 王保顶:《游士文化传统及其终结——西汉武帝以前士人阶层的演变》,《江海学刊》2001 年第 1 期。

19. 章尚正:《孔子旅游观及其影响》,《黄山学院学报》2001 年第 1 期。

20. 陈秀明、徐辉:《"仲尼问官"与"夹谷之会"考》,《连云港师范高等专科学校学报》2001 年第 4 期。

21. 程二行:《官学下移与游士之风》,《武汉大学学报》2001 年第 5 期。

22. 刘秀容:《论战国时期"士"的觉醒》,《西南民族学院学报》2003 年第 1 期。

23. 段庸生:《古代小说中的孔子形象》,《重庆工商大学学报》2003 年第 3 期。

24. 章海荣:《孔子、庄子、屈原之游观思想辨析》,《上海大学学报》2003年第3期。

25. 包兆会:《论庄子之游》,《南京大学学报》2003年第4期。

26. 洪琼:《孔子与庄子"游"之比较》,《社会科学家》2003年第4期。

27. 袁礼华:《论春秋战国时期的游说拜官》,《南昌大学学报》2004年第1期。

28. 明子夫:《齐文化的民本思想及其现实意义》,《山东理工大学学报》2004年第1期。

29. 李江峰:《敦煌本〈孔子项讬相问书〉成书时代浅探》,《河西学院学报》2004年第1期。

30. 伏俊涟:《〈孔子项讬相问书〉体制探源》,《敦煌学集刊》2005年第3期。

31. 辛田:《孔孟差异及其原因浅析》,《殷都学刊》2005年第4期。

32. 王京龙:《孔孟荀游齐对中国古代民本理念的升华》,《社会科学战线》2005年第4期。

33. 王以宪:《黄庭坚辞赋平议》,《江西师范大学学报》2005年第6期。

34. 朱小爱:《精神的徜徉——庄子与屈原之"游"的比较》,《长沙理工大学学报》2006年第2期。

35. 张伯伟:《再论骑驴与骑牛——汉文化圈中文人观念比较一例》,《清华大学学报》2007年第1期。

36. 韦爱萍、高立民:《仁爱·儒雅·固执——孔子形象分析》,《名作欣赏》2007年第2期。

37. 张诒三:《"游必有方"和"粪土之墙"正解》,《中国文化研究》2007年夏之卷。

38. 李剑锋:《魏晋南朝志怪小说中的孔子形象》,《孔子研究》2008年第1期。

39. 刘新玉、胡安武:《君子比德——论孔子的自然审美观》,《湖北第二师范学院学报》2008年第3期。

40. 赵德波:《〈琴操〉的作者及其成书》,《西南交通大学学报》2008年第5期。

41. 赵德波:《繁弦既抑,雅韵复扬——论〈琴操〉的文学价值和艺术成就》,《绥化学院学报》2009 年第 2 期。

42. 薛富兴:《先秦“比德”观的审美意义》,《陕西师范大学学报》2009 年第 4 期。

43. 燕锋:《试析〈庄子〉中的孔子形象》,《作家杂志》2009 年第 10 期。

44. 赵敏俐:《先秦两汉琴曲歌辞研究》,《文学遗产》2010 年第 2 期。

三、学位论文类(按毕业时间先后排序)

1. 刘现同:《两周时期旅游文化探析》,陕西师范大学 2004 年硕士论文。

2. 王彬:《先秦士论》,四川大学 2004 年硕士论文。

3. 刘凤伟:《古代白话小说中的孔子形象》,苏州大学 2005 年硕士论文。

4. 陶芬:《春秋战国时期士人游学述论》,内蒙古大学 2006 年硕士论文。

5. 纪晓敏:《春秋战国之际的士人》,天津师范大学 2007 年硕士论文。

6. 王杜鹃:《孟子游历与其思想历程之考察》,首都师范大学 2007 年硕士论文。

7. 邓联合:《庄子“逍遥游”释论》,北京大学 2008 年博士论文。

8. 余琼颖:《轴心时代中国“游”的思想——以孔子、庄子、屈原为例》,华东师范大学 2009 年硕士论文。

后 记

天微凉，秋已至，此时的古都南京，桂香幽幽，秋风习习，空气清明而沉静。

2002年，也是在这样一个时节，我怀着无限憧憬，由齐鲁大地来到这座令我神往已久的六朝古都。自那时起，我便与这座古韵悠悠的城市结下深缘。经过三年快乐而充实的学习，毕业后我留在南京一所高校任教。或许是出于内心对校园求学那份单纯和宁静的不舍与依恋，2007年秋，我又再次回到了熟悉的随园，开始了博士阶段的求学生活。

博士求学阶段，业师徐克谦教授无论是在学业上还是在生活上，都给了我尽可能多的指导和关心。先生之书房、龙江之酒馆、鼓楼之茶社，皆为师门雅聚之所，都留下了先生无数教诲之宏音。或许是生长于孔孟之乡的我对孔子有着一丝别样的情愫，在经过一段时间的徘徊和犹疑之后，我最终确定把《孔子“游”文化研究》作为自己博士论文的选题。然而随后才发现，要真正把握好这个题目，远没有最初设想的那般容易，论文从材料的搜集、概念的梳理、结构的组织以及具体行文都遇到了不少的困惑，如何能紧扣孔子“游”这一核心命题？如何能在浩如烟海的孔子研究材料中进行有效的辨别取舍并凸显自己的研究新意？一路走来，并不轻松，自己也曾迷惘过、质疑过，甚至退缩过，幸赖有导师热情的鼓励和睿智的指引。

博士论文通过答辩以后，随即我又到东南大学艺术学院跟随凌继尧教授做艺术学的博士后，博士论文也就暂告一个段落。此后几年，虽然自己的研究兴趣和关注对象有所转移，但是孔子“游”文化情结却始终割舍不去。博士论文的部分章节在《求索》《四川戏剧》《名作欣赏》等杂志上刊发的过程中，收获了许多中肯的修改建议，使我得以将论文做进一步的修缮。五年的时间一晃又过去了，在一个夜深人静的雨夜，打开曾经反复浏览的文件夹，心里不由一震，这不就像自己的孩子吗？曾经有那么一段漫长的时间，自己日思夜想的不都是他吗？尽管他还不够茁壮，不够出色，但我不能自私地把他关在家里，我要让他出来见见世面，经受各种历练，收获不断成长和进步的批评与建议。

书稿付梓之际，我深深地怀念起随园六年单纯、充实、快乐的求学时光。一路走来，尽管也有煎熬和痛苦，但我感受最多的还是师长的谆谆教诲、亲人的深深关爱、同窗的纯真友谊，在此对各位师友一并道谢！同时，我也要感谢博士后工作单位东南大学艺术学院以及南京林业大学人文学院为我提供了全方位的科研条件，以及宽松、愉悦的工作环境，让我深切领会到治学的严肃与快乐。

囿于学识和精力，书中定有诸多不妥与不足之处，敬请各位方家不吝赐教！

于师号

2015 年 9 月 15 日于南京寓所